"十二五"江苏省高等学校重点教材（编号：2014-1-120）

管理信息系统
（第2版）

张金城　主编

柳巧玲　副主编

U0367794

清华大学出版社

北京

内 容 简 介

本书从管理信息系统的基本概念出发,阐述了管理信息系统的规划、分析、设计、实施、维护、评价、控制与审计的原理与方法,介绍了管理信息系统的一些新的应用,如电子商务、电子政务、ERP、CRM、SCM等内容。

本书内容丰富、条理清楚、图文并茂、深入浅出,各章均附有思考题。本书可作为高等院校财经管理类专业教材,也可供其他专业师生及从事信息系统开发和管理的人员学习与参考。

图书在版编目(CIP)数据

管理信息系统/张金城主编.--2版.--北京:清华大学出版社,2016(2023.6重印)

21世纪高等学校规划教材·信息管理与信息系统

ISBN 978-7-302-44598-2

Ⅰ.①管… Ⅱ.①张… Ⅲ.①管理信息系统 Ⅳ.①C931.6

中国版本图书馆 CIP 数据核字(2016)第 172669 号

责任编辑:魏江江 王冰飞
封面设计:傅瑞雪
责任校对:时翠兰
责任印制:沈 露

出版发行:清华大学出版社

  网 址:http://www.tup.com.cn,http://www.wqbook.com

  地 址:北京清华大学学研大厦 A 座   邮 编:100084

  社 总 机:010-83470000   邮 购:010-62786544

  投稿与读者服务:010-62776969,c-service@tup.tsinghua.edu.cn

  质量反馈:010-62772015,zhiliang@tup.tsinghua.edu.cn

  课件下载:http://www.tup.com.cn,010-83470236

印 装 者:三河市龙大印装有限公司

经 销:全国新华书店

开 本:185mm×260mm 印 张:15.5   字 数:375 千字

版 次:2012 年 1 月第 1 版 2016 年 11 月第 2 版 印 次:2023 年 6 月第 7 次印刷

印 数:32501～32900

定 价:39.50 元

产品编号:069949-02

第2版 前言

　　随着管理科学和信息技术的飞速发展和普及,管理信息系统在企业经营管理和社会经济活动中所起的作用越来越重要,其理论研究成果和新的应用受到了各行业的管理工作者和信息系统开发者以及信息系统用户的高度重视。管理信息系统因而也成为高等院校经济类和管理类专业的核心课程之一。目前,国内出版的管理信息系统教材中,适合财经类院校管理信息系统的教学目的和要求的教材很少,而本教材主要是针对财经院校管理信息系统的特点编写的。本教材的第1版经过多年的使用,其中有的内容已显得有些陈旧,有的读者也向作者提出了有益的修改建议。因此,我们根据读者的建议和管理信息系统的发展,对本教材进行了重新修订。

　　本书共分12章,第1章论述了管理信息系统的基本知识;第2章论述了组织、管理及其与信息系统的关系;第3章论述了管理信息系统的开发方法;第4～7章论述了采用生命周期法开发管理信息系统的过程;第8、9章分别论述了信息系统运行与安全管理、维护与评价的基本内容;第10章论述了管理信息系统控制与审计的基本内容和方法;第11、12章分别介绍了 ERP、CRM、电子商务、电子政务等新的管理信息系统。其中,第1、2章由余小兵编写;第3、5、6、7、10章由张金城编写;第4章由梅轶群编写;第8、9章由李庭燎编写;第11章由柳巧玲编写;第12章由姚兴山编写。张金城负责全书的主编和总纂工作。

　　本书在写作过程中,结合我国计算机应用与管理信息系统发展的情况以及作者多年的研究成果,在内容上力求兼顾先进性和实用性,做到理论、方法与应用的有机结合,有较强的可操作性。

　　本书在修订过程中,还吸收和参考了国内外有关管理信息系统的著作、论文、软件资料等,在此谨对原作者致以深深的谢意。

　　由于作者水平有限,书中难免有不当之处,敬请读者批评指正。

编　者

2016 年 7 月

第1版 前言

随着管理科学和信息技术的发展与普及,管理信息系统在组织管理和社会经济生活中所起的作用越来越重要,其理论研究成果和新的应用受到了各行各业的管理工作者和信息系统开发者以及信息系统用户的高度重视。管理信息系统因而也成为高等学校经济类和管理类专业的核心课程之一。本教材主要是针对财经院校管理信息系统课程的特点而编写的。

本书根据管理信息系统的发展特点和经济管理类专业的实际教学需求,致力于形成以下特色:(1)体系完善。本书共分12章,内容涵盖管理信息系统的基础知识、管理信息系统的开发方法与管理方法、管理信息系统的应用等,凸显教材体系的科学性。(2)系统科学。本书内容的体系安排是从抽象到具体,从信息到管理信息系统在实践中的应用,再到具体的一个管理信息系统的开发,让读者更容易理解管理信息系统的知识。(3)立足管理视角。管理信息系统是一个人机系统。管理信息系统的建立、应用及其发展直接受经济社会、组织文化、组织结构、管理模式等多方面的影响。本书从理论、方法等方面对这些影响进行了较充分的阐述。(4)实用性强。管理信息系统是一门应用性较强的学科。本书尽量按国际化的教材体例来编写,既兼顾基本原理的系统阐述,又介绍理论和技术的最新发展,深浅适度。

本书共分12章,第1章论述了管理信息系统的基本知识,第2章论述了组织、管理及其与信息系统的关系,第3章论述了管理信息系统的开发方法,第4~7章论述了采用系统生命周期法开发管理信息系统的过程,第8、9章论述了管理信息系统的运行与安全、维护与评价的基本内容,第10、11章分别介绍了ERP、CRM、电子商务与电子政务等新的管理信息系统,第12章论述了管理信息系统控制与审计的基本内容与方法。其中第1、2章由余小兵博士、吕新民副教授编写,第3章由张金城教授编写,第4章由梅轶群老师编写,第5、6、7章由吕新民副教授编写、第8、9章由李庭燎博士、林琳博士编写,第10章由柳巧玲博士、郭红建老师编写,第11章由姚兴山博士编写,第12章由张金城教授编写。张金城教授负责全书的主编和总纂工作。

本书在写作过程中,结合我国信息技术的应用与管理信息系统发展的情况以及作者多年的研究成果,在内容上力求兼顾先进性和实用性,做到理论、方法与应用的有机结合。

本书在写作过程中,还吸收和参考了国内外有关管理信息系统的著作、论文、软件资料等,在此谨对原作者致以深深的谢意。

由于作者水平有限,书中难免有不当之处,敬请读者批评指正。

编　者

2011 年 11 月

目录

第1章　管理信息系统概论

【学习目标】

- 理解信息、管理、管理信息、系统和信息系统等基本概念。
- 掌握信息生命周期的几个阶段。
- 理解信息的特性。
- 了解管理信息系统的产生与发展。
- 理解管理信息系统的概念。
- 掌握管理信息系统的特点、分类、结构等内容。

现代信息技术的飞速发展,电子计算机技术、通信技术和网络技术的结合,使得信息资源的开发走上了高效率、专业化、规模化的开发利用阶段,也使信息资源在推动社会发展,促进社会进步等方面发挥越来越重要的作用。

信息资源的开发利用以及信息技术对传统产业的改造,催生了以现代计算机技术、信息技术、管理科学和系统科学等为基础的管理信息系统(MIS),它作为一种信息资源的运用手段,实现了信息技术与管理方法相结合,在各种组织的管理与决策中具有重要的作用。

1.1　管理信息系统的概念

管理信息系统是一门综合性和交叉性的学科,是在一些基础学科的基础上发展起来的,涉及管理、信息、系统与信息系统的有关基本概念,理解这些概念并明确管理信息系统的定义是学习管理信息系统的关键。

1.1.1　数据与信息

信息是管理信息系统的最重要成分,信息的概念已深入运用到社会生活的各个方面,但迄今没有统一、确切的定义。随着科学技术的不断进步,人们从不同的学科出发,对信息进行了不同的解释,如从数理角度视信息为概率论的发展,熵的数理化;从通信角度认为信息为不确定性的描述;从管理的角度则可视信息为提供决策支持的有效数据等。它们都从不同的侧面反映了信息的某些特征。从信息系统的角度分析,本书将信息定义为经过加工处理后的数据,它对接收者有用,对接收者的决策或行为有现实或潜在的价值。

数据是反映客观实体的属性值,可以用数字、文字、声音、图像或图形等形式表示。数据本身无特定含义,只是记录事物的性质、形态、数量特征的抽象符号,是中性概念。而信息则是被赋予一定含义的、经过加工处理以后产生的数据,如报表、账册和图纸等都是经过对数据加工处理后产生的信息。数据和信息是相对概念,例如,发货单是发货部门工作人员的信息,但对于负责库存事务的副总经理来说仅仅是原始数据。区分数据和信息在管理信息系统开发中十分重要,如果说数据是原材料,那么信息就是产成品。由此可以认为,信息比数据更有价值、更高级、用途更广。但在一些不严格的场合或不易区分的情况下,人们也把它们当作同义词,如数据处理和信息处理、数据管理和信息管理等。

信息的外延特征就是各种信息的类型。可以按照按不同的标准对信息进行分类,例如,按信息的特征属性可分为自然信息和社会信息;按信息的加工程度可分为原始信息和综合信息;按信息的来源可分为内部信息和外部信息;按信息的稳定性程度可分为固定信息和流动信息;按信息流向可分为输入信息、中间信息和输出信息等。

1.1.2　信息的特性

信息具有多种特性,主要表现在以下几方面。

(1) 真伪性。信息有真信息与假信息,真实、准确和客观的信息是真信息,可以帮助管理者做出正确的决策,否则将做出错误的决策。在管理信息系统中,应充分重视这一点,一方面要注重收集信息的正确性,另一方面在对信息进行传送、贮存和加工处理时保证不失真。

(2) 层次性。系统、决策、管理、控制等都涉及层次问题,信息的层次性是对其的反映。例如,管理有层次性,不同层次的管理者有不同的职责,需要的信息也不同,因而信息也是分层的。

(3) 时效性。信息的时效是指从信息源出来,经过接收、加工、传递、利用的时间间隔及其效率。时间间隔越短,使用信息越及时,使用程度越高,时效性越强。

(4) 共享性。信息区别于物质的一个重要特征是可以被共同占有,共同享用。例如,在企(事)业单位中,许多信息可以被单位中的各个部门使用,既保证了各部门使用信息的统一,也保证了决策的一致性。信息的共享有其两面性,一方面有利于信息资源的充分利用,另一方面也可能造成信息的贬值,不利于保密。因此在管理信息系统的建设中,既需要利用先进的网络和通信设备以利于信息的共享,又需要良好的保密安全手段,以防止保密信息的扩散。

(5) 可加工性。人们可以对信息进行加工处理,把信息从一种形式变换为另一种形式,并保持一定的信息量。例如,一个企业可将全年的生产经营情况压缩成几项经济指标来高度概括。管理信息系统是对信息进行处理的系统,应注重对信息的分析与综合、扩充或浓缩。

(6) 可存储性。信息的可存储性即信息存储的可能程度。信息的形式多种多样,它的可存储性表现在要求能存储信息的真实内容而不畸变,要求在较小的空间中存储更多的信息,要求贮存安全而不丢失,要求能在不同形式和内容之间很方便地进行转换和连接,对已贮存的信息可随时随地以最快的速度检索所需的信息。

(7) 可传输性。信息可通过各种各样的手段进行传输。信息传输要借助于一定的物质载体,实现信息传输功能的载体称为信息媒介。一个完整的信息传输过程必须具备信源(信息的发出方)、信宿(信息的接收方)、信道(媒介)、信息 4 个基本要素。

(8) 价值性。信息作为一种资源是有使用价值的。信息的使用价值必须经过转换才能得到。鉴于信息存在生命周期,转换必须及时,如企业得知要停电的信息,及时备足柴油安排发电,信息资源就转换为物质财富。反之,事已临头,知道了也没有用,转换已不可能,信息也就没有什么价值了。管理者要善于转换信息,实现信息的价值。

（9）动态性。客观事物本身都在不停地运动变化着，信息也在不断发展更新。随着时间的推移，情况在变，反映情况的信息也在变。因此在获取与利用信息时必须树立时效观念，不能一劳永逸。

1.1.3　信息的生命周期

信息和其他资源一样是有生命周期的，信息的生命周期由信息的收集、传输、加工、存储、维护、使用等环节组成。

1. 信息的收集

信息收集首先要解决信息的识别，即从现实世界千变万化的大量信息中识别出所需的信息。信息识别的方法有 3 种：

① 由管理者识别。管理者最清楚系统的目标和信息的需求，向管理者调查可采用交谈或发调查表的方法。

② 信息系统分析人员识别。信息系统分析人员亲自参加业务实践活动，通过调研和观察了解信息的需求。

③ 由管理者、系统分析人员共同识别。管理者提出信息需求，系统分析人员首先进行识别，然后再将识别出的信息交与管理人员共同讨论，进一步补充信息，采用这种方法了解的信息更真实、全面。

信息识别以后，下一步是信息的收集。信息的收集通常采用 3 种方法：

① 自下而上广泛收集，如全国人口普查是自下而上进行的。

② 有目的的专项收集。根据特定的目的需要，围绕决策主题收集相关信息，如某企业了解新产品市场销售情况。

③ 随机积累法。没有明确目标或是很宽的目标，只要是"新鲜"的，就把它积累下来，以备后用。

信息收集的最后一个问题是如何将收集到的信息表达出来。常规的信息表达有文字、数字、图形、表格等形式。其中，文字表达要简练、确定、不漏失主要信息，避免使用过分专业化的术语，避免使用双关和二意词的语句，避免让人误解；数字表述要严密；图形表达方式是目前信息表达的趋势，具有整体性、直观性、可塑性等特点，可以反映出未来发展趋势，易于人们做出判断。图形表达的主要缺点是准确性相对较差；表格表达能给人以确切的总数和个别项目的比较。

2. 信息的传输

信息传输的理论最早是在通信中提出的，它一般遵守香农模型，如图 1-1 所示。

图 1-1　信息的传输

从信息源出发的信息要经过编码器变成信道容易传输的形式，通过信道发送到目的地，然后经过译码器进行解码将信号转化为信息，由接收器负责接收。由于信道中的噪声干扰可以将正确的电信号变成错误信号,因此在信息传输过程中要注意提高传输的抗干扰能力。

在信息传输过程中主要考虑信道的传输速率和抗干扰能力、编码和译码、变换(调制、解调)等几个主要问题。目前的管理信息系统大都是基于计算机网络,信息是在网络上进行传输,因此在网络的选型上主要从信道容量大、抗干扰能力强、传输时间短、能够进行双向传输并且保密性好等方面来考虑。信息传输是信息系统的重要一环,也是衡量信息系统效率的一个重要尺度。

3. 信息的加工处理

信息处理不仅包括对已录入的数据进行加工获得信息,而且包括对加工过的信息进行选择、查询、排序、归并,直到复杂模型调试及预测等。

数据需要经过加工以后才能成为人们所需要的信息,信息加工的一般模式如图 1-2 所示。

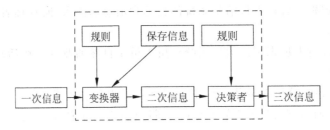

图 1-2　信息的加工模式

信息的加工处理不可避免地会产生时间延迟,出现信息的滞后性。

在批处理和实时处理方式中,信息的滞后情况是不相同的,应根据需要,选取适当方式,缩短处理的延迟,提高信息的新度;使用数学、运筹学、系统动态学、经济学、管理学等知识,根据大量的数据资料,建立各种模型,通过计算和模拟技术求得某些模拟和预测结果,为管理者尤其是高层管理者提供必要的信息。为了实现这些功能,要求管理信息系统必须配备标准的软件包,如统计包、数学规划软件包、模拟软件包等。现在许多的系统为了有效地产生决策信息,都备有数据库、方法库、模型库。数据库存放大量的二次信息,方法库存放许多标准的算法,而模型库中存放了针对不同问题的模型,应用起来十分方便。另外,人工智能技术的发展,为提高数据和信息的处理能力开辟了广阔的前景。计算机、人工智能等技术的应用,大大缩短了信息加工处理时间,满足了管理者的需求,同时也将人们从烦琐的手工处理方式中解脱出来。

4. 信息的存储

信息存储是将信息保存起来以便需要时使用。信息存储的概念十分广泛,包括:为什么要存储这些信息,以什么方式储存这些信息,存在什么介质上,存储多长时间等。

存储介质主要有 3 种:纸、胶片和计算机存储器。纸介质具有存量大、成本低、永久保存、不易涂改、数字与文字和图像一样容易存储的优点,缺点是传送信息慢,检索不方便;胶片存储密度大,容易查询,但阅读时必须通过专门的接口设备,不方便且价格昂贵;计算机存储器的形式很多,按其功能主要分为内存和外存。外存由磁盘、磁带、光盘等组成。计算机存储器允许存储大量的信息,检索方便,并且可以通过网络快速地传输以实现信息的共享。随着计算机存储器存储信息的单位成本不断下降,无纸化的管理信息系统得到极大地推广。

什么信息存储在什么介质上比较合适?概括来说凭证文件应当用纸介质存储;业务文

件用纸或磁带存储；而主文件，如企业的产品结构、人力资源方面的档案材料、设备或材料的库存账目，应当存于磁盘，以便联机检索和查询。

存储什么信息、存多长时间、用什么方式存储主要由系统目标确定。在系统目标确定以后，根据支持系统目标的数学方法和各种报表的要求确定信息存储的要求。例如，为了预测国家长远的经济发展，需要存储几十年中每年的经济信息；而要了解仓库物品的数量则要存储每种产品目前数量的数据。信息的层次性表明，战略级信息的存储时间较长，有的长达十几年甚至几十年，而作业级信息的存储时间相对要短一些。不同的信息有不同的存储方式，在考虑信息存储方式的同时还要考虑信息的可维护性。集中存放的信息可以减少冗余，且可维护性好。对于公用的信息，在有能力提供共享设备的支持下应集中存放。例如，图书馆的过期书籍就可以只存一份，应用电子数据库技术更可以减少存储信息的冗余量。分散存放的信息有冗余且共享性、可维护性差，但使用起来方便。在没有设备和非公用的数据情况下，分散存储是合理的。系统中的信息存储既有集中也有分散，确定合理的集中与分散的关系是信息存储研究的重要内容。

信息存储是管理信息系统的重要方面，但要注意并不是存储的信息越多越好，只有正确地舍弃信息，才能正确地使用信息，即使在将来存储技术高度发展的时代也应记住这一点。

5. 信息的维护

信息维护的目的是保证信息的准确、及时、安全和保密。

保证信息的准确性，首先要保证数据更新的状态，数据要在合理的误差范围内，同时要保证数据的唯一性。要保证数据的正确性，一方面要严格操作规程，对输入的数据进行正确性检查，避免把一种数据放到另一种数据的位置，或者把错误的数据放进去；另一方面，在输入计算机时，系统应采用检验技术，以保证数据的准确性。

保证信息及时性的方法有：把常用信息放在易取位置；各种设备状态良好，操作人员技术熟练；及时提供信息。

安全性是为了防止信息受到破坏而采取一些安全措施，在信息受到破坏后，能较容易地恢复数据。为了保证信息的安全，首先要保证存储介质的环境，要防尘、干燥，并要维持一定的恒温。为了防止信息的丢失，要进行备份。其次，一旦信息丢失或遭到破坏，应有补救的措施。例如，我们可以根据前几天的总账和今天的原始凭证，恢复现在的总账。为了考虑特殊情况的发生，如水灾、火灾、地震等，对于一些重要的信息应双备份，并分处存放。

信息是一种资源，也是无形财富，人们越来越重视信息的保密性问题。而近几年信息被盗或者被非法用户查阅的事件越来越多，防止信息失窃是信息维护的重要问题。在机器内部可采用口令等方式实现信息的保密。在机器外部也应采取一些措施，如应有严格的处理手续，实行机房的严格管理，加强人员的保密教育等。

信息的维护是信息管理的重要一环，没有好的信息维护，就没有好的信息使用，要克服重使用、轻维护的倾向，强调信息维护的重要性。

6. 信息的使用

信息的使用包括技术方面和信息价值转化问题。技术方面是通过一定的手段，高速高质量地把加工的有用信息提供给使用者。现代信息技术的发展，使信息提供已由过去的定期报告发展为实时检索，由报表形式到图形图像直至声景。人机对话方式也有很大发展，使得非专业的管理人员也可以直接和机器对话。信息价值转化是信息使用概念上的深化、信息内容使用深度上的提高。信息使用深度大体上可分为3个阶段,即提高效率阶段、及时转化价值阶段和寻找机会阶段。提高效率阶段联系于数据处理阶段,信息技术使手工事务处理工作现代化,节省了人力,提高了效率;及时转化阶段已认识到管理的艺术在于驾驭信息,把信息及时用于管理控制,提高管理水平,实现价值转化;寻找机会阶段是利用管理信息系统的信息能力并借助于预测决策技术,从信息的汪洋大海中寻找机会,是信息使用的高级阶段。这个阶段目前远未成功。

在现代社会和经济发展中,信息资源的价值和作用日益提高和加强,信息资源利用得好坏已成为一个国家的振兴、一个企业发展的关键因素。但人们对信息资源的认识远没有对物质、能源的认识那么直接。了解信息的生命周期,有利于人们对信息资源的认识,促进人们对信息资源的开发和利用。

1.1.4 管理与管理信息

管理是人类社会活动和生产劳动中普遍存在的社会现象,是人类社会的一项最基本的活动,社会中的每一个组织都需要管理,而个人经常与管理活动发生联系。随着社会的进步和科学技术的发展,社会组织的变革,管理活动日益丰富,其在社会、组织和人们的生产、生活中也日益重要。

管理学中对管理有着不同的定义,被誉为"科学管理之父"的泰勒将科学管理的基本原则归纳为凭科学办事、协调集体行动、相互合作追求产出最大化和尽可能培养工人,使其与公司都取得最大的成就;现代经营管理理论的创始人亨利·法约尔认为,管理就是计划、组织、指挥、协调和控制等活动;行为科学学派的迈约等人认为,管理就是协调人际关系,激发人的积极性,以求达到共同目标的一种活动;决策学派的赫伯特·西蒙认为,管理就是决策;经验学派的彼得·德鲁克认为,管理是一种工作,一种学术,一种文化和一种任务;数学管理学派的康托纳维奇认为,管理的问题主要是计算问题,计划做得好,生产就能搞好;哈罗德·孔茨定义管理是设计和保持一种良好的环境,使组织能高效地完成既定目标的活动;系统论学派认为,管理就是根据一个系统所固有的客观规律,施加影响于这个系统,从而使系统呈现出一种新状态的过程。

我国学者和专家也对管理进行了不同角度的定义,综合国内外的不同论述可以看出,管理的共同点是目标、资源、过程、协调。因此我们认为,管理是在社会活动中,一定的人和组织依据所拥有的权利,通过一系列职能活动,对人力、物力、财力及其他资源进行协调或处理,以达预期目标的活动过程。

在管理理论与实践的发展过程中,经历了古典管理理论、行为科学理论、现代管理理论等阶段,在信息技术和其他相关理论的发展背景下,当前管理理论出现了新的发展。

管理职能是管理者为了有效管理而必须具备的功能,不同的管理学派对此也有不同的认识,通常将计划、组织、领导与控制等视为管理的基本职能,也有学者认为决策与创新是现代管理的基本职能之一。

现代管理理论将管理的对象归纳为组织中的各种资源,管理过程中的决策、计划、控制等职能的完成都必须以一定的信息为前提,有效的管理要求对与组织活动及其环境状况有关的信息,进行全面的收集、正确的处理和及时的利用。

在组织的管理活动中,管理信息是指经过加工处理后对组织的管理活动有影响的数据,

按照管理的层次可分为战略级信息、战术级信息和作业（执行）级
信息。战略级信息提供高层管理人员制定组织长期策略的信息，
如未来经济状况的预测信息；战术级信息为中层管理人员监督和
控制业务活动、有效地分配资源提供所需的信息，如各种报表信
息；作业级信息是反映组织具体业务情况的信息，如应付款信息、
入库信息。战术级信息是建立在作业级信息基础上的信息，战略
级信息则主要来自组织的外部环境信息，它们就像一个金字塔，如
图 1-3 所示。

图 1-3 信息的不同层次

不同层次的信息在系统中所表现出来的特征也有所不同，如表 1-1 所示。

表 1-1 不同层次信息的特征

信息类型 \ 属性	信息来源	信息寿命	加工方法	使用频率	加工精度	保密要求
战略级信息	多是外部	长	灵活	低	低	高
战术级信息	内外都有	中	中	中	中	中
作业级信息	多是内部	短	固定	高	高	低

管理过程包括计划、组织、决策和控制等活动。不同的管理层为完成这些任务所担负的
职责也不一样，高层管理者负责确立整个组织的目标群，中层管理者组织和控制企业的资源
来达到这些目标，而低层管理者则监督管理日常的业务活动。上述不同的管理信息满足了
这些不同层次的管理需求。

1.1.5 系统与信息系统

1. 系统的含义

系统一词最早出现于古希腊语中，意为"部分组成的整体"。一般系统论的创立者路德
维希·冯·贝塔朗菲（L. V. Bertalanffy）把系统定义为"相互作用的诸要素的复合体"。关
于系统的定义很多，我们认为，系统是为了达到某种目的，由相互联系、相互作用的多个部分
（元素）组成的有机整体。

关于系统的含义，还可以从以下三方面理解。

（1）系统是由若干部分（要素）组成的。这些要素可能是一些个体、元件、零件，也可能
本身就是一个系统（称为子系统）。销售、生产、财务、人事、后勤等元素组成了企业管理系
统。而这些元素本身又都是一个系统，如财务管理子系统中包含资金、出纳、账务、成本等部
分。另外，企业管理系统本身又是企业的一个子系统，这就说明系统和子系统是相对的。

（2）系统具有一定的结构。所谓结构是指系统的各要素之间相对稳定地保持某种秩
序，是系统组成各要素间相互联系、相互作用的内在方式。例如，企业系统中的人、财、物等
各种资源必须按照某种秩序协调动作，才能保证生产活动的正常进行。

结构是系统之间相互区别的一个重要标志，即使系统的构成要素完全相同，但其组合方
式存在区别，那么它们也会呈现出不同的特征和属性。

（3）系统有一定的功能。要实现某一目的，就需要一定的"功能"。功能是指系统在存
在和运动过程中所表现的功效、作用和能力。从某种意义上讲，功能是系统存在的社会理

由。在自然界和社会中,某一系统之所以存在,或更准确地说能够被允许存在,是因为其表现出的某种功能,对自然界或社会的其他系统发挥着某种作用。可以认为,没有功能的系统是不存在的。例如,管理信息系统的功能是进行信息收集、传递、储存、加工、维护和使用,辅助管理和决策,帮助企业实现目标。

虽然系统的定义形形色色,但都隐含了这3方面的含义。因此,这3点是定义系统的基本出发点。

2. 系统的特征

根据系统的含义,可以总结出系统具有整体性、目的性、层次性、相关性、动态性和稳定性等特征。

(1)整体性。整体性是系统的基本属性。系统之所以称为系统,首先是系统具备整体性。从系统的含义可以看出,系统是由若干相互联系相互作用着的部分的有机结合,形成具有一定结构和功能的整体,它的本质特征就是整体性。这表现在系统的目标、性质、运动规律和系统功能等只有在整体上才能表现出来,每个部分的目标和性能都要服从整体发展的需要。整体的功能并不是各部分功能的简单相加,也不是由各组成部分简单地拼凑,而是呈现出各组成部分所没有的新功能,整体大于局部之和,如"三个臭皮匠,胜过诸葛亮"、"众人拾柴火焰高",这些告诉我们,一个人的能力和智慧是有限的,都有自己的强项与弱项,但只要真诚合作,发扬团队精神,取长补短,就会实现集体的最大荣誉,实现 $1+1>2$ 的效果。因此,应追求整体最优,而不是局部最优,这就是所谓全局的观点。

(2)目的性。任何一个系统均有明确的目的性,不同系统的目的可以不同,但系统的结构都是按系统的目的建立的。例如,学校的目的是培养经济建设人才和研究出科研成果。制造企业的目标是生产出高质量、适销对路的产品,提高经济效益。因此在建设系统的过程中,首先要明确系统目的,然后选取达到它的若干途径,从中找出一个最好的途径,实施并监控、修正,最后达到目的。

(3)层次性。系统作为一个相互作用的诸要素的总体来看,可以分解为一系列的子系统,并存在一定的层次结构。一方面,系统是上一级的子系统(元素),而上一级系统又是更上一级系统的元素;另一方面,系统可进一步分成由若干个子系统(元素)所组成,以此类推,可以将一个系统逐层分解,体现出系统的层次性如图1-4所示。例如,整个高等教育是一个系统,南京审计大学是高教系统中的一个部分(元素),本身也构成一个系统,其中校办、财务处、人事处等行政部门以及各系部、中心、图书馆等又分别是一个相对独立的更小的系统。

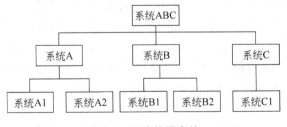

图 1-4 系统的层次性

系统的层次性还表现在系统各层次功能的相对独立性和有效性上,破坏各层次的独立性和有效性,最终会降低系统的效率。

（4）相关性。相关性是指系统内的各部分相互制约、相互影响、相互依存的关系。构成系统的各个部分虽然是相互区别、相互独立的，但它们并不是孤立地存在于系统之中，而是在运动过程中相互联系、相互依存的。这里所说的联系包括结构联系、功能联系、因果联系等。整个系统的目标正是通过各部分的功能及它们之间合理、正确的协调而达到的。例如，自行车是一个系统，由车把、车架、脚蹬、链轮和链条、前后车轮、刹车等相互联系的部分组成，通过各部分相互协调的运转，可以实现自行车的特定功能。

（5）动态性。系统的动态性是指系统按照一定的规律发展变化，从一种状态变为另一种状态。这是一种变化过程，是发展的观点。任何系统都要受到环境的影响，由于社会进步、管理方式变革、技术发展，系统总是适应环境而更新。

（6）稳定性。系统的稳定性是指在外界作用下的系统有一定的自我稳定能力，能够在一定范围内自我调节，保持和恢复有序状态、结构和功能。系统的稳定性与动态性表现为对环境的适应，系统处于环境之中，系统与环境间必然要相互交流、相互影响，产生物质、能量、信息的交换，以保持适应状态。从环境中得到某些信息或物质、能量，称为系统的输入；向环境中输送信息、物质或能量，称为系统的输出。系统的基本功能就是把环境的输入进行加工处理转换为输出。例如，一个学校需要经常了解国家的方针政策、大学生就业情况、同类学校的发展情况、专业的发展动态和国内外市场的需求等各种环境的变化，在此基础上制定学校的战略规划，调整和优化内部组织结构，不断适应环境的变化。

任何一个系统的存在和运行都受到环境的约束和限制，同时系统又通过对环境的输出而对环境施加影响。系统与环境的影响是交互的，适应性应该是双向的。系统与环境的分界线称为系统边界，如图1-5所示，它把系统与环境分开，其实系统与环境间并无明显的分界线，确定边界只是为了研究方便，对系统的范围、规模及所要解决的问题加以限制。例如，在企业管理系统中，也必须建立各子系统的边界，销售经理的职责是负责管理、监督并考核企业销售活动，这种职责范围就是销售管理系统的边界。

图1-5　系统边界与环境

3. 系统的分类

由于系统的目的、结构组成方式以及内部状态等特征不同，系统的分类有多种方式。

（1）按自然属性分类。按系统形成的原因可将系统分为自然系统和人工系统。由自然演变而成的系统就是一个自然系统，如太阳系、银河系、海洋系统、气象系统等。由人为制造出来的，或是对自然要素加以人工利用的系统就是人工系统，如人造卫星系统、管理信息系统等。

（2）按物质属性分类。按组成系统的要素存在的形态划分，可以将系统划分为实体系统和概念系统。实体系统是由物质、机械、生物、运功和人力等有形事物组成的系统，如生产部门的机械设备、原始材料等。概念系统是由概念、原理、原则、程序、规则等非物质实体构成的系统，如教育系统、经济系统等。

（3）按运动属性分类。按系统与实践的依赖关系划分，可将系统划分为静态系统和动态系统。当一个系统的状态不随时间而变化时，这个系统就是静态系统，如教室里的桌子可以当作一个静态系统，其要素及关系不随时间变化。当一个系统的状态是时间的函数，随时间发生各种变化时,这种系统称为动态系统。例如,用来描述钟摆晃动,以及湖泊中每年鱼类的数量的系统就是动态系统。

(4) 按系统与环境之间的关系分类。按系统与环境的关系可将系统分为开放系统和封闭系统。开放系统是指系统与环境之间有物质、能量或信息交换的系统,如水电发动系统。开放系统是客观物质世界中普遍存在的系统,在环境发生变化时,通过系统中要素与环境的交互作用以及系统本身的调节作用,使系统达到某一稳定状态。封闭系统是一个与外界之间没有物质、能量和信息交换的系统,不管外界环境有什么变化,封闭系统仍表现为其内部稳定的均衡特性。现实世界中,没有完全意义上的封闭系统,系统的开放性和封闭性概念也是相对的。

4. 信息系统

随着现代社会信息量及信息处理量的逐渐扩大,手工处理方式显然已远远不能满足人们生产活动的需要,因此逐步出现了以计算机为主要工具的信息系统。所谓信息系统,是对信息进行采集、处理、存储、管理、检索,必要时能向有关人员提供有用信息的系统。

广义上说,任何系统中进行信息加工处理的系统都可视为信息系统,如生命信息系统、企业信息系统、文献信息系统、地理信息系统等。本书讨论的信息系统是狭义概念,是一个专门的系统,是基于计算机、通信技术等现代化信息技术手段且服务于管理决策领域的系统。

信息系统由许多部分所组成,这些部分相互作用以达到提供信息的目的,目前的信息系统虽然五花八门,但这些基于计算机为主要工具的信息系统,在组成形式上有相同之处。从这一点上说,信息系统的构成可以用图 1-6 表示。

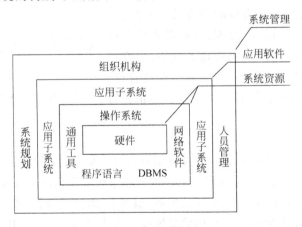

图 1-6 信息系统框图

系统资源是信息系统基础。其中硬件部分包括支持信息处理、通信处理的计算机装置和其他与计算机有关的设备。操作系统、数据库管理系统、程序语言、网络软件、通用工具等属系统软件。信息系统应用软件由支持特定管理功能的程序构成。

系统管理是保证信息系统正常运行的重要条件之一,由一系列的有关规章制度、组织机构、人员管理、系统规划、人工处理、相应设计文件等组成。

也可以从逻辑功能的角度考虑信息系统的构成。一个信息系统一般都具有信息的输入、处理、存储、检索、传输、管理、输出等功能。

信息系统本身也是一个系统,具有系统的一般特征,其整体性表现在:信息系统是一个组织内部的神经系统,具有整体效应;目的性在于提供各种管理决策所需的信息;信息系统是可以分解的,通常把一个组织的信息系统分解成若干子系统,而各个子系统又可以划分为若干个模块,为了需要,每个功能模块又可以分成若干子功能模块,表现了信息系统的层次性;整个信息系统内部各部分(子系统)之间又存在着各种形式的联系,体现出其相关性;信息系统是整个组织系统中的一个子系统,因此又依赖于组织内部其他部分的变化,依赖于组织外部环境的影响,一个好的信息系统应具有良好的环境适应性。信息系统除了具有系统的以上一般特征之外,还具有自身的一些特点,在信息系统的开发建设中,不仅涉及计算机的软硬件技术、通信技术、数学、运筹学、控制论、信息等方面的学科知识,还涉及社会科学领域中的有关政治、经济、管理、法律、组织行为学、人际关系学等许多方面。由此可见,信息系统本身是一个复杂的、大型的系统。

信息系统的发展经历了电子数据处理、管理信息系统、决策支持系统的发展过程,近年来又出现了新的发展,如网络信息系统等。

1.1.6 管理信息系统的定义

管理信息系统作为信息系统的一个发展与研究阶段,国内外对其有不同的描述,例如:

(1)管理信息系统是一个能够提供过去、现在和将来预期信息的一种有条理的方法,这些信息涉及内部业务和外部情报。它按适当的时间间隔供给格式相同的信息,支持一个组织的计划、控制和操作功能,以便辅助决策过程。

(2)管理信息系统是一个利用计算机硬件和软件,手工作业,分析、计划、控制和决策模型,以及数据库的用户-机器系统。它能提供信息,支持企业或组织的运行、管理和决策。

(3)管理信息系统是一个具有高度复杂性、多元性和综合性的人机系统,其全面使用现代计算机技术、网络通信技术、数据库技术及管理科学、运筹学、统计学、模型论和各种最优化技术,为经营管理和决策服务。

(4)管理信息系统是一个由人、计算机等组成的能进行信息的收集、传递、储存、加工、维护和使用的系统。它能实测企业的各种运行情况,利用过去数据预测未来,从企业全局出发辅助企业进行决策;利用信息控制企业的行为;帮助企业实现其规划目标。

(5)管理信息系统是一个以人为主导,利用计算机硬件、软件、网络通信设备以及其他办公设备,进行信息的收集、传输、加工、储存、更新和维护,以企业战略竞优,提高效益和效率为目的,支持高层决策、中层控制、基层运作的集成化的人机系统。

以上从不同角度给管理信息系统下了定义,把这些定义结合起来,将会对管理信息系统有一个较全面的认识,管理信息系统不仅仅是一个技术系统,而是把人包括在内的人机系统,也不仅是静态的对象,而是管理的动态过程。所以管理信息系统是利用计算机的软硬件资源、网络通信设备以及办公设备,为实现组织整体目标,对信息进行收集、传输、储存、加工、输出,给各级管理人员提供业务信息和决策信息,并由其执行管理过程的人机系统。

1.1.7 管理信息系统的特点

管理信息系统不仅具有一般系统的特征,而且具有其本身的特点。管理信息系统的主要特点如下。

(1) 管理信息系统是一个人机系统。以计算机为基础的管理信息系统并不意味着一切都自动化。人机系统的概念说明有些任务最好由人完成,而另一些任务由机器代替。系统设计者应当认真地分析哪些工作交给人做比较合适,哪些工作交给机器做比较合适,充分发挥人和机器的特长,组成一个和谐、有效的系统。这就要求系统设计者不仅要懂得计算机,而且要懂得人。

(2) 管理信息系统是一个一体化或集成系统,它从企业管理的总体出发,综合考虑,保证各种职能部门共享数据,减少数据的冗余度,保证数据的兼容性和一致性。因此具有集中统一规划的数据库及功能完善的数据库管理系统是管理信息系统成熟的重要标志。

(3) 用数学模型分析数据,辅助决策。为了提供管理者决策所需的信息,往往需要利用数学模型,如联系于资源消耗的投资决策模型,联系于生产调度的调度模型等。模型可以用来发现问题,寻找可行解、非劣解和最优解。

(4) 有一个中心数据库及网络系统,这是管理信息系统的重要标志。

1.2 管理信息系统的产生与发展

管理信息系统的发展与计算机技术、通信技术和管理科学等的发展紧密相关。近半个多世纪以来,管理信息系统的发展经历了从单机到网络、从数据处理到智能处理的各个阶段,且仍在不断发展,而且是相互交叉的关系。

自从世界上第一台电子计算机诞生以后,人们就开始了将计算机应用于管理工作的探索。1954年美国通用电器公司用计算机进行工资计算,标志着管理应用的开始,在其以后的一段时间里,企业纷纷将计算机用于大量繁杂的日常业务数据处理工作,并取得了较好的效果,实现了手工作业的自动化,提高了工作效率。通常将这一阶段称为数据处理阶段(EDP)。用于数据处理的系统称之为电子数据处理系统(EDPS)。在此阶段人们用计算机进行产量的统计、会计数据的自动处理等。随着应用的不断扩大,人们又产生了更高的要求,希望计算机在提供企业所需精确数据的同时,能为企业的管理决策提供各种关于企业过去、现在和未来的各种信息,在这方面,电子数据处理系统显得力不从心,计算机应用必须有新的突破,这样管理信息系统的出现就是必然的了。但由于当时企业的管理者缺乏必要的计算机知识,使得管理者不可能明确地提出他们真正需要什么样的管理信息系统,而信息专家对管理又只知皮毛,最终导致当时盛行的管理信息系统所提供的数据大都不适合管理部门决策之用。管理人员得到的数据虽很丰富,但能得到的信息却很贫乏。随着时代的推进,管理人员对于计算机越来越了解,他们知道自己应扮演的角色,也能够清楚地描述他们的信息要求了。同样,信息专家通过接触大量的管理知识以及加强对企业实际的了解,真正懂得了企业需要什么样的管理信息系统。管理信息系统被重新设计,终于成了计算机应用的一个重要领域,从20世纪80年代,由于对管理信息系统的重新认识,又掀起了管理信息系统的热潮。管理信息系统(MIS)是在电子数据处理系统的基础上发展起来的。其一方面支持日常业务的数据处理工作,这一层次上的管理信息系统又称业务信息系统或事物处理系统;另一方面又能将组织中的数据和信息集中起来,进行综合处理,统一使用。其为管理者执行计划、组织、指挥和控制职能提供所需信息,运用一些确定的决策模型进行自动求解,为中层管理者做决策提供支持。管理信息系统的主要特征是信息集中统一,具备辅助事务管理、辅助决策的功能,有一个中心数据库及网络系统。

　　决策支持系统(DSS)是从管理信息系统中发展起来的面向高层管理者的一门辅助管理技术,由于管理信息系统是从电子数据处理系统(EDPS)基础上发展起来的,管理信息系统(MIS)的应用和发展受传统数据处理的影响和约束,对高层管理者的决策支持较少,因此,人们又把注意力转向如何借助于计算机解决有一定难度的半结构化和非结构化问题,产生了决策支持系统。决策支持系统运用了数据库、模型库、知识库、方法库等更新的技术,从管理信息系统中抽取一些决策支持所需的数据,为高层领导提供决策支持。

　　决策支持系统的特点在于以交互方式支持决策者,解决半结构化和非结构化决策为主,为决策者提供一个分析问题、构造模型和模拟决策过程及其效果的决策环境,是对管理人员决策的支持而不是代替,系统本身要求具有灵活性,采用联机对话方式,以便利用人的经验和系统提供的可供分析的信息来解决问题。

　　20世纪80年代后,管理信息系统(MIS)在决策支持系统(DSS)基础上又有了新的发展,主要有主管支持系统(Executive Support Systems,ESS)和群体决策支持系统(Group Decision Support Systems,GDSS)等,并朝着智能化方向发展,如专家系统(Expert System,ES),信息系统辅助企业的层次越来越高,对企业的影响面越来越大。

　　管理信息系统是现代管理方法与手段相结合的系统。应用先进管理方法的管理信息系统对推动企业管理现代化、规范化、科学化,增强企业竞争力起着十分重要的作用。典型的例子有制造资源计划(MRP Ⅱ)、企业资源计划(ERP)。

　　20世纪90年代,人们提出了企业过程重组(Business Process Reengineering,BPR)的概念。它既是市场竞争的需要,也是管理信息系统发展的必然结果。从EDPS、MIS到DSS等,无非是利用信息技术为现存的管理构架服务。然而BPR概念的提出和实施,则转变为重塑管理构架,有人称企业过程重组是管理理论和实践的“第三个里程碑”。

1.3　管理信息系统的分类

　　管理信息系统是一个广泛的概念,没有统一的分类。在管理信息系统的研究和应用中,通常有以下3种分类方法,如图1-7所示。

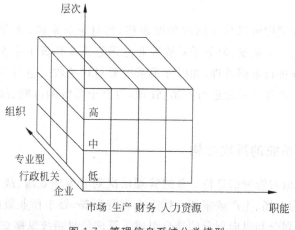

图 1-7　管理信息系统分类模型

（1）从提供信息的层次上，不同层次的信息系统为不同层次的管理者提供信息支持。企业或组织的管理层次分为低层、中层、高层，支持低层的是业务处理系统；支持中层的是管理信息系统；支持高层的是决策支持系统。

（2）从组织的职能角度，一般企业或组织均有市场、生产或服务、财务、人力资源 4 大职能。不同的职能有不同的应用系统，组织中的管理信息系统按职能划分为市场管理信息系统、生产或服务信息系统、财务管理信息系统、人力资源管理信息系统等不同的职能系统。

（3）从服务的组织对象上，不同的系统服务于不同的组织，具有不同的功能，可分为国家经济信息系统、企业管理系统、事务型管理信息系统、行政机关办公型管理信息系统、专业型管理信息系统等。企业复杂的管理活动给管理信息系统提供了典型的应用环境和广阔的应用舞台，大型企业的管理信息系统都很大，人、财、物、供、产、销以及质量、技术应有尽有，同时技术要求也很复杂，因而常被作为典型的管理信息系统进行研究。

1.4 管理信息系统的结构

管理信息系统作为一个系统必然有一定的结构，管理信息系统的结构是指各部件的组成框架，对部件的不同理解就构成了不同的结构方式。从概念上看，管理信息系统由 4 大部件组成，即信息源、信息处理器、信息用户和信息管理者，如图 1-8 所示。

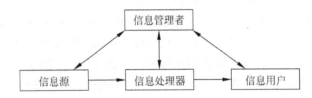

图 1-8   管理信息系统的概念结构

信息源是管理信息系统的数据来源，是信息的产生地。信息处理器负责信息的传输、加工、存储，为各类管理人员即信息用户提供信息服务。信息管理者负责系统的设计、实现、运行和管理。

管理信息系统的结构可以从不同的角度观察，如对企业来说，从管理视角观察信息系统，其市场子系统、生产子系统、财务子系统等业务信息系统构成了企业管理信息系统。各业务系统对具体业务进行数据处理，如财务子系统要对每笔收支进行登账和处理。企业管理信息系统则是对各业务子系统进行控制、管理，对整个系统的战略、战术等重大问题做出预测和决策。

1.4.1 管理信息系统的层次结构

如前面所述，组织的管理信息按服务的管理层次划分为作业级、战术级、战略级。而一般管理按职能划分为市场、生产或服务、财务、人力资源等，处于作业级的信息处理量最大，战略级的较小，横向划分和纵向划分的结合组成了管理信息系统纵横交织的金字塔结构，如图 1-9 所示。

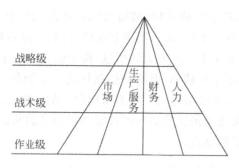

图 1-9 管理信息系统的层次结构

作业级的信息系统是供低层管理人员使用的系统,支持日常的业务处理。系统通过计算机输入原始数据信息,如采购单信息、客户订单信息、职工考勤信息等,存储在存储器中,并对数据以批处理或实时的方式进行累加和分析,提供反映组织业务现状的信息,如应收和应付款信息、库存信息、工资信息等。该层次的信息系统的特点是:处理的数据量大,精确度高,输入数据和输出信息均经过仔细校验;反映的是组织已发生的业务信息,即历史信息;系统的数据全部来自于组织内部;输入数据和输出信息的形式及格式都是高度结构化的;信息非常详细,反映每笔(每日、每周或每月等)的业务信息;提供查询功能。

战术级的信息系统是供中层管理人员使用的系统。本层系统主要对业务信息进行概括、集中、比较和分析,为中层管理人员监督和控制业务活动、有效地分配资源提供所需的信息。作业系统的输入信息是战术系统的数据来源,因此战术级的信息系统必须建立在作业级的信息系统基础上。战术级的信息系统产生预测类信息,通过预测未来事件防止问题的出现。例如,系统被用来预测收入和企业活动,确定资金的最佳来源和用途;系统支持计划的职能,通过收集历史数据和当前数据,分析研究变化的趋势和预测未来,选择合适的计划模型,进行反复试算,产生各种计划方案,供管理者使用;系统通过进行各种定额、计划指标信息与当前企业实际运营信息的比较,产生各种反馈信息和警示信息,帮助管理人员的管理控制和决策活动,帮助人们决定何时何地采取行动,如反馈信息表明某种存货的库存水平正在不断下降,那么,管理者就可以利用它来决定订购更多的该种存货。战术级的信息系统产生一系列报表报告,一般有定期报告、总结性报告、比较报告、例外报告等。定期报告是按照预先确定的时间间隔产生的报告,可以是每天、每周、每月、每年等;总结性报告是指那些以某种方法汇总信息的报告,如按销售人员汇总的销售情况,按产品种类汇总的次品返修情况等;比较报告显示两个或更多相似的信息集,以阐明彼此的关系,如产量与成本的关系;例外报告主要提供异常情况的信息,如导致应收账款迅速增加的欠款对象的评估信息。

战略级的信息系统提供辅助高层管理人员制定企业长期策略的信息。战略系统与战术系统的区别通常不够明确,因为这两类系统可能使用某些相同的数据。例如,当中层管理者利用预测和计划信息来分配资源以达到最佳的组织目标时,该预测和计划类信息就是战术级的信息;而被高层管理人员用来制定企业长期活动计划时,就是战略级的信息。战略级信息系统的特点主要有:①随机性。即战略级信息的产生在多数情况下具有时间不确定性,是随机产生的,是根据临时决策需要产生的。②预测性。由于企业长期计划决策通常会对未来一段时期(3～5年)产生影响,因此战略级信息系统的信息不仅能描述过去的事件,更要能预测未来发生的事件。例如,未来经济状况的预测、产品市场状况的预测等。③概要性。战略级信息是关系企业未来长远发展的信息,而影响企业未来发展的因素较多,十分复杂,因此,该类信息要求并不十分精确,通常是概括性的。④数据来源外部性。大部分战略级信息的主要数据来源于企业外部环境。⑤非结构化。战略级信息系统的输入数据通常是非结构化的。例如,对未来市场销售趋势预测可能会用到从偶然谈话中得知的信息,如批发商、销售人员和市场分析员的观点。

1.4.2 管理信息系统的功能结构

管理信息系统应该有支持整个组织在不同层次的各种功能,这些具有不同功能的部分(子系统)是一个有机的整体,构成了系统的功能结构,如图1-10所示。

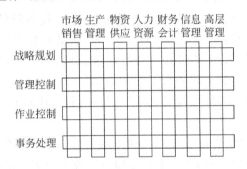

图 1-10 管理信息系统功能结构

(1)市场销售子系统。它包含销售和推销以及售后服务的全部活动,事务处理主要是销售订单、广告推销等的处理。在运行控制方面,包括雇用和培训销售人员,销售或推销的日常调度,以及按区域、产品、顾客的销售量定期分析等。在管理控制方面,涉及总的成果与市场计划的比较,所用的信息有顾客、竞争者、竞争产品和销售力量要求等。在战略计划方面包含新市场的开拓和新市场的战略,使用的信息要用到客户分析、竞争者分析、客户调查等信息,以及收入预测、产品预测、技术预测等信息。

(2)生产管理子系统。其功能包括产品的设计、生产设备计划、生产设备的调度和运行、生产人员的雇用与训练、质量控制和检查等。生产管理子系统中,典型的事务处理是生产指令、装配单、成品单、废品单和工时单等的处理。作业控制要求将实际进度和计划比较,找出薄弱环节。管理控制方面包括进行总调度,单位成本和单位工时消耗的计划比较。战略计划要考虑加工方法和自动化的方法。

(3)物资供应子系统。它包括采购、收货、库存管理和发放等管理活动。事务处理主要包括库存水平报告、库存缺货报告、库存积压报告等。管理控制包括计划库存与实际库存水平的比较、采购成本、库存缺货分析、库存周转率分析等。战略计划包括新的物资供应战略,对供应商的新政策以及"自制与外购"的比较分析,新技术信息、分配方案等。

(4)人力资源管理子系统。它包括人员的雇用、培训、考核、工资和解聘等。事务处理主要产生有关雇用需求、工作岗位责任、培训计划、职员基本情况、工资变化、工作小时和终止聘用的文件及说明。作业控制要完成聘用、培训、终止聘用、工资调整和发放津贴等。管理控制主要包括进行实际情况与计划比较,产生各种报告和分析结果,说明雇工职员数量、招聘费用、技术构成、培训费用、支付工资和工资率的分配及计划要求符合的情况。战略计划包括雇用战略和方案评价,职工培训方式、就业制度、地区工资率的变化及聘用留用人员的分析等。

(5)财务会计子系统。财务和会计既有区别,又密切相关。财务的职责是在尽可能低的成本下,保证企业的资金运转。会计的主要工作则是进行财务数据分类、汇总,编制财务报表,制定预算和成本数据的分类及分析。与财务会计有关的事务处理包括处理赊账申请、销售单据、支票、收款凭证、付款凭证、日记账、分类账等。财会的作业控制需要每日差错报告和例外报告,处理延迟记录及未处理的业务报告等。财会的管理控制包括预算和成本数据的比较分析。财会的战略计划关心的是财务的长远计划,减少税收影响的长期税务会计政策以及成本会计和预算系统的计划等。

(6)信息管理子系统。该系统的作用是保证其他功能有必要的信息资源和信息服务。事务处理有工作请求,收集数据、校正或变更数据和程序的请求,软硬件情况的报告,以及规划和设计建议等。作业控制包括日常任务调度,统计差错率和设备故障信息等。管理控制包括计划和实际的比较,如设备费用、程序员情况、项目的进度和计划的比较等。战略计划包括整个信息系统计划、硬件和软件的总体结构、功能组织是分散还是集中等。

(7)高层管理子系统。高层管理子系统为组织高层领导服务。该系统的事务处理活动主要是信息查询、决策咨询、处理文件、向组织其他部门发送指令等。作业控制内容包括会议安排计划、控制文件、联系记录等。管理控制要求各功能子系统执行计划的当前综合报告情况。战略计划要求广泛、综合的外部信息和内部信息。这里可能包括特别数据的检索和分析,以及决策支持系统,所需要的外部信息可能包括竞争者信息、区域经济指数、顾客喜好、提供的服务质量等。

1.4.3 管理信息系统的技术结构

从技术角度来看,构成管理信息系统需要计算机硬件、系统软件、网络、数据库管理系统等按照一定模式有机结合起来,实现对组织业务的信息化处理。

管理信息系统的体系架构分为硬件架构和软件架构,信息技术的发展使得管理信息系统在硬件体系上由单机系统发展到分布式的 C/S 或 B/S 架构,适应了现代网络与通信技术的发展,而信息系统的软件体系则体现了管理过程、决策与业务的信息化和层次化。

1. 管理信息系统的硬件结构

管理信息系统的硬件结构是指硬件组成及其连接方式。硬件结构所要关心的首要问题是用计算模式和硬件体系,主要有单一主机结构和分布式结构。

早期的信息系统硬件是单一主机结构,由一台主机通过通信控制器与许多终端和各种外部设备相连,如图 1-11 所示。

分布式结构是通过计算机网络把不同地点的计算机和外设相连,根据其硬件环境、程序架构等不同,常见的有客户机/服务器(C/S)模式和浏览器/服务器(B/S)模式两种,如图 1-12 和图 1-13 所示。分布式结

图 1-11 单一主机结构

构的一个主要特点是各地计算机既可在网络系统的统一管理下工作,又可脱离网络环境
独立工作。

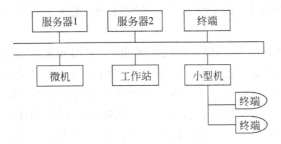

图 1-12 客户机/服务器结构

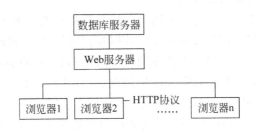

图 1-13 浏览器/服务器结构

除了计算模式和硬件体系外,硬件结构还要关系硬件的能力,如有无实时、分时或批处
理的能力等。

2. 管理信息系统的软件结构

管理信息系统的软件结构是管理信息系统的软件组成及其体系,由支持管理信息系统
的各种管理子系统的软件模块组成,如图 1-14 所示。

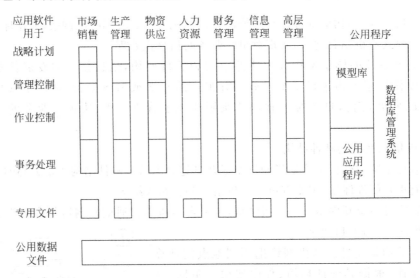

图 1-14 管理信息系统的软件结构

图 1-14 中每个方块代表一段程序块或一个文件,每个纵行表示支持某一管理领域的软件子系统,如销售市场子系统、生产管理子系统等。每个管理软件子系统又由支持战略计划、管理控制、作业控制及事务处理的模块所组成。各子系统既有自己的专用数据文件,同时又作为整个管理信息系统的一部分,共享为全系统服务的公用数据文件和公用程序、公用模型库及数据库管理系统等。

根据系统理论,管理信息系统作为一个系统必须满足环境适应性,即管理信息系统必须适应环境的变化,尽可能做到当环境发生变化时,系统不需要经过大的变动就能适应新的环境,这主要表现在系统的可修改性。一般认为易修改的系统是积木式模块结构的系统。管理信息系统通常采用模块结构,由于每个模块相对独立,其中一个模块的变化很少影响其他模块。

1.5　管理信息系统学科的特点

综合前面所述,管理信息系统学科的三大要素是系统的观点、数学的方法和计算机的应用,如图 1-15 所示,具有以下特点。

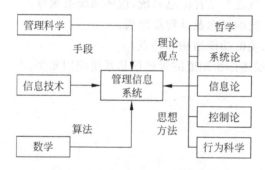

图 1-15　管理信息系统学科融合

1. 面向管理决策

管理信息系统是继管理学的思想方法、管理与决策的行为理论之后的一个重要发展,它是一个为管理决策服务的信息系统,必须能够根据管理的需要,及时提供所需要的信息,帮助决策者做出决策。

2. 综合性

从广义上说,管理信息系统是一个对组织进行全面管理的综合系统。一个组织在建设管理信息系统时,可根据需要逐步应用个别领域的子系统,然后进行综合,最终达到应用管理信息系统进行综合管理的目标。管理信息系统综合的意义在于产生更高层次的管理信息,为管理决策服务。

3. 人机系统

管理信息系统的目的在于辅助决策,而决策只能由人来做,因而管理信息系统必然是一个人机结合的系统。在管理信息系统中,各级管理人员既是系统的使用者,又是系统的组成部分。在管理信息系统开发过程中,要根据这一特点,正确界定人和计算机在系统中的地位和作用,充分发挥人和计算机各自的长处,使系统整体性能达到最优。

4. 与现代管理方法和手段相结合的系统

只简单地采用计算机技术提高处理速度,而不采用先进的管理方法,管理信息系统的应用仅仅是用计算机系统仿真原手工管理系统,充其量只是减轻了管理人员的劳动,其作用的发挥十分有限。管理信息系统要发挥其在管理中的作用,必须与先进的管理手段和方法结合起来,在开发管理信息系统时,融进现代化的管理思想和方法。

5. 多学科交叉的边缘科学

管理信息系统作为一门新的学科,产生较晚,其理论体系尚处于发展和完善的过程中。研究者从计算机科学与技术、应用数学、管理理论、决策理论、运筹学等相关学科中抽取相应的理论,构成管理信息系统的理论基础,使其成为一个有着鲜明特色的边缘科学。

思考题

1. 什么是信息? 信息与数据的关系是什么?
2. 什么是管理信息? 如何理解管理信息的层次和管理信息系统的层次结构?
3. 如何理解系统的概念? 结合信息系统,说明系统的观点。
4. 简述管理信息系统的概念及其物理组成。
5. 简述管理信息系统的功能结构和特点。
6. 结合你的专业,描述你所知道的管理信息系统应用实例。

第2章 组织、管理与信息系统

【学习目标】

- 理解如何运用管理信息系统促进组织变革、管理创新和流程再造,以提高竞争力。
- 了解信息系统与组织的双向影响以及信息系统在组织中的作用。
- 熟悉决策的分类及决策过程,理解和掌握信息系统对决策的影响。
- 掌握战略管理和信息系统战略的关系。

从第1章的介绍可知,管理信息系统是组织对信息资源管理的方法与技术实现,管理信息系统研究的对象也是组织本身,对组织的认识是管理信息系统建设的重要环节。

管理学中的组织有动态和静态之分,动态的组织是指维持与变革结构,完成特定目标的过程,这个过程将生产经营活动的各个要素、各个环节,从时间、空间上科学地联系起来,使每个成员都能接受领导、协调行动,从而产生新的大于个人和集体功能简单加总的整体职能。静态的组织概念又有广义和狭义之分,广义上的组织是指由诸多要素按照一定方式相互联系起来的系统。系统论、控制论、信息论、耗散结构论和协同论等,都是从不同的侧面研究有组织的系统。从这个角度来看,组织和系统是同等程度的概念。狭义上的组织是指人们为了实现一定的目标,互相协作结合而成的集体或团体,如党团组织、工会组织、企业、军事组织等。在现代社会生活中,人们已普遍认识到组织是人们按照一定的目的、任务和形式编制起来的社会集团,组织不仅是社会的细胞、社会的基本单元,而且可以说是社会的基础。本书所要研究的组织是指狭义的组织。

2.1 组织的特征与结构

1. 组织的特征

管理学认为组织具有如下4个特征。

(1)组织目标的确定性。组织目标是组织所期望达到的成果,是组织存在的前提和基础。一个组织通常具有与其目标紧密相关的结构,例如,福特汽车为实现其大众化、高效率地生产汽车的目标,开发了流水生产线的生产结构。

(2)组织规模的灵活性。组织是由人构成的,根据组织目标与结构,规模可大可小,有几个人组成的公司,也有拥有更多人的大型组织,而国家这样的社会组织更是巨型规模组织。

(3)组织结构的规范性。任何组织都存在分工与合作以及不同层次的权力和责任制度,组织通常利用工作标准化实现组织结构的规范性。工作标准化是指对工作的角色和任务独立于履行工作的个人,组织通常按照规定的流程和规范设定工作岗位与职责要求。

(4) 组织文化的独特性。不同国家、不同民族、不同地域以及不同行业的组织由于其文化背景、政治体制、教育机制、民族传统的独特性,决定了由人构成的组织具有的独特的组织文化,如日本的企业强调团队与合作精神,而美国的企业更注重创新与能力。

2. 组织的结构

从前面对组织的定义和特征描述可以看出,为适应组织目标的要求,应当具有一定规模的人员以一定的组织结构存在,更明确地说,组织结构是按照一定目的程序和规则组成的一种多层次、多岗位以及具有相应人员隶属关系的权责角色结构,是职、责、权、利四位一体的机构。当前组织结构有直线—职能型、事业部型、矩阵型和立体多维型等 4 种。

(1) 直线—职能型组织结构。直线型组织结构如图 2-1(a)所示,是最简单的集权式组织结构,其基本特点是组织中的各种职位按照垂直系统直线排列,不设专门的职能机构。这种结构机构简单、信息传递快、决策迅速、费用低、效率高,但要求领导者通晓各种业务,适用于规模较小、技术单一的组织。

职能型组织结构如图 2-1(b)所示,是在直线型结构的基础上,为领导者设置相应的职能机构和人员。在这种结构下,下级人员除了接受上级主管的指令外,还需接受上级职能部门的领导和监督。这种模式将管理工作按职能分工,适应了组织技术复杂、管理分工较细的特点,提高了管理的专业化程度,但容易形成多头领导,妨碍统一指挥,不利于健全责任制,目前很少采用。

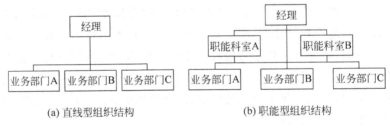

(a) 直线型组织结构　　　　　　(b) 职能型组织结构

图 2-1　直线型和职能型组织结构

将上述两种模式结合起来,保持直线型领导、统一指挥的优点,又吸收职能管理的专业化分工,形成了直线职能型结构,如图 2-2 所示。

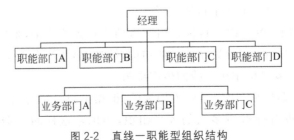

图 2-2　直线—职能型组织结构

这种组织形式也存在明显的不足,例如,权力集中在最高管理层,职能部门缺乏必要的自主权,职能部门之间的横向协调性差,组织信息传递路线过长,容易造成信息丢失或失真,适应环境能力差。

(2)事业部型组织结构。事业部型组织结构如图 2-3 所示,是按照"集中决策、分散经营"的原则,将组织划分为若干事业群,每个事业群建立自己的管理机构与队伍,独立核算,自主负责。目前大多数企业集团尤其是跨国公司多采取事业部型组织结构,其组织结构是业务导向的,从权力结构上讲是分权制,总部的职能相对萎缩,一般情况下只设置人事、财务等事关全局的职能部门。

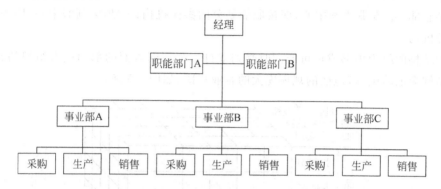

图 2-3　事业部型组织结构

事业部型组织结构具有以下特点:①按照不同的产出或服务将业务活动组合起来,实行专业化分工,成立专门的部门。②规模较大,生产或服务的业务具有多样性。③产权安排上实行所有权与经营权分离,在内部分工与协作中实行事业部制。④实行层级式管理,事业部内部采用直线职能型结构,仍然采用等级制组织。

(3)矩阵型组织结构。矩阵型结构又称为规划目标组织结构,如图 2-4 所示,在这种形式中存在两个管理方向,其一是从各职能部门方向的垂直管理,其二是从项目或工程方向的水平管理。从纵向上看是直线职能型,从横向上是为特定任务构成的横向项目或工程,这一结构改变了传统的单一垂直领导系统,呈现交叉的领导和协作关系,从而达到组织各职能部门的很好结合。

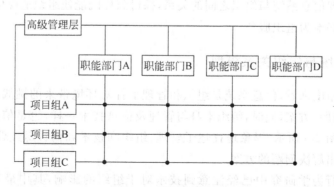

图 2-4　矩阵型组织结构

　　矩阵型组织结构兼有职能型结构和事业部型结构的优点,既能充分利用职能部门内的专业技术知识,又能促进职能部门之间的横向协作。但是矩阵型结构与职能型结构在组织原则上大不相同,职能型结构严格遵循统一指挥原则,矩阵型结构形成了双头指挥的格局。矩阵型结构能使组织迅速地应对外界环境的变化,满足市场的多样化需求,适合应用于因技术发展迅速而产品多样、管理活动复杂的组织。

　　(4) 立体多维型组织结构。立体多维型组织结构是职能型结构、矩阵型结构与事业部型结构的综合,是为了适应新形势的发展需要而产生的组织结构形式。立体多维型结构适用于包括以上三类结构的大型组织,一般包括三种维度:①产品利润中心,即按产品或服务划分的事业部;②专业成本中心,即按职能划分的参谋机构;③地区利润中心,即按地域划分的管理机构。

　　这种结构的组织内部成员可能同时受到来自三个不同方面的部门或者组织的领导,常见于体制健全的跨国、跨地区的规模庞大的企业集团,如图 2-5 所示。

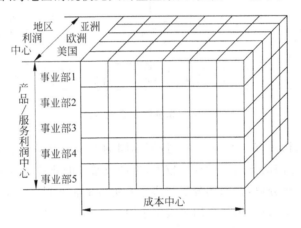

图 2-5　立体多维型组织结构

2.2　组织与信息系统

　　本节讨论管理信息系统与组织之间的关系,探讨怎样既能使组织适应信息技术发展,又能使信息系统很好地为组织服务。

2.2.1　信息系统与组织关系模型

　　从组织运营角度来看,信息系统是组织和管理上针对环境带来的挑战而做出的基于信息技术的(解决问题)方案,同时,组织本身与管理及信息技术一样,也是信息系统能够发挥作用的基础。如图 2-6 所示,形象地描述了管理、组织和技术如何针对经营上的挑战,一起利用信息系统做出解决问题的方案。

　　传统的组织行为学研究中已经注意到技术对于组织的影响,其中最著名的是莱维特(H. J. Leavitt)于 20 世纪 60 年代提出的一个模型,如图 2-7 所示。该模型使用了人、结构、技术和任务 4 个变量来描述技术对于组织的影响。莱维特认为这些变量之间有强烈的依存

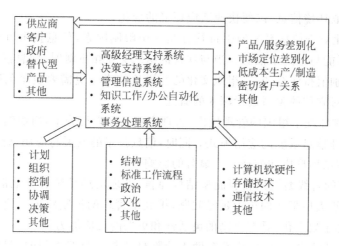

图 2-6 经营角度的信息系统

关系。例如,当组织使用信息技术后,对于组织中的结构将产生影响,并且使工作人员从繁重的重复性工作中解脱出来,投身到更有意义的工作中,提高任务完成的效率。在这种观点的基础上,经过一些学者的研究,之后逐渐形成了社会技术系统的理论。

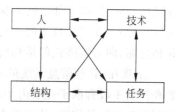

图 2-7 莱维特组织结构模型

2.2.2 信息系统与组织的相互影响

社会技术系统学派认为信息系统和组织之间的相互影响关系可以用图 2-8 来表示。组织和信息技术之间是双向的关系,一方面,组织对于是否引进信息系统,引入什么样的信息系统,由谁来提供信息技术服务等问题具有决策权,并且信息系统的开发设计必须以现存的组织结构为依据,从这个意义上来看,组织影响着信息系统。另一方面,信息系统的建立促使组织结构变化,业务流程改革,因此信息系统又影响着组织。信息系统必须与组织紧密结合起来,为组织的各级决策者提供所需的信息;而组织也应当根据环境的变化,通过使用信息系统提高管理水平。这种双向关系可以通过中介因素体现出来,如组织所在的环境、组织文化、组织结构、标准作业过程、组织采取的政策、管理决策方式等,如图 2-8 所示。

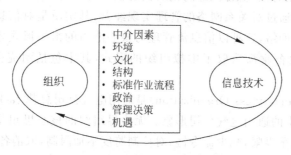

图 2-8 组织与信息技术的关系

(1) 在信息时代,信息技术的发展使得组织的环境更容易发生变化,这就给组织带来了巨大的压力,组织必须适应环境的变化,否则会被无情地淘汰;另外,信息系统的应用,可以使组织更好地获取环境信息,以便快速适应环境的变化。

(2) 组织文化对于信息系统的引进往往是一个限制因素,信息技术可以用来支持现有的组织文化,也可能与之产生抵触。当与现行的组织文化相抵触时,信息技术往往难以发挥应有的作用。特别值得注意的是,组织文化的变更比技术变更需要更多的时间,所以,引进信息技术之前应对它们的关系进行深入的研究。

(3) 组织结构体现了组织的管理层次、管理方式以及人员分工,组织结构决定着组织的信息化程度和管理信息系统的应用模式。同时,信息技术的发展与应用,管理信息系统的普及,对组织的组织结构形成和变迁有着显著的影响。

① 对于传统的直线型结构和职能型结构而言,管理信息系统有效地消除了信息淤积,避免由于组织的扩大所带来的决策延滞问题,扩大了管理的控制跨度。使得管理层级相应减少,组织结构趋于扁平化,具有更高的灵活性和更快的反应能力。

② 在事业部型结构中,信息技术有助于消除总部与事业部之间的信息不对称,使得总部可以更为及时、全面地获取事业部的运营信息,并进行深入的分析,从而使战略决策更具合理性。同时,事业部之间的横向沟通与联系也可以得到加强,从而有可能提高事业部的协同性。此外,在信息技术的支持下,总部有可能将一些职能性分工从事业部中抽取出来,合并到总部,向着矩阵式的结构转换,从而在一定程度上消除机构重叠的问题。

③ 现在,管理信息系统的发展与应用使矩阵式结构变得更具可行性,因为电子化的沟通和控制手段有助于克服由于双重监督而带来的混乱情况,项目经理和职能经理之间可以实现更为有效的沟通,从而更大程度地发挥职能部门化和产品部门化两种形式的优势互补。在信息技术应用较为深入的组织中,如软件企业和管理咨询企业,矩阵式结构应用得比较广泛而且管理信息系统趋于成熟。

④ 从 20 世纪 80 年代开始,在信息技术的支持下,一些组织设计并应用了一些新型的组织结构以增强组织的竞争力,其中最为重要的包括团队结构、虚拟组织和无边界组织。

团队结构(Team Structure)指的是以团队作为协调组织活动的主要方式。这种结构的主要特点在于打破部门界限,将决策权下放到工作团队员工手中,这种结构形式要求员工既是全才又是专才。信息技术使得团队之间的沟通和组织对团队的有效监督成为可能。

虚拟组织(Virtual Organization)既是一种组织结构,也是一种战略模式。这种组织的规模较小,决策集中化的程度很高,部门化的程度很低,甚至根本就不存在产品性或职能性的部门化。虚拟组织通过对关系网络的管理实现经营,其实质是对信息流的管理。只有依托于强有力的计算机网络,这种以信息流管理为核心能力的组织形式才可能存在。许多具有重大影响的国际性企业都采取了虚拟组织的形式,其中包括耐克公司、戴尔计算机公司等。

无边界组织(Boundaryless Organization)是通用电气公司总裁 Jack Welch 所提出的概念,用来描述他理想中的通用电气公司形象。无边界组织的核心思想是尽可能地消除组织内部的垂直界限和水平界限,减少命令链,对控制跨度不加限制,取消各种职能部门,代之以授权的团队。在理想状况下,这种组织主要通过互助协调机制来实现运作,就像赛场上的足球队一样,整体战略的执行依靠员工之间的相互协调(而不是层级指挥)来实现。计算机网络是使无边界组织得以正常运行的基础。在新技术的支持下,人们能够超越组织内外的界限进行交流。例如,电子邮件使得成百上千的员工可以同时分享信息,并使公司的普通员工可以直线与高级主管交流。同时,组织间的网络也使得组织外部边界同样可以被突破。

总之,信息技术促使组织结构发生变化。当然,组织变革也是充分发挥信息技术优势的前提。

(4) 信息技术的引进,有可能对标准作业过程的改变产生重大的影响。所谓标准作业过程(Standard Operating Procedure,SOP)是指组织机构常规的活动和步骤,用来处理所有预想的业务。SOP 是长期积累的结果,改变它需要付出相当大的努力。有许多组织成功地进行了这种改变,极大地提高了竞争力。特别是信息技术/信息系统的应用实施过程中通常需要伴随着组织业务流程的变革,如组织在实施 ERP(企业资源计划)之前需要进行业务领域分析;反之,大多数组织在进行业务流程重组(BPR)时,需要同时借助信息技术/信息系统的应用实施。这是因为现代的信息系统不仅是一个软硬件系统,而且涵盖了大量先进的管理思想和最佳业务实践。

2.2.3 信息系统在组织中的作用

信息系统在组织中的作用体系体现在积极和消极两方面,一般来说,信息系统的积极作用表现在以下几方面。

(1) 信息系统极大地提高了信息收集、传递与处理的效率和有效性,从而增强了企业对内外环境变化相应的敏捷性和灵活性,提高了管理决策的及时性和科学性,是实现企业目标与战略的重要保证。

(2) 市场上围绕产品与服务的企业竞争,实质上是形成与服务供应链之间的竞争。信息系统是实现供应链上企业之间的协作与合作,形成动态联盟、建立虚拟组织/企业的基础设施和重要手段。

(3) 减少管理层次,下放权力,实现组织扁平化、网络化、虚拟化是企业改革任务之一。信息系统加速了组织内部信息的传递与共享,提高了信息处理的效率,减少了中间环节,使得组织扁平化、网络化、虚拟化改造成为可能。

(4) 业务流程是企业完成其使命、实现其目标过程中必需的、逻辑上相关的一组活动。信息系统是对业务流程诸多环节进行集成管理,实现生产与服务过程柔性化和个性化的重要手段。

(5) 信息系统实现了对企业生产经营信息的即时、统一的管理,加强了企业的控制力,提高了信息处理效率,从而降低了内部人员成本。信息系统也拉近了企业之间(B2B)、企业与客户间(B2C)、企业与政府间(B2G)的距离,降低了交易成本,减少了由于信息延迟造成的积压和脱节,提高了客户的满意度。

(6) 信息系统加强了业务、管理流程和数据的规范化,减少了随意性和人为失误,改善了管理者与员工的工作条件,促进了员工之间的信息知识交流与协作,加强了组织的凝聚力,有利于形成具有本企业特色的团结、学习、创新的企业文化。

而信息系统的消极作用主要表现在以下几方面。

(1) 信息系统是在人们预先设定的范围内收集、存储、处理信息的,当组织内外环境的变化超出预定范围时,组织对变化响应的敏捷性和决策的科学性、及时性将受到影响。

(2) 信息系统的应用使得员工之间、普通员工与管理者之间以及管理者之间通过信息系统交流的机会多了,而面对面的交流机会少了,可能导致非正式渠道信息活动与非正式组织作用的弱化和人们之间的感情疏远。

(3) 信息系统提高了效率与有效性的同时,许多以前人工进行的工作由信息系统替代,可能使一些工作人员丧失了工作机会。

(4) 信息系统的功能涉及组织的活动、社会与个人生活诸多方面,人们对信息系统的依赖性大大提高。一旦信息系统出现故障,如停电一样,会给组织带来巨大的损失,给社会生活和个人活动造成严重的甚至灾难性的后果。安全问题是信息系统瓶颈问题之一。

(5) 信息系统的出现引发了一些新的伦理、道德与法律问题。由于人们(如员工、客户、竞争对手、合作伙伴)对活动信息广泛而周密的收集,对个人隐私权造成了严重的威胁。不健康的、歪曲事实真相的甚至诽谤、侮辱性的信息通过互联网进行非法传播,会引起组织、社会以及人际关系的混乱而破坏正常的社会秩序;科学技术、文化、艺术等创作的非法复制和非法传播造成对知识产权的侵犯,影响这些领域创造性活动和有关市场合法经营的正常发展。

2.2.4 组织对信息系统的影响

组织变革与管理模式的变迁也影响着信息技术和信息系统的应用与发展。组织重组、人员配置、业务转变以及计划协调机制的变化等,对信息系统的系统结构、系统功能以及系统理论方法等诸多方面产生影响。这就要求信息技术和信息系统在理论和应用的过程中不断地创新,以适应战略、结构以及外部环境导致的变化。

1. 组织功能决定信息系统功能

在大多数情况下,组织的管理决策者需要确定信息系统的作用范围,也就是信息系统所包含的功能种类和广度。这是因为组织若要减少在信息系统投资过程中的浪费,避免陷入所谓的 IT 黑洞或者信息系统泥潭,就需要有选择地运用信息系统的功能,尽量将信息系统功能同现有的组织主要功能相匹配,并且保证信息系统的功能必须有效地支持组织的这些主要功能,否则,任何过多或过少的功能实现都不会帮助组织功能发挥到应有的最佳状态。因而,在组织实施信息系统的过程中,需要分析组织的功能结构,以此来决定信息系统的主要功能。例如,对一个生产型企业而言,其信息系统一般应当具有较高的集成性,使得物料、生产、库存、销售等各个环节能够紧密地连接成为一个整体,从而实现更高效率的运作和更低的成本;而对于一个以资本运作为核心的投资控股型企业而言,由于组织的整体业务结构经常会因为并购、出售等投资行为而发生变化,因而通常就不会在集成性方面具有很高的要求,而是着重在投资分析方面得到信息系统的支持。此外,在组织发展的不同阶段,对信息系统也会产生不同的需求。例如,对于一个处于快速扩张、抢占市场阶段的企业而言,其信息系统应当具有良好的延展性,经营终端的系统应当能够实现快速的复制。

根据组织功能做出信息系统功能的选择,主要是基于以下几方面的原因。

(1) 组织功能需要信息系统功能支持的范围是可以变化的。例如,供应商的选择是应该由信息系统自动做出选择,还是由信息系统先提供供应商列表然后再由组织的人员来做决策?客户的投诉或者服务请求情况是由信息系统自动给出提示回答或解决结果,还是由专门的客户服务人员来处理?

(2) 并不是所有的组织功能都需要信息系统功能的支持或者使之自动化,是否采用信息系统功能通常与许多因素有关,如信息系统的成本效益比、使用这些功能的频率与难度以及人工实现这些功能的费用和难度等。

(3) 在信息系统投资预算有限的情况下（通常包括人力和资金资源等），必须按照组织的基本功能需要选择先实现什么样的信息系统功能，也就是决定信息系统各项功能的优先级。虽然理论上说任何有增值潜力的信息系统功能都应当实现，但是现实中组织往往受到这样或者那样的资源瓶颈约束。

2. 业务流程影响信息系统

任何信息系统的开发与实施过程无疑都需要同业务流程之间相互关联，即便是通用的信息系统软件所体现的业务操作也大都是组织业务流程的最佳实践的表现，具有一定的科学性和实用性。而组织需要通过持续创新性的业务流程来持续地满足客户多变的个性化需求，这就需要开发柔性的信息系统以适应组织业务流程优化的需要，帮助组织实现最佳的客户服务。因而，信息技术规划或者信息管理的一个重要任务就是决定在多大的程度上，改变组织现有的业务流程以适应标准化的信息系统软件，或者如何对信息系统及相关的软件功能做二次开发和功能调整，以适应现有的业务流程。这种选择可能需要根据不同的场景和需求来决定，有时可能出于实际考虑，有时可能出于组织战略上考虑。当组织管理者认为使组织行为适应信息系统比信息系统适应组织行为更加麻烦时，他们会采用更为现实的做法；而当组织需要有意地改变组织的业务流程和功能结构时，可能就会更多地从战略上进行考虑。针对业务流程的标准化和信息系统的柔性化，当组织引入如 ERP 之类的软件时，管理者可能面临两个方面的难题：一是确定要标准化的具体领域，二是如何在信息系统适应组织流程与组织流程适应信息系统之间寻找到最佳的平衡点。

3. 信息系统柔性需要适应组织柔性

组织本身面临着许多内外部环境的变化，这就需要组织具有一定的柔性来适应内外部环境的变化，进而实现组织的持续成长。当代组织特别是企业面临着激烈的竞争压力、快速多变的客户需求、以及社会政治经济的影响等诸多新的要求与环境的改变，这些改变包括：组织的兼并、联合；战略上的扩张或紧缩；组织的重组与业务转型；市场环境的改变，如由价格竞争转向时间或者速度的竞争；社会经济技术的进步等。在这样的环境下，组织必然要摆脱原有的僵化结构，而保持一定的适应性和灵活性，以适应这些环境变化和战略上的灵活性。

由于组织功能在一定程度上决定了信息系统的功能，那么当组织需要一定的柔性时，信息系统更需要一定的柔性以适应组织的变化以及内外部要求或者环境的变化。通常有两种方法用于实现信息系统柔性以适应组织柔性。一种是信息系统提供可重构、可裁剪的功能，负责在需要的时候选择和开发新的信息系统模块，即建立一个由一系列的标准组成的信息系统架构，这些标准规则详细地规定了信息系统各模块之间的接口和各模块之间联系的方法。第二种是将"柔性"融入信息系统的每个模块中，该方法的一种解决方案是使用计算机可识别和处理的语言开发通用的商业模型，这些模型能按照需求组成信息系统的模块，可以参考信息系统中的各个方面，如数据、功能、模块的位置等。这种方法旨在从方法论和技术层面上解决信息系统的柔性问题。

总之，组织结构的变革与信息系统的开发应用都是为了实现组织的发展战略。二者要符合组织发展战略，使组织变革不能单纯为了变革而变革，信息系统的开发也不能单纯为了开发而开发，也不应将二者割裂开来单独建设，而是要在统一的组织战略目标规定下，将二者有机地结合在一起,体现组织系统的整体性功能,共同实现组织的战略规划的要求。

2.2.5 案例介绍

惠普前总裁卡莉·费奥瑞纳注重客户满意程度的提升,在研究惠普当时的顾客服务组织架构和工作模式后,致力于重新设计原有的组织结构。经过重新设计的客户关系管理系统(CRM)以及相应的管理变革,惠普做到了单点接触顾客,极大程度提升了对顾客的响应速度,提升了服务水准。

惠普公司原来的组织结构设计和业务运作是以产品为中心的,有 80 多个产品部门,并有相应的生产部门、销售部门、服务部门、市场部门。卡莉·费奥瑞纳对原有的组织结构进行了重新设计,按顾客的性质划分部门,把销售部门分为全球客户、大型客户、中小客户部门,把研发部门也分为三个部门(计算设备、打印设备和终端设备)。这种组织结构的重新划分,带来了企业运作模式、员工工作方式、激励机制的深刻变化。例如,原来的销售员只需要负责一种或几种产品即可,而现在要对某一种类型的客户负责,并且考核方法也发生了变化,这对销售员来说是很大的挑战。

与组织管理变革相适应,惠普开始了相应的信息系统建设,新的客户关系管理系统(CRM)可以让客户只需要通过电话、E-mail、WWW 等途径与惠普的接触中心(Contact Center)联系,方便、快捷地购买商品和获得服务。

惠普的案例体现了其一方面进行组织的管理调整,以企业的客户为中心,审视与客户相关的业务运作流程,进行管理模式的调整和业务流程的重组;另一方面利用信息技术和相关信息系统的建设运行,改善或改进组织的结构、运作模式,充分说明了组织和信息系统的密切联系和互相影响。

2.3 信息系统与管理决策

决策贯穿于管理的全过程,管理工作的成败,首先取决于决策的正确与否。决策的质量则取决于信息的质和量。正确、及时、适量的信息是减少不确定因素的根本所在。信息系统则是提供、处理和传播信息的载体。因此,信息系统对管理职能的支持,归根到底是对决策的支持。

2.3.1 决策及其问题分类

决策是人们为达到一定目的而进行的有意识、有选择的活动。在一定的制约条件下,人们为了实现特定目标,从多种可供选择的策略中做出决断,以求得最优或较好效果的过程就是决策过程。

由于组织活动非常复杂,因而管理者的决策也多种多样。不同的分类方法,具有不同的决策类型。以下是几种常见的决策分类方法。

(1)按决策的作用分类,可以分为战略决策、管理决策和业务决策。战略决策是指有关组织的发展方向的重大全局决策,由高层管理人员做出;管理决策是为保证组织总体战略目标的实现而解决局部问题的重要决策,通常由中层管理人员做出;业务决策是指基层管理人员为解决日常工作和作业任务中的问题所做出的决策。

(2)按决策的频率分类,可以分为程序化决策和非程序化决策。程序化决策即有关常规的、反复发生的问题的决策；非程序化决策是指偶然发生的或首次出现而又较为重要的非重复性决策。

（3）按决策问题的条件分类，可以分为确定型决策、风险型决策和不确定型决策。确定型决策是指可供选择的方案中只有一种自然状态时的决策，即决策的条件是确定的；风险型决策是指可供选择的方案中，存在两种或两种以上的自然状态，但每种自然状态所发生概率的大小是可以估计的；不确定型决策指在可供选择的方案中存在两种或两种以上的自然状态，而且这些自然状态所发生的概率是无法估计的。

（4）按决策问题类型分类，可以分为结构化决策、非结构化决策和半结构化决策。结构化决策是指对某一决策过程的环境及规则，能用确定的模型或语言描述，以适当的算法产生决策方案，并能从多种方案中选择最优解的决策；非结构化决策是指决策过程复杂，不可能用确定的模型和语言来描述其决策过程，更无所谓最优解的决策；半结构化决策是介于以上二者之间的决策，这类决策可以建立适当的算法产生决策方案，使决策方案中得到较优的解。

决策问题的结构化程度并不是一成不变的，当人们掌握了足够的信息和知识时，非结构化问题有可能转化为半结构化问题，半结构化问题也有可能向结构化问题转化，因此，决策问题的转化过程是人们对客观事物不断提高认识的过程。通常认为，管理信息系统主要解决结构化的决策问题，而决策支持系统则以支持半结构化和非结构化问题为目的。

2.3.2 决策过程与方法

管理信息系统在管理决策和管理过程中的作用，贯穿于以决策者为主体的管理决策过程，通常决策过程分为情报活动阶段、设计活动阶段、选择活动阶段和实施活动阶段等，称之为决策过程模型的 4 个阶段，如图 2-9 所示。

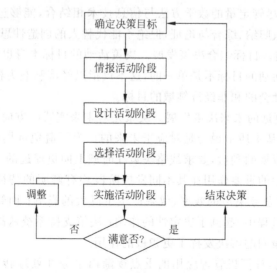

图 2-9 决策的一般过程

（1）情报活动阶段。情报活动阶段的内容是调查环境，并定义要决策的事件和条件，获取决策所需要的有关信息。

（2）设计活动阶段。在一般情况下，实现目标的方案不应是一个，而应有两个或更多的可供选择的方案。为了探索可供选择的方案，有时需要研究与实现目标有关的限制性因素。

在制定方案的过程中，寻求和辨认限制性因素是没有终结的。对于复杂的决策问题，有时需要依靠有关业务部门或参谋——决策机构，汇集各方面的专家，一起制定方案。

（3）选择活动阶段。这个阶段包括方案论证和决策形成两个步骤。方案论证是对备选方案进行定量和定性的分析、比较和择优研究，为决策者最后选择进行初选，并把经过优化选择的可行方案提供给决策者。决策形成是决策者对经过论证的方案进行最后的抉择。

（4）实施活动阶段。选定方案后，即可付诸实施。在实施过程中还要收集实施过程中的情报，根据这些情报进一步做出继续执行、停止实施或修改后继续实施的决定。

2.3.3　信息系统与决策

传统的决策依靠决策者个人的经验，凭直觉判断，因而决策被认为是一种艺术和技巧。近40年来，由于生产规模的扩大和自动化技术的应用，使得管理的性质和环境都发生了巨大的变化，因而管理决策问题不仅数量多，而且复杂程度高，难度大。显然，在这种情况下，以领导者的艺术、洞察力、理智和经验为基础的传统决策方法，远不能满足日益复杂的管理决策的需要，决策科学化就被提上了日程。决策的科学化一方面是现实管理提出的要求，另一方面计算机和近代数学的发展，为其提供了实现的可能性。决策科学化具备以下特征。

（1）定性决策向定量与定性相结合的决策发展。定性决策向定量与定性相结合的决策发展是当代决策活动发展的必然趋势。现代科学中的系统工程学、仿真技术、计算机理论、科学学、预测学，特别是运筹学、布尔代数、模糊数学、泛函分析等均引进了决策活动，为决策的定量化奠定了基础。

但是，决策的本质是人的主观认识能力，因此不能不受人的主观认识能力的限制。近代决策活动的实践表明，尽管定量的数学方法与信息技术相结合，能够进行比人脑更精密、更高速的逻辑推理、分析、归纳、综合与论证，但绝不能代替人的创造性思维。

（2）单目标决策向多目标综合决策发展。决策活动的目标本身也构成一个难以确定的庞大系统。现代决策活动的目标不是单一的，这不仅指以经济利益为核心的目标是多目标，而且还包括更广阔的社会的和非经济领域的目标。

（3）战略决策向更远的未来决策发展。决策是对未来实践的方向、原则、目标和方法等所做的决定，所以决策从本质上说乃是对应于未来的。为了避免远期可能出现的破坏造成的亏损抵消甚至超过近期的利益，要求战略决策在时域上向更遥远的未来延伸。

信息系统在组织中的重要作用在其不同发展阶段均有鲜明的特征，在数据处理系统阶段，信息系统的应用对业务决策的效率、效果产生了巨大的影响；而管理信息系统阶段，贯穿于管理决策和管理过程中，起到了决定性的作用；决策支持系统从战略决策层面，对非结构化和半结构化的决策问题解决发挥了更积极的作用。

20世纪80年代初，计算机管理应用的重点逐渐由事务性处理转向组织管理、控制、计划和分析等高层次决策制定方面，国内外相继出现了多种通用和专用决策支持系统。例如，SIMPLAN、IFPS、GPLAN、EXPRESS、EIS、EMPIRE、GADS、WSICALC、GODDESS、GPCDSSG等都是很流行的决策支持系统软件。

随着决策支持系统与人工智能相结合，出现了智能化决策支持系统（IDSS），DSS与计算机网络相结合,出现了群体决策支持系统(GDSS)。

现在决策支持系统已逐步推广应用于大、中、小企业中的预算与分析、预测与计划、生产与销售、研究与开发等职能部门,并开始用于军事决策、工程决策、区域规划等方面。

2.3.4 案例介绍

案例1 武汉铁锚公司信息化走向集成:问系统要决策

武汉铁锚焊接材料股份有限公司(以下简称武汉铁锚)是我国最大的焊接材料生产企业,近年来武汉铁锚通过实施制造业信息化,企业规模得以壮大,提高了核心竞争力,通过信息系统的支持,走上规模化、专业化的发展之路。在 ERP 平台的支撑下,2010 年武汉铁锚的销售额大幅增加,也为企业发展奠定了基础。

"为了尽快改变企业现状,迅速提高企业利润率,我们决定上线信息化"武汉铁锚常务副总经理尹建义说。信息化建设使企业管理趋向集约化、精细化、科学化、规范化和标准化,武汉铁锚的管理水平得到大幅度提升,也对决策起着重要的作用。

我国是世界第一大焊接材料生产国,生产企业竞争激烈。焊接材料企业要想在这样的环境中有所作为,必须拥有科学的决策过程。武汉铁锚的高层认为,必须将业务流程纳入到规范的信息系统中,大量的手工活动也必须被系统应用所取代,以实现业务流程的自动化,将企业从粗放式的经营管理转变为精细化生产管理,通过集成化的信息系统和决策支持系统,科学指导企业的发展。

"我们决定在过去的系统上,使用一套全新的系统,能够全面覆盖、控制铁锚的整个生产管理环节,将铁锚公司的整个管理全部纳入到信息化管理当中,并提供企业经营管理决策的科学数据与分析过程"尹建义说。在实际应用中,武汉铁锚对整个系统进行了梳理,100%按照 ERP 系统的流程进行管理。

2006 年,武汉铁锚成立了由各部门部长组成的 ERP 实施小组,并制定了一套包含详细的 ERP 流程及奖惩制度的信息化管理制度条例。在 2007 年的验收中,ERP 系统建设获得初步的成功,武汉铁锚也在信息化系统建设中迈出了关键的一步。2008 年,武汉铁锚完成了 ERP 数据平台的搭建,以及进销存管理系统原始数据的整理、勘正、录入,系统开始试运行。

这个时候的武汉铁锚数据库中的信息规模也越来越大,信息管理模式正在发生崭新的变化,企业管理模式的变化也正在悄悄形成:管理纵向层次减少,横向联系增加;管理方式由传统的以业务功能为导向的直线职能式管理,向以客户为导向的矩阵式管理发展;管理人员更依赖于有效的管理信息系统与决策支持来做出判断和决策等。

"我们需要系统运行集成化,基于产品设计、生产订单驱动的企业物流与财务管理等数据平台的信息集成,集物流、资金流、信息流于一体,对 ERP、OA、BI、HR 进行集成"尹建义说。2010 年,武汉铁锚正式完成了 ERP 系统的优化及工作流管理 OA 系统的重建,系统对各种信息的统筹顺利进行,实现了一体化应用。

"现在,我每天只要打开计算机,公司所有状况包括财务状况、生产状况、报目状况、仓库状况、生产线状况等都一目了然"尹建义说。武汉铁锚已经搭建了完整的信息管理平台,为公司不同阶层的管理者提供各种信息,便于他们及时了解与决策。

武汉铁锚的所有数据都来自于 ERP 系统,"我们的出报表率从原来的 10 天缩短到现在的一、两天,库存周转率由以前的将近 60 天缩短到现在的 35 天左右,以前至少要做一星期的绩效工资现在只要几天时间就做完了"。从 2010 年的总结来看,各级管理层的决策对 ERP 系统的依赖程度都相当高,大部分决策活动都直接参照 ERP 系统的数据,"统计分析、科学决策、科学发展是我们运用 ERP 系统决策管理的直接经验"。

国家"十二五"规划的公布,进一步推动了武汉铁锚的跨越。武汉铁锚整合了其他信息化模块,完善决策支持系统,坚持"大生产、大产能、大营销"的理念,把信息化上升到集团化管理层面,并覆盖子公司的信息化网络,使公司所有的信息和资源得到最有效的配置,保障实现"十二五"目标。

案例 2 广东省国家税务局税务分析与决策支持系统应用

随着电子政务系统的发展以及税务信息化程度的不断提高,在税务决策支持方面不断吸纳新的信息处理技术、提高决策的科学性和规范性,成为提高行政办公效率、促进经济发展的关键所在。广东省国家税务局(以下简称广东国税)自"科技兴税"战略实施以来,信息化工作在网络建设、设备配置、应用系统开发应用等方面已逐步得到完善;金税工程、统一征管软件、出口退税、公文管理、人事管理等应用系统都已推广应用多年,具备一定的应用规模和应用深度,并取得了较好的应用效果。

广东国税的业务系统在满足日常税收业务需求的同时也采集了大量的业务数据。例如,每年采集 2000 多万份的申报数据和 2000 多万份的税票数据,其中,出口专用税票数据达 100 多万份;1999～2000 年全省共采集 5000 多万份的专用发票数据。这些业务数据的背后隐含了十分丰富的信息和规律,也给税务信息化建设带来了一些问题,主要体现在:业务数据分散在不同的应用系统中,数据共享度低且格式不统一;数据太多而信息太少;缺乏快速、高效、便捷的获取信息的工具;基层单位的管理手段日益先进,而上级管理机关却仍然停留在以汇报和检查为主的传统管理模式上;上级管理部门没有信息或信息很少,上下级税务机关形成信息不对称等方面。

为进一步加强税务信息化建设,实现对税收业务和纳税人的纳税情况进行科学分析,为管理决策提供及时准确的信息,以进一步加强税收管理,加强业务监控,促进依法治税,广东国税提出建设税务分析与决策支持系统。该系统作为国家税务总局关于税务信息化"一个网络,一个平台,四个系统"的总体规划的重要组成部分,其目标在于通过建立规范统一、高度共享的综合性主题数据库,并在此基础上,建设一个能够对事物(如税收收入)的规模、构成、分布、发展速度、平均水平、平衡程度等特征及增长变化规律和发展趋势,以及事物之间(如 GDP 与税收收入)的相关关系、强度、均衡性等问题进行分析的平台。

广东国税的税务分析与决策支持系统应用数据仓库、OLAP 分析和数据挖掘等技术,实现了税收宏观分析、税收收入分析、税收征管分析、出口退税分析、专用发票分析、纳税人分析、纳税人审计分析等功能。它可以对经济和税收综合数据进行科学分析,研究经济与税收增长的弹性、发展的均衡性等数量关系,揭示税收收入和税收负担等重大指标的长期增长趋势、波动规律、发展速度、地区分布、行业分布、所有制分布和月度时序特征;运用对比分析方法揭示事物之间的关系、强度及均衡性;对税收收入、出口及出口退税等重大税收指标进行精确监控和科学预测;根据纳税人的生产经营情况和纳税情况对其申报的真实性进行量化评测和科学分类。

税务分析与决策支持系统适应了广东国税和各市局的要求,在广东国税系统全面推广使用。广东国税相关负责人认为,税务分析与决策支持系统将全面提高税务决策的科学性和规范性,增强税收对国民经济的杠杆作用;加强了业务监管力度,有效地打击了偷漏税违法行为,从而极大提高了广东国税的税收管理水平。

2.4 战略管理与信息系统战略

管理信息系统对组织战略管理同样具有十分重要的意义。在当前我国贯彻实行科学发展、可持续发展的战略背景下,企事业单位、国家机关等各种组织通过集约化的管理方式来提高运营效率,增强适应能力和竞争能力,在制定组织发展的宏观战略时,应该将管理信息系统的建设放在重要的位置。

2.4.1 战略管理

战略管理是指组织确定其使命,根据其外部环境和内部条件设定战略目标,为保证目标的正确落实和实现进行谋划,并依靠组织内部能力将这种谋划和决策付诸实施,以及在实施过程中进行控制的一个动态管理过程。

组织战略管理通常包括以下几方面的内容。

1. 对组织经营环境的研究

由于战略管理将企业的成长和发展纳入了变化的环境之中,管理工作要以未来的环境变化趋势作为决策的基础,这就使组织管理者们重视对运营环境的研究,正确地确定组织的发展方向,选择适合组织发展的经营领域、产品或服务,从而为更好地把握外部环境提供机会,增强组织运营对外部环境的适应性,使二者达成最佳的结合。

2. 战略实施与管理活动的结合

由于战略管理不仅是停留在战略分析及战略制定上,而是将战略的实施作为其管理的一部分,这就使组织的战略在日常生产经营活动中,根据环境的变化对战略不断地评价和修改,使组织战略得到不断完善,也使战略管理本身得到不断的完善。这种循环往复的过程,更加突出了战略在管理实践中的指导作用。

3. 日常的运营与计划控制,近期目标与长远目标的结合

由于战略管理把规划出的战略付诸实施,而战略的实施又同日常的经营计划控制结合在一起,这就把近期目标(或作业性目标)与长远目标(战略性目标)结合起来,把总体战略目标同局部的战术目标统一了起来,从而可以调动各级管理人员参与战略管理的积极性,有利于充分利用组织的各种资源并提高协同效果。

4. 战略探索与创新作用

由于战略管理不仅是计划"我们正走向何处",而且也计划如何淘汰陈旧过时的东西,以"计划是否继续有效"为指导重视战略的评价与更新,这就使企业管理者能不断地在新的起点上对外界环境和企业战略进行连续性探索,增强创新意识。

2.4.2 信息系统战略

信息系统战略是关于组织信息系统长远发展的目标,是为实现组织战略而采取的基于信息技术的战略方案。信息系统战略是组织战略的一个组成部分,信息系统在组织战略规划中的作用是提供良好的信息服务。

信息系统战略是开放的,内容全面的,如就一个企业而言,信息系统战略必须包括的不仅是单个企业在市场竞争中所需要的系统战略,而且还有那些在整个行业价值链上能够改进竞争力的策略手段,通过信息系统所提供的信息交流,来改善企业与供货商和顾客的关系。此外,企业还应寻求合作优势,共同分享信息和系统是开放性的关键部分,这种开放性是发展此种合作关系所必需的。

信息系统战略不等同于信息技术的简单应用,组织不应该将其竞争战略局限在信息技术上。因为信息技术的高速发展变化,使组织通过引进信息技术赢得竞争优势的努力难以实现,除非组织能够确信此项信息技术不容易被竞争对手复制。信息系统战略需要与组织的主导文化和突出品性相适应,因此开发合适的信息系统战略需要重视与领会组织的基本特质与内在价值,需要认识组织这一整体各部分的内在关系,需要认清由组织未来战略引出的"预期的"信息系统战略,与能够鉴别组织积极要素和消极要素的"现实的"信息系统战略的区别。信息是开发信息系统战略的关键因素,对组织战略成功的衡量需要并且只有通过相关信息的识别才能实现,这种信息构成了信息系统战略的基础。信息系统战略应该充分注重组织内部和外部的正式和非正式的信息流。

对组织而言,有效的信息系统战略规划关键在于对信息系统建设的准确认识和定位,采用有效的手段和方法评估信息系统发展水平。例如,信息系统战略定位模型如图 2-10 所示,可以直观地了解组织信息系统及其定位,该模型创建一个二维矩阵,提供对现有信息系统状况的概要,对于信息系统组合中的每一个系统,可以简单地评估其是否为组织的活动、分析、预期和防护提供支持。有关人员可以检查系统与 4 种指标的联系,检验信息系统组合的完备性,为进行有效的信息系统战略规划提供基础。

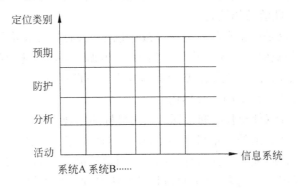

图 2-10　简单的信息系统战略定位模型

2.4.3　信息系统战略与组织战略

信息系统战略是组织战略的有机组织部分,是关于信息技术与信息系统功能的目标及其实现的总体谋划。从功能划分的角度来讲,信息系统战略是一类独立的战略;从信息功能实现的角度来看,信息系统战略又必须与组织战略相融合。信息系统战略描绘了组织未来的信息化蓝图,并描绘了如何获取与整合这些蓝图的能力。信息系统战略将信息技术/信息系统融入组织中以促进组织的成功管理并提高组织的竞争力。特别是随着电子商务和电子政务的应用与发展,信息系统战略被广泛认为是执行成功的电子战略的有效方法。改善信息系统战略依然是信息技术或信息系统管理人员与组织高层管理者所面临的焦点问题，并且也一直是学术界关注的信息系统研究中关键的问题之一。

思考题

1. 什么是组织？组织有哪些主要特征？
2. 组织结构有哪几种基本形式，各有什么特点？
3. 简述管理信息系统与组织的相互影响关系以及管理信息系统的作用与影响。
4. 简述决策的类型以及信息系统在决策过程中的作用。
5. 什么是战略管理？什么是信息系统战略？思考信息系统战略与组织战略的关系。

第3章 管理信息系统开发方法

【学习目标】

- 了解和认识开发方法对管理信息系统开发设计与应用的重要性,对开发方法的体系结构有初步的认识和理解。
- 理解和掌握管理信息系统开发的原则和条件。
- 理解和掌握管理信息系统的各种开发策略、开发方式,并能进行比较分析。
- 理解和掌握结构化系统开发方法、原型法、面向对象方法的基本思想、开发过程、优缺点、适用范围。
- 熟悉计算机辅助软件工程及其工具。

管理信息系统开发方法是指管理信息系统开发过程中的指导思想、逻辑、途径以及工具的组合。本章主要讨论管理信息系统开发的条件和原则、开发方式,介绍一些常用的开发方法。

3.1 管理信息系统的开发原则和条件

管理信息系统的开发是一个复杂的系统工程,它涉及计算机处理技术、系统理论、组织结构、管理功能等各方面的问题,受到多方面条件的制约。因此,当用户提出管理信息系统的开发请求后,要制定管理信息系统开发的原则,并调查组织是否具备管理信息系统开发的条件。

3.1.1 开发的原则

开发管理信息系统的最终目的是以经济合理的投资获得一个适用、可靠、易维护的系统。为此有必要借鉴过去成功的经验,在建设管理信息系统之初,制定开发管理信息系统的原则。

1. 稳定性原则

由于一个组织的组织结构、管理模式、管理机制、运营方式等都会随着内外环境的变化而发生变化。因此,为其服务的管理信息系统应该具有较强的应变能力,从而确保管理信息系统的建设有一个相对的稳定性。

2. 先进性和实用性原则

鉴于目前国内管理信息系统开发应用过程中,存在着低水平重复开发和片面追求高档次硬件设备的问题,以及系统建设成功率低,建立起来的系统使用价值不高的实际情况,在系统开发过程中必须要把实用性放在第一位,注重管理信息系统与现行管理需求的适应关系,使系统目标明确、功能齐全、易于理解、便于掌握、运行可靠、工作效率高。同时又要突出系统技术上的先进性,采用先进的软硬件技术。不是简单使用计算机模仿传统的手工作业方式,而是充分发挥计算机的各种能力去改善传统的工作,积极引入现代化管理思想和手段,使建立的系统具有时代的先进性,克服管理中的薄弱环节。

3. 面向用户原则

管理信息系统是为用户开发的,最终是要交给用户的管理人员使用的,只有用户通过运行和使用系统后才能对系统做出客观的评价。因此开发者要使系统开发获得成功,必须坚持面向用户,树立一切为了用户的观点。从总体方案的规划到开发过程中的每一个环节,都必须谨慎地站在用户的立场,一切为了用户,一切服务于用户,虚心征求、认真听取采纳用户意见,及时交流、共同决策制定具体方案。

4. 一把手原则

组织的"一把手"在系统开发的过程中应发挥强有力的领导和决策指挥作用。"一把手"必须参与系统开发的全过程。因为管理信息系统的建立与应用是一个技术性、政策性很强的系统工程,如系统开发的目标、环境改造、管理体制改革、机构调整、设备配置、软硬件资源开发、人员培训、项目管理、服务支持等一系列问题,都需要组织的最高领导决策。那种要钱给钱、要人给人的一般物质环境的支持是远远不够的,"一把手"应对开发工作高度重视并亲自介入。

5. 工程化、标准化原则

管理信息系统的开发走过很长的一段弯路,很大程度上是由于在开发管理过程中随意性太大造成的。因此,系统的开发管理必须采用工程化和标准化的方法,即科学划分工作阶段,制定阶段性考核标准,分步组织实施,所有的文档和工作成果要按照标准存档。这样做的好处是:一是在系统开发时便于人们沟通,形成的文字性东西不容易产生"二义性";二是系统开发的阶段性成果明显,可以在此基础上继续前进,目的明确;三是有案可查,使未来系统的修改、维护和扩充比较容易。

6. 整体性原则

系统的整体性,主要体现在功能目标的一致性和系统结构的有机化。为此,首先坚持统一规划、严格按阶段分步实施的方针,采用先确定逻辑模型,再设计物理模型的开发思路;其次,注重继承与发展的有机结合。传统的手工信息处理,由于处理手段的限制,采用各职能部门分别收集和保存信息、处理分散信息的形式。管理信息系统如果只是改变处理手段,仍然模拟人工的处理形式,会把手工信息分散处理的弊病带到新系统中,使信息大量重复(冗余),不能实现资源共享,信息难以通畅,不能形成一个完整的系统。为了使开发的新系统既能实现原系统的基本功能和新的用户功能需求,又能摆脱手工系统工作方式的影响,必须寻求系统的整体优化。因此,需要站在整个组织的角度来通盘考虑,克服本位观念。有些在局部看来最优,在整体看来不优的决策一定不能引入。各部门的职能分工,任务安排也要考虑相互协调的问题,局部服从整体。

3.1.2 开发的条件

实践证明,只有具备一定条件的组织才有可能建设成功的管理信息系统,否则将难以达到预期的目的和效果,甚至导致系统的失败。系统开发一般应具备以下基本条件。

1. 管理方法科学化

建立管理信息系统的组织必须要有良好的科学管理基础,如管理业务的制度化、标准化;数据、报表统一化;基础数据资料完整可靠等。

只有在合理的管理体制、完善的规章制度和科学的管理方法之下,管理信息系统才能充分发挥作用。如果原始数据就十分混乱,则管理信息系统自然也处理不出正确的结果,正所谓"输入是垃圾,输出也必然是垃圾"。

2. 领导的重视和业务部门的大力支持

由于管理信息系统的开发是一项投资大、周期长、涉及组织结构调整及管理程序变革等许多影响全局性的工作,新系统运行后又不可避免地会导致一些机构和人员的地位、权力及工作内容等的变革,这必然会引起一些人员的抵触及不合作,如果没有主要领导的坚决支持和业务管理部门的得力措施作保证,单凭系统开发人员是难以协调和通融的,开发工作也不会成功。

3. 建立一支开发、应用与技术管理的队伍

许多单位一开始不具备自行开发系统的能力,可以采取委托或联合开发的形式。但是,系统在交付使用后,难免会出现这样或那样的问题,还需要进行大量的维护工作,而且随着环境的变化,对系统的不断修改和完善的要求也在所难免,如果本单位不注重培养自己的开发应用的技术管理队伍,完全依靠外部技术力量,将是很困难也是很危险的。因此,为了成功开发并应用好管理信息系统,必须建立本单位自己的计算机应用队伍和系统维护的技术队伍,这样才能保证系统开发与运行的最大成功及应取得的成效。

4. 具备一定的资金

管理信息系统开发要有一定的物质基础。管理信息系统开发是一项投资大、风险大的系统工程。组织在管理信息系统开发过程中,需要购买机器设备、软件,消耗各种材料,发生人工费用、培训费用以及其他一些相关的费用。这些费用对一个组织来说是一个不小的负担。为了保证管理信息系统开发的顺利进行,开发前应有一个总体规划,进行可行性论证。对所需资金应有一个合理的预算,制订资金筹措计划,保证资金按期到位;开发过程中要加强资金管理,防止浪费现象的发生。

3.2　管理信息系统的开发策略

管理信息系统的开发策略有各种各样,早期的管理信息系统研制大都是在原系统上进行扩充和完善,或者机械地把人工管理转换为计算机管理,这些方法往往不能适应管理信息系统的总体目标要求,系统各部分之间缺乏有机联系,系统难以维护等。随着人们对管理信息系统的要求越来越高,传统方法的缺点更加明显并难以适应。现代管理信息系统开发策略则主要采用的是"自上而下"和"自下而上"的策略。

3.2.1　"自上而下"的策略

"自上而下"的特点是"分而治之",基本出发点是从组织的高层管理着手,从组织战略目标出发,将组织看成一个整体,探索合理的信息流,确定系统方案,然后自上而下层层分解,确定需要哪些功能去保证目标的完成,从而划分相应的业务子系统。系统的功能和子系统的划分不受组织机构的限制。

这种方法的步骤通常如下。

(1)分析组织目标、环境、资源和限制条件。

(2)确定组织的各种活动和职能。

(3)确定每一职能活动所需的信息及类型,进一步确定组织中的信息流模型。

(4)确定子系统及其所需信息,得到各子系统的分工、协调和接口。

(5)确定系统的数据结构,以及各子系统所需的信息输入、输出和数据存储。

"自上而下"方法的优点是整体性好,逻辑性较强,条理清楚,层次分明,能把握总体,综合考虑系统的优化。主要缺点是对规模较大系统的开发,因工作量大而影响具体细节的考虑,开发难度大,周期较长,系统开销大,所冒风险较大,一旦失败,所造成的损失是巨大的。

"自上而下"方法是一种重要的开发策略,反映了系统整体性的特征,是管理信息系统的发展走向集成和成熟的要求。

3.2.2 "自下而上"的策略

"自下而上"的策略是从组织的各个基层业务子系统(如财务会计、库存控制、物资供应、生产作业控制等)的日常业务数据处理出发,先实现一个个具体的业务功能,然后根据需要逐步增加有关管理控制和决策方面的功能,由低级到高级,不断完善,从而构成整个管理信息系统并支持组织战略目标。

"自下而上"方法的优点是符合人们由浅入深,由简到繁地认识事物的习惯,易于被接受和掌握。它以具体的业务处理为基础,根据需要而扩展,边实施边见效,容易开发,不会造成系统的浪费。主要缺点是在实施具体的子系统时,由于缺乏对系统总体目标和功能的考虑,因而缺乏系统整体性和功能协调性,难于完整和周密,难以保证各子系统之间联系的合理性和有效性。各个子系统的独立开发还容易造成各系统之间数据的不一致性和数据的大量冗余,造成重复开发和返工。

通常,"自下而上"的方法适用于规模较小的系统开发,以及对开发工作缺乏经验的情况。

"自上而下"和"自下而上"的方法各有优缺点,在实际工作中究竟采用哪种方法依赖于组织的规模、系统的现状以及组织管理制度的完善程度等。在实践中,通常把这两种方法结合起来应用,"自上而下"的方法用于总体方案的制定,根据组织目标确定管理信息系统目标,围绕系统目标大体划分子系统,确定各子系统间要共享和传递的信息及其类型。"自下而上"的方法则用于系统的设计实现,自下而上地逐步实现各系统的开发应用,从而实现整个系统。这也是所谓的"自上而下地规划,自下而上地实现"的方法。

3.3 管理信息系统的开发方式

管理信息系统的开发方式主要有用户自行开发方式、委托开发方式、合作开发方式、购买现成软件方式等。实际上,在签订合同的时候,就必须确立开发方式。因为不同的开发方式对合同的细则,如知识产权、开发费用、系统维护等有直接影响。前面所述4种开发方式各有优点和不足,需要根据组织的技术力量、资金情况、外部环境等因素进行综合考虑和选择。但是,不论哪一种开发方式都需要组织的领导者和业务人员参加,并在管理信息系统的整个开发过程中培养和锻炼组织的信息技术队伍。

1. 用户自行开发

用户自行开发方式又称最终用户开发方式,适合于有较强的信息技术队伍的组织。自行开发的优点是开发费用少,开发的系统能够适应本单位的需求且满意度较高,便于维护;缺点是由于不是专业开发,容易受业务工作的限制,系统优化不够,开发水平较低,且由于开发人员是从所属各单位抽调出来,临时组建进行管理信息系统的开发工作,这些人员在其原部门还有其他工作,所以精力有限,容易造成系统开发时间长,系统整体优化较弱;开发人员调动后,系统维护工作没有保证。因此,一方面需要大力加强领导,实行"一把手"原则;另一方面可向专业开发人士或公司进行咨询,或聘请他们作为开发顾问。

随着第四代语言及软件工具和管理信息系统生成器的发展,越来越多的组织进行自行开发是有可能的。虽然这些工具与常规的编程语言相比运行速度较慢,但由于硬件成本越来越低,完全可以弥补软件运行速度的不足,使该方式在技术和经济上可行。另外,该方式开发的系统整体性与质量较难保证,易用现代信息技术加固传统的管理方法,不利于推动组织变革。在组织面临重组与经济全球化的挑战下,该方式本身也面临挑战。

2. 委托开发

委托开发方式适合管理信息系统开发力量较弱,但资金较为充足的单位。委托开发方式的优点是省时、省事,开发的系统技术水平较高;缺点是费用高、系统维护需要开发单位的长期支持。此种开发方式需要组织的业务骨干参与系统的论证工作,开发过程中需要开发单位和组织双方及时沟通,进行协调和调查。

委托开发再往前走一步就是系统外包。所谓系统外包是指组织不依靠其内部资源建立管理信息系统,而是聘请专门从事开发服务的外部组织进行开发,由外部开发商来负责管理信息系统的建设甚至是日常管理。

显然,委托开发多是就一次性项目来签订委托合同,而系统外包则有可能是签订一个长期的服务合同,对组织有关信息技术的业务进行日常支持,其中委托单位的选择至关重要。

系统外包之所以流行,是因为有些组织发现用系统外包方式建立管理信息系统,比组织维持内部计算机中心和管理信息系统工作人员更能控制成本,负责系统开发服务的外部开发商能从规模经济中(相同的知识、技能和能力由许多不同的用户共享)降低成本,从而获得收益,并能以具有竞争力的价格进行支付。由于一些组织内部的管理信息系统人员对知识的掌握无法与技术变化同步,所以组织可以借助系统外包进行开发。该方式能较好地推动组织的重组与变革,在我国是主流的开发方式之一。当然,也不是所有组织都能从系统外包中获得好处,一旦不能对系统很好地理解和管理,那么系统外包的缺点也可能给组织带来严重的问题,如失控、战略信息易损、对外部服务商产生依赖性、不利于培养组织自身的技术力量等。

3. 合作开发

合作开发方式又称联合开发,是自行开发方式与委托开发方式的结合,适合于组织有一定的信息技术人员,但可能对管理信息系统开发规律不太了解,或者是整体优化能力较弱,希望通过管理信息系统的开发,完善和培养自己的技术队伍,便于后期系统维护工作的情况。

合作开发方式需要成立一个临时的项目开发小组,由组织业务骨干(甲方人员)与开发人员(乙方人员)共同组成,项目负责人可由甲方或乙方担任或者双方各出一位负责人,项目负责人直接对组织的"一把手"负责,紧紧围绕项目开发这一任务开展工作。该项目组是一个结构松散的组织,其人员与运作方式随着项目开发阶段的不同,可根据需要随时增减人员与调整工作方式。项目组应严格挑选与控制人员,经验告诉我们,在管理信息系统开发这种特殊的项目中,随意增加人员并不能加快系统开发的进程。该方式强调在开发过程中通过共同工作,逐步培养组织自身的人才,项目开发任务完成后,项目组一般会自行解散,后期的系统维护工作将主要由组织自身的人员承担。另外,该方式还强调合作双方关系的重要性,建立一种诚信、友好的合作关系对完成项目是至关重要的。

由于合作开发方式具有很强的针对性与灵活性,在我国被广泛采用,曾经是我国管理信息系统项目开发中的主流开发方式。它的优点是,相对于委托开发方式比较节约资金,可以培养、增强组织的技术力量,便于系统维护工作;缺点是双方在合作中易出现"扯皮"现象,需要双方及时达成共识,进行协调和检查。

4. 购置商品化软件与软件包

目前,软件的开发正在向专业化方向发展。一批专门从事管理信息系统开发的公司已经开发出一批使用方便、功能强大的专项业务管理软件。为了避免重复劳动,提高系统开发的经济效益,组织可以购买管理信息系统的成套软件或开发平台,如财务管理信息系统、小型组织管理信息系统、进销存管理信息系统等。此方式的优点是节省时间和费用,技术水平较高;缺点是通用软件的专用性较差,根据用户的要求需要有一定的技术力量,进行软件改善和接口工作等二次开发工作。该方式中软件品种与软件供应商的选择需要花时间进行比较,价格因素也不容忽视。目前商品化应用软件(应用软件包)品种很多,从单一功能的小软件到覆盖大部分组织业务的大系统,价格也从几万元到几百万元不等。

购置现成的商品软件容易使组织管理模式向商品软件的模式靠拢,变动的成分较大,有利于进行组织业务流程重组,但同时也有风险。

总之,不同的开发方式各有不同的优点和缺点,需要根据组织的实际情况进行选择,也可综合使用各种开发方式。如表 3-1 所示,对前面 4 种开发方式进行了简单的比较。

表 3-1　管理信息系统 4 种开发方式的比较

方式 特点比较	委托开发	独立开发	联合开发	购买现成软件
分析设计能力的要求	一般	较高	逐渐培养	较低
编程能力的要求	不需要	较高	需要	较低
系统维护难易程度	较困难	容易	较容易	较困难
开发费用	多	少	较少	较少
特点描述	最省事,开发费用高,必须配备精通业务的人员,需要经常进行监督、检查、协调	开发时间较长,但可得到适合本企业的系统,并培养了自己的系统开发人员,该方式需要强有力的领导及进行一定的咨询	通常在具备一定编程力量的基础上进行联合开发,合作方有培训义务且成果共享。双方的沟通非常重要	要有鉴别与校验软件包功能及适应条件的能力,需编制一定的接口软件

3.4　管理信息系统的开发方法

根据管理信息系统开发过程的不同特点,管理信息系统开发的基本方法主要有结构化系统生命周期法、原型法、面向对象方法以及计算机辅助软件工程。

3.4.1　结构化系统生命周期法

1. 管理信息系统的生命周期

任何事物都有产生、发展、成熟、消亡(更新)的过程。管理信息系统也不例外。管理信息系统在使用过程中随着其自下而上环境的变化,需要不断地进行维护和修改,当其不再适应的时候就要被淘汰,新的系统取代旧系统投入运行,周而复始,循环往复。其中的每个循环周期称为管理信息系统的生命周期,如图3-1所示。

由图3-1可知,管理信息系统的生命周期可分为系统规划、系统分析、系统设计、系统实施、系统运行和维护5个阶段。

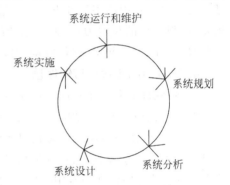

图 3-1　管理信息系统的生命周期

（1）系统规划。系统规划阶段的主要任务是在对组织的环境、目标、现行系统状况的调查基础之上,根据组织目标和发展战略,制定系统的发展战略。在调查分析组织信息需求的基础上,提供系统的总体结构方案。根据发展战略和总体结构方案,安排项目开发计划。

（2）系统分析。系统分析阶段的主要任务是根据系统开发方案,对组织的管理业务现状和资源条件等进行初步调查,在此基础上进行可行性分析,写出可行性分析报告。对于可行的方案,则对现行系统进行详细调查,描述现行系统的业务流程和数据流程,指出现行系统存在的问题和不足,提出改进意见,确定新系统的业务流程和数据流程,提出新系统的逻辑方案,编制系统说明书。系统分析阶段是整个管理信息系统建设的关键阶段。

（3）系统设计。系统设计阶段的主要任务是在系统分析提出的逻辑模型基础上设计新系统的物理模型,回答“怎么做”的问题。该阶段又可分为总体设计和详细设计两个阶段。总体设计阶段的主要任务是进行系统的流程图设计、功能结构图设计和功能模块图设计等;详细设计阶段的主要任务包括:编码方案的设计、系统物理配置方案设计、数据存储设计、输入输出设计、处理流程图设计等。这个阶段的技术文档是系统设计说明书。

（4）系统实施。系统实施阶段的主要任务是将设计的系统付诸实施,是整个管理信息系统生命周期的关键阶段。该阶段的内容包括:设备的购买、安装与调试,程序设计与调试,人员培训,数据准备,系统测试与转换等。实施阶段的任务多且复杂,必须精心安排、合理组织。要制订周密计划,确定系统实施各阶段的进度和费用,以保证系统实施工作的顺利进行。

（5）系统运行和维护。该阶段的主要任务是负责系统投入正常运行后的管理、维护和评价工作。系统投入运行后,为了保证系统正常发挥作用,需要加强系统的日常管理和维护,制定相关制度,评价系统的运行情况。

2. 结构化系统生命周期法的含义

结构化系统生命周期法,是迄今为止最传统、应用最广泛的一种系统开发方法。其基本思想是:用系统的思想和工程化的方法,按用户至上的原则,结构化、模块化、自顶向下地对系统进行分析与设计。

具体来说,就是先将整个管理信息系统开发过程划分出若干个相对比较独立的阶段,如系统规划、系统分析、系统设计、系统实施等。在前三个阶段坚持自顶向下地对系统进行结构化划分。也就是说,在系统调查或理顺管理业务时,应从最顶层的管理业务入手,即从组织管理金字塔结构的塔尖入手,层层逐步深入至最基层。在系统分析提出新系统方案和系统设计时,应从宏观整体考虑入手,即先考虑系统整体的优化,然后再考虑局部的优化问题。而在系统实施阶段,则应坚持自底向上的逐步组织实施。也就是说,按照前几阶段设计的模块,组织人力从最基层的模块做起(编程),然后按照系统设计的结构,将模块一个一个拼接到一起进行调试,自底向上,逐渐地构成整体系统。

3. 结构化系统生命周期法的优缺点

(1)优点。

① 从系统整体出发,强调在整体优化的前提下"自上而下"的分析和设计,保证了系统的整体性和目标一致性。

② 用户至上,根据用户需求开发,系统具有较强的适用性。

③ 严格区分工作阶段,每个阶段都有其明确的任务,每一步工作都及时地总结,发现问题及时反馈和纠正,避免了开发过程的混乱状态;每一阶段的工作成果是下一阶段的依据,便于系统开发的管理和控制。

④ 文档规范化,在系统开发的每个步骤和每个阶段,都按工程标准建立了标准化的文档资料,有利于系统的维护。

(2)缺点。

① 由于用户的素质或系统分析员和管理者之间的沟通问题,在系统分析阶段很难把握用户的真正需求,易导致开发出不是用户需要的系统。

② 开发周期长,一方面使用户在较长时间内不能得到一个实际可运行的系统;另一方面,难以适应环境变化,一个规模较大的系统经历较长时间开发出来后,其生存环境可能已经发生了变化。

③ 结构化程度较低的系统,在开发初期难于锁定功能要求。

结构化系统开发方法是最成熟、应用最广泛的一种方法,主要适用于规模较大、结构化程度较高的系统开发。

3.4.2 原型法

1. 原型法的含义

原型法是 20 世纪 80 年代初兴起的一种开发模式,是随着计算机软件技术的发展,在关系数据库和第四代程序生成语言(4GL)等开发环境基础上,提出的一种方法。原型法克服了结构化系统生命周期法的缺点,缩短了开发周期,降低了开发风险。原型法和结构化系统生命周期法是完全不同思路的两种方法,原型法摒弃了结构化系统生命周期法一步步周密细致地进行系统分析和设计,最后才能让用户看到可实现系统的烦琐做法,而是在初步调查了解的基础上,提供快速的软件构造工具,开发出一个功能并不十分完善但可实际运行的系统,即原型。在原型系统运行过程中,根据用户对系统的评价,对原型系统进行修改、扩充、变更和完善,经过与用户的反复协商和改进,使之逐渐完善,最终形成实际系统。

2. 原型法的工作流程

利用原型法开发管理信息系统大致经过以下几个步骤。

(1) 确定用户的基本要求。系统开发人员通过对用户的调查访问,明确用户对新系统的基本要求,如功能、输入/输出要求、人机界面等,据此确定哪些要求是可实现的并估算实现的成本费用。

(2) 开发一个原型系统。利用开发工具快速地建立一个交互式的软件系统(原型)。

(3) 征求用户意见。用户通过亲自使用原型,对系统进行评价,找出新系统存在的缺点和不足之处,并反馈给系统开发人员。这一阶段是整个开发过程的关键。

(4) 修改原型。系统开发人员通过与用户的不断交流和探讨,对系统进行反复修改、扩充和完善,直到用户满意为止。

原型法的工作流程如图 3-2 所示。

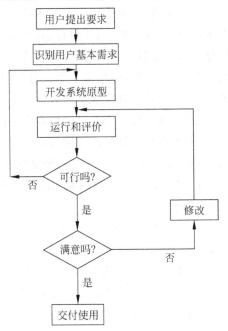

图 3-2　原型法的工作流程

3. 原型法的优缺点

(1) 优点。

① 符合人们认识事物的规律,系统开发循序渐进,反复修改,确保较好的用户满意度。

② 开发周期短,费用相对少。原型法用工具开发,不仅能很快形成原型,而且使用方便、灵活、修改容易,这样可大大缩短开发时间,降低成本。

③ 系统更加贴近实际,由于有用户的直接参与,用户的各种要求能及时地反映到系统中,使开发的系统完全符合用户的需求。

④ 易学易用,减少用户的培训时间,用户从原型开始,就不断地使用和评价系统,这样的用户,只要稍加培养,即可很快学会使用系统。

⑤ 应变能力强,由于系统开发周期短,使用灵活,修改方便,对管理体制和组织结构不稳定的系统较合适。

(2) 缺点。

① 对于一个规模较大或复杂性高的系统,很难建立这样一个原型,因此该法不适合大规模系统的开发。

② 开发过程管理要求高,整个开发过程要经过"修改—评价—再修改"的多次反复,每次反复都要花费人力、物力、财力。如果用户配合不好,盲目地进行修改会导致系统开发周期变长,会无限拖延开发进程。

③ 用户过早地看到系统原型,错认为系统就是这样,易使用户缺乏耐心和信心。

④ 开发人员很容易潜意识用原型取代系统分析。

⑤ 缺乏规范化的文档资料,给系统维护工作带来困难。

原型法比较适用于用户需求不清,管理及业务处理不稳定,需求经常发生变化,系统规模较小且不太复杂的情况。

3.4.3 面向对象方法

1. 面向对象方法的含义

20 世纪 80 年代,由于面向对象的语言和程序设计取得成功,面向对象的方法(Object Oriented Method,OOM)开始应用于管理领域中的管理信息系统开发。面向对象系统开发方法是从 80 年代末各种面向对象的程序设计方法(如 Smalltalk,C++ 等)逐步发展而来的。面向对象的方法作为一种方法论,强调对现实世界的理解和模拟,便于由现实世界转换到计算机世界。面向对象的方法特别适合于系统分析和设计。相对于其他管理信息系统的分析设计方法,面向对象的方法更便于程序设计、修改和扩充。

2. 面向对象法的开发步骤

(1)系统调查和需求分析。即对系统进行需求调查分析,明确系统的目的和用户的需求是什么的问题。

(2)面向对象分析(OOA)。把繁杂的问题进行分解并抽象成一些类或对象,分析这些对象的结构、属性、方法,以及对象间的联系等。

(3)面向对象设计(OOD)。对分析结果作进一步的抽象、归纳、整理,从而给出对象的实现描述,并最后以范式的形式将它们确定下来。

(4)面向对象的程序(OOP)。此阶段为程序实现阶段,即选用面向对象的程序设计语言实现设计阶段抽象整理出来的范式形式的对象,形成相应的应用程序软件。

OOM 开发的系统有较强的应变能力,因而具有重用性好、可维护性好等特点。

3. 面向对象方法的优缺点

(1)优点。

① 以对象为基础,利用特定的软件工具直接完成从对象客体的描述到软件之间的转换,这是面向对象方法最主要的特点和成就。

② 解决了如结构化系统生命周期方法中客观世界描述工具与软件结构不一致的问题,缩短了系统开发周期;解决了从分析和设计等到软件模块结构之间多次转换映射的繁杂过程,简化了分析和设计。

③ 在面向对象方法中,系统模型的基本单元是对象,是客观事物的抽象,具有相对稳定性,因而面向对象方法开发的系统有较强的应变能力,重用性与维护性好,并能降低系统开发维护的费用和控制软件的复杂性。

④ 特别适合于多媒体和复杂系统。

(2)缺点。和原型法一样,面向对象方法需要有一定的软件基础支持才可应用。另外,对大型系统而言,采用自下向上的面向对象方法开发系统,易造成系统结构不合理,各部分关系失调等问题,易使系统整体功能的协调性变差。

3.4.4　3种开发方法的比较

对于同一个系统开发过程来说,使用不同的系统开发方法在具体的操作过程上是有所区别的。如果用结构化系统生命周期法来开发系统,其思路应该是先对问题进行调查,然后从功能和流程的角度来分析、了解和优化问题,最后规划和实现系统;如果用原型开发方法来开发系统,其思路应该是先请用户介绍问题,然后利用软件工具迅速地模拟出一个问题原型,然后与用户一起运行和评价这个原型,如不满意则立刻修改,直到用户满意为止,最后优化和整理系统;如果用面向对象开发方法来开发系统,其思路应该是先对问题进行调查,然后从抽象对象和信息模拟的角度来分析问题,将问题按其性质和属性划分成各种不同的对象和类,弄清它们之间的信息联系,最后用面向对象的软件工具实现系统。

以上介绍的3种常用的管理信息系统开发方法,在实践中,各单位的管理信息系统的规模大小不同,处理的功能繁简不一,涉及的管理层次也有高、中、低之分,如何根据本单位实际情况选择合适的开发方法,是影响系统开发效率和质量等的主要因素之一。

结构化系统生命周期法是国际公认的标准化方法,过程严密,思路清楚,但总体思路上比较保守,是以不变应万变适应环境的变化;原型法强调开发人员与用户的交流,该方法开发的管理信息系统具有较强的动态适应性,原型法对于中小型的管理信息系统开发效果较好,但对计算机的开发工具要求较高;面向对象的方法是一种新颖、具有独特优点的方法,特别适合系统分析和设计,缺点在于在没有进行全面的系统性调查分析之前,把握这个系统结构有困难。在实际开发中,较为典型的具有代表性的观点认为,单纯地采用哪一种方法进行开发都是片面的、有缺陷的,最好是将各种方法综合起来使用,以取长补短。

目前,只有结构化系统开发方法是真正能比较全面支持整个系统开发过程的方法。其他几种方法虽然各有很多优点,但都是作为结构化开发方法在局部开发环节上的补充,暂时还不能替代其在系统开发过程中的主导地位。

3.4.5　计算机辅助软件工程

长期以来,人们进行系统开发的主要手段是手工方式,系统开发的速度和质量主要取决于系统分析人员、程序设计人员等的个人经验和水平。在这种开发方式下存在着一些难以克服的问题:①系统开发周期长,工作效率低;②质量得不到保证,数据一致性差;③文档工作不规范;④系统维护工作量大等。20世纪80年代迅速发展起来的软件开发技术领域——计算机辅助软件工程(Computer Aided Software Engineering,CASE),使得制约管理信息系统开发的瓶颈被打破,是实现系统开发自动化的一条主要途径。

CASE集图形处理技术、程序生成技术、关系数据库技术和各类开发工具于一身,能支持除系统调查外的每一个开发步骤,是一种自动化和半自动化的方法。如果严格地从认知方法论的角度来看,CASE并不是一门真正的方法,它只是一种开发环境,提供了支持开发的各类工具。但从它对整个系统开发过程的支持程度来看,即从实用性角度看,是一种实用的系统开发方法。

由于CASE只是为各种具体的开发方法提供了支持每一阶段的开发工具,因而采用CASE进行开发,还必须结合一种具体的开发方法,如结构化开发方法、原型法和面向对象开发方法等。采用CASE工具开发有如下特点。

（1）解决了从客观对象到软件系统的映射问题，支持系统开发的全过程。

（2）系统开发具有较高的自动化水平，缩短了系统开发的周期。

（3）各种软件工具事先都经测试和验证，使得开发的系统质量得到保证。

（4）对各阶段工作进行统一管理，各开发工具可通过公用数据库共享数据，保持工作过程的连续性和数据的协调与一致。

（5）需要维护的软件，可根据事先的说明或定义，重新生成一遍，使软件维护方便且费用低。

（6）自动开发工作生成的标准化、规范化的文档，统一了格式，减少了随意性，提高了文档的质量。

（7）自动化的工具使开发者从繁杂的分析设计图表和程序编写工作中解脱出来。

目前，CASE 工具从支持功能来分，大致有以下 3 种类型。

（1）软件生成工具。该类工具主要用于最后的软件设计与编程工作。

（2）系统需求分析与设计工具。需求分析工具是在系统分析阶段用来严格定义需求规格的工具，能将逻辑模型清晰地表达出来，该阶段的工具有原型构造工具、数据流程图绘制与分析工具、数据字典生成工具等。设计工具是用来进行系统设计的，将设计结果描述形成设计说明书，有系统结构图设计工具、数据库设计工具、图形界面设计工具、HIPO 图工具等。

（3）集成化开发工具。集成化是 CASE 发展的方向。集成化开发工具是一组软件工具的有机结合，它支持从需求分析、设计、程序生成乃至维护的整个软件生命周期。

思考题

1. 简述几种常用的系统开发方式的相同和不同之处。
2. 系统分析员应该如何弥补原型法的缺陷？
3. 查阅资料，总结常见的 CASE 工具的使用情况。
4. 组织建设一个管理信息系统，需要哪些基本条件？
5. 管理信息系统有几种开发方法？
6. 为什么在结构化生命周期法中，重要决策是由信息专家以外的人做出的？
7. 调查我国组织信息化建设的发展状况，说明开发方法在信息化建设中的重要作用。

第4章 管理信息系统战略规划

【学习目标】

- 正确认识组织在管理信息系统建设方面所处的阶段,明确是什么原因促使组织需要开发管理信息系统,如何从组织发展的战略目标出发进行系统规划。
- 了解管理信息系统建设启动的原因,领会管理信息系统战略规划的作用。
- 掌握管理信息系统战略规划的内容及其组织工作的内容、制定 MIS 战略规划的步骤。
- 了解诺兰阶段模型及各阶段的特点,并能用它分析具体信息系统开发单位所处的开发阶段。
- 掌握常用管理信息系统规划常用方法的基本思想、内容、规划过程和所使用的工具。
- 理解各种规划方法所适用的范围。

管理信息系统战略规划是管理信息系统开发过程的第一步,是管理信息系统长远发展的规划。通常基于组织总体战略目标来进行,将管理目标转化为对信息的需求。它把组织作为一个有机的整体,全面考虑组织所处的环境、本身的潜力、具备的条件及组织进一步发展的需要,从而分析出其在一定时期内所需开发的各类管理信息系统的应用项目和所需要的各类资源。

4.1 管理信息系统战略规划概述

基于管理信息系统战略规划的内容和特点,管理信息系统战略规划在整个管理信息系统开发中具有非常重要的意义和作用。

4.1.1 管理信息系统战略规划的必要性和重要性

在信息化大潮中,虽然很多组织都希望利用计算机和互联网构建自己的管理信息系统以提高自身的竞争优势,但由于大多数组织缺乏清晰的系统战略规划,导致实际效果并不理想,不少已经建成或正在建设的系统并不能发挥其应有的积极作用,这些信息系统往往存在以下问题。

(1)系统目标与组织发展目标不匹配甚至相违背,无法对组织发展目标与战略提供支持。

(2)系统与组织主要业务流程一致性欠佳,无法有效地支持组织业务流程的高效进行,组织业务流程效率与效益依然低下。

（3）建成后的系统不能较好适应环境变化和组织变革的需要，导致系统很快不适用。

（4）系统分析设计以及运行维护的标准和规范混乱，导致系统在运行和使用过程中容易出现各种问题。

（5）对组织在资金、人员和管理方面的实际情况缺乏分析考虑，盲目地对系统及其实施效果期望过高。

以上存在的各种问题都背离了组织开发管理信息系统的初衷，同时导致了组织的巨大损失。组织必须意识到建设管理信息系统是一项耗资大、历时长、技术复杂且涉及面广的系统工程，在着手开发之前，必须认真地制定有充分根据的管理信息系统战略规划，从而降低开发风险，避免人力、物力和财力资源的浪费。这项工作的好坏往往是开发管理信息系统成败的关键。

4.1.2 管理信息系统战略规划的意义和作用

进行管理信息系统战略规划的意义远远不仅停留在管理信息系统建设之中，它对组织今后的发展、组织目标的确定和调整都有着深远的意义，系统战略规划主要具有以下作用。

（1）管理信息系统战略规划是系统开发的前提条件。系统规划作为建立管理信息系统的先行工程，是管理信息系统开发的前提条件。

（2）管理信息系统战略规划可以帮助组织合理分配和利用管理信息系统资源，以节省管理信息系统的投资。

（3）通过制定管理信息系统战略规划，找出系统存在的问题，可正确地识别出为实现组织目标管理信息系统必须完成的任务。

（4）管理信息系统战略规划是系统开发的纲领。规划涉及的内容有：系统开发的任务、方法与步骤，系统开发的原则，系统开发人员与系统管理人员共同遵守的准则，以及系统开发过程的管理和控制手段。这些都是指导系统开发的纲领性文件。

（5）管理信息系统战略规划是系统开发成功的保证。系统规划把组织的远期目标和近期目标、外部环境和内部环境、整体效益和局部效益、自动业务处理和手工业务处理等诸方面的关系进行统筹协调，使系统开发严格地按计划进行，同时对开发过程中出现的各种偏差进行调控，及时修正、完善计划，避免由于各种错误而造成的巨大损失。

（6）管理信息系统战略规划是系统验收评价的标准。系统建成后，需对系统的开发与运用情况加以测定验收，对系统的目标、功能与特点进行评价。这些工作应以系统规划的内容为标准。符合规划标准的系统开发是成功的，否则就是失败的。

4.1.3 管理信息系统战略规划的特点

管理信息系统战略规划具有以下特点。

（1）管理信息系统战略规划是面向全局、面向长远的规划，关系到整个组织的改革与发展，由于组织内外环境因素和技术方面的因素存在许多不可预测性，因而具有较强的不确定性，其结构化程度较低。

（2）管理信息系统战略规划中，高层管理人员是工作的主体，应立足高层管理，兼顾各管理层的要求。在进行规划时，应针对三个不同管理层次的活动，查明信息需求，特别是高层管理的信息需求，使得规划的系统能够适应各层次管理的需求，支持高层管理和决策。

(3) 管理信息系统战略规划不宜过细。制定系统规划的主要目的不在于解决项目开发中的具体业务问题,而是为了整个系统确定发展战略、总体结构、开发方案和资源计划,因而整个过程是一个管理决策过程,其作用是为系统开发提供一个指导,而不是代替系统开发工作。

(4) 管理信息系统战略规划应该支持组织战略和目标。管理信息系统作为组织系统的一个子系统,其目标必然遵从于组织整体目标。制定管理信息系统战略规划应该从组织目标出发,分析组织管理的信息需求,逐步推导出管理信息系统的战略目标和总体结构。

(5) 管理信息系统战略规划应摆脱系统对组织机构的依赖。一个组织的组织机构可能会发生变化,但管理活动过程几乎不发生变化。规划应从整个组织管理活动入手,定义组织过程,分析管理信息系统应具有的功能,这样即使组织的组织机构发生变化,系统仍具有较强的适应性;同时,也更有利于组织业务流程重组,提高管理水平。只有摆脱了对组织机构的依从性,才能提高管理信息系统的应变能力。

(6) 管理信息系统战略规划和实现的过程是一个自上而下规划、自下而上实现的过程。采取自上而下的规划方法以保证系统结构的完整性和信息的一致性,这是实现系统整体目标的基本条件。

(7) 管理信息系统战略规划具有动态性。管理信息系统战略规划不是一成不变的,它必须随着环境的发展而变化,因此,管理信息系统规划必须纳入整个组织的发展规划中,并随着组织整体规划的变动而不断地修改和补充。

案例1 管理信息系统战略规划关系着企业管理信息系统应用的成败

某民营企业从事电子元器件的生产,由于经营早期领导者善于把握机遇,决策果敢,同时拥有一批经验丰富的销售人员,所以这家企业发展势头很好。

不久前该企业老总听说大城市的很多企业都进入了信息化的进程,纷纷开发了管理信息系统,并且这些企业使用信息系统后企业运营的效率和效益都有提升,对此该老总表示很有兴趣。于是他便迫不及待地购买了一套 ERP 系统,并在自己的企业中投入使用。

可是,该 ERP 系统在实际使用过程中出现了一些问题:首先,该 ERP 系统对于操作人员的要求比较高,操作人员必须有相应的专业知识和操作技能才能较好地使用这个系统,可是该企业是民营企业,企业的员工大部分是大专以下学历,本科以上学历的员工数量很少,所以员工对这样的系统有点应付不来;其次,运行这样一套 ERP 系统需要承担较高的运行和维护费用,企业的负责人开始对这一点不是特别清楚,后来才发现运行和维护成本很可观,感觉有一定的资金压力;再次,在实际业务的处理过程中,发现该 ERP 系统的业务流程同企业实际的业务流程并不匹配,该民营企业本身在业务流程和管理制度上都不是很完善,管理的科学性和制度的规范性有待进一步提高,而一套 ERP 系统在设计的时候对于各个方面都是非常科学严谨和规范的,所以二者较难兼容。另外,在如订单处理、库存管理、采购管理和销售处理等业务处理流程中,企业实务同 ERP 系统的业务流程设计都存在较大的差异,形成的单据和报表等同实际的企业操作要求差异也很大,企业的实际发生业务无法在ERP 系统上进行处理和操作,这一情况使得企业工作人员在进行业务处理时无所适从,分不清究竟是该使用原有的手工系统处理还是该使用 ERP 系统处理。这样一来,企业的运作效率反而变得低下了。

企业老总了解情况后决定改组企业原先的管理模式和业务流程,向 ERP 系统靠拢,这样反而导致企业运作效率继续下降,利润也下降了30%,历时12个月耗资近千万用于实施ERP,效果还是很不理想,系统仅能处理25%的订单。此时此刻,这位企业老板突然反问自己:"我究竟为什么要引进这个ERP系统呢？使用ERP系统的目标是什么？我了解ERP系统吗？对于这项投资规模巨大的工程,我自己都没有想清楚,竟然就采取了行动,真的是太草率了"此时的他后悔莫及。最终,该老总感叹:是ERP拖垮了我们。

以上的案例反映了以下几个问题。

(1) 投资是有风险的,对于管理信息系统这项大工程的投资中也蕴藏着巨大风险,企业在信息系统设计和实施之前,往往没有对自己的企业为什么要采用信息技术、如何有效地应用信息技术等问题进行必要的考虑,没有合理地对系统建设进行规划,而是盲目地投资,从而导致了最后的失败。

(2) 信息系统本应该为企业量身定做,系统的功能及业务处理流程的设计必须同现有业务流程的实际情况相匹配。而该案例中的ERP系统是直接购买的,该系统的设计也不是基于该企业的实际需求进行的,所以系统功能和企业需求完全不配套,导致信息系统的应用失败。对于应该是信息系统适应企业的需求,还是企业的需求去迁就信息系统的设置,这一点企业家也没有完全清楚。

(3) 在开发管理信息系统之前,对组织在资金、人员和组织管理方面的实际情况缺乏分析考虑,企业的资金是否能满足系统开发或购买以及系统运行维护成本的需求,企业的员工是否具备使用信息系统的素质和能力,以及企业的管理制度和规范标准是否达到可以使用信息系统的水平,这些问题都需要在投资系统之前进行全面的规划和考虑。案例中的这家民营企业没有对自身实际情况进行必要的分析判断,而盲目地购买信息系统并对其实施效果期望过高,这些都是导致信息系统应用失败的重要原因。

因此,值得每一个管理者重视的是,管理信息系统的开发和使用是一把双刃剑,如果开发的信息系统适合企业的各种需求,则信息系统的使用可以增强企业的竞争能力;相反,如果开发的信息系统不适合企业,随着信息化建设的深入,对于信息系统的各种资源的投入反而形成了一个新的"IT黑洞",将消耗掉企业的人力、财力和物力等资源,成为企业严重的负担。所以,系统开发成败的关键在于在此之前有没有一个清晰、全面的战略规划。根据相关调查结果显示,做信息系统规划的企业,其信息系统比不做规划的企业要成功。做信息系统规划的企业其信息系统与企业组织间能够较好地联系。

4.2　管理信息系统战略规划的主要内容和基本步骤

管理信息系统战略规划是企业信息化建设的第一步,战略规划的实施包含特定的内容,同时也要遵循一定的实施步骤。

4.2.1　管理信息系统战略规划的主要内容

管理信息系统战略规划可以实现对组织使用计算机信息技术的长远计划,规划期限一般为3~5年或更长时间,可以为将来的成功提供一个总体构架。同时,管理信息系统战略规划能保证信息系统资源得到更好运用,保证具体项目时间得到合理安排。具体来说,管理信息系统战略规划内容包括以下几方面。

1．确定管理信息系统的总目标

管理信息系统战略规划是组织战略规划的一个重要部分,根据组织的战略目标、组织的业务流程改革与创新需求和组织内外的约束条件,来确定管理信息系统的总目标和发展战略规划。

2．确定管理信息系统的总体结构

管理信息系统总体结构提供了其开发的总体框架,从系统的观点出发,明确了管理信息系统的各个组成部分(子系统)、各部分之间的关系以及系统类型等。

3．对现行管理信息系统状况的了解

对组织现行的管理信息系统的状况进行了解,包括硬件、软件、人员、费用、开发项目的进展及应用系统的状况,存在的问题和不足,并在此基础上对目前组织的业务流程与管理信息系统功能、应用环境和应用现状进行评价;同时制定出业务流程重组方案,建设新的管理信息系统的政策、目标和策略。

4．对相关信息技术进行预测

组织为了达到其自身目标都需要应用信息技术,所以将信息技术的预测包含在组织自身的系统规划中是非常重要的。信息技术属于支持组织目标实现的范畴,管理信息系统建设是组织运用信息技术的重要手段之一。如何将信息技术应用于组织,取决于管理信息系统战略规划的分析过程。同时,信息技术的应用也决定了管理信息系统的优劣。因此,有必要对相关信息技术的发展进行预测,以便在规划时尽可能吸取最新技术,保证管理信息系统的先进性。这里涉及的信息技术包括计算机软硬件、网络技术及数据处理技术等。另外,对信息网络、数据库、软件的可用性、方法论的变化和周围环境的变化,以及它们对管理信息系统产生的影响也应进行考虑。

5．制定近期计划

管理信息系统战略规划涉及时间跨度较长,对于较远期的规划只能是粗略的,但是对于近期的规划必须给出较明确的方案,做出具体安排,制定人力、物力、财力的需求计划。其主要内容包括:硬件设备的采购时间表、应用项目的开发时间表、软件维护与转换工作时间表、人力资源的需求计划及人员培训时间安排和资金需求等。

4.2.2　管理信息系统战略规划的基本步骤

进行管理信息系统战略规划一般包括以下步骤。

(1)规划基本问题的确定。明确规划的年限、规划的方法和规划的方式等。

(2)收集相关信息。旨在从总体了解组织的外部环境、组织概况、组织目标和发展战略、信息需求、现行管理信息系统状况、存在问题和薄弱环节、国内外计算机应用的发展和水平等。

(3)现存状态的评价分析。包括目标、系统开发方法、设备和软件的质量、信息部门情况和安全措施等。

(4)定义约束条件。通过对组织人员、硬件、软件和资金等资源情况的调查分析,定义管理信息系统的资源约束条件。

(5)明确管理信息系统战略目标。根据相关信息的分析和组织资源限制,从组织战略目标出发,确定管理信息系统的战略目标,明确管理信息系统应具备的功能、服务范围和质量等。

(6)确定管理信息系统总体方案。在管理信息系统战略目标的基础上,给出管理信息系统的总体框架,包括子系统的划分等。

（7）提出系统开发方案。确定系统开发方法和开发策略,设定项目开发优先级等。

（8）制定项目实施计划。主要包括设定项目的时间进度、费用预算及完成期限等。

（9）形成管理信息系统战略规划。把长期战略规划书写成文,并经批准后生效。

4.3 管理信息系统战略规划的常用方法

用于管理信息系统规划的方法很多,其中主要有诺兰(Nolan)管理信息系统阶段论(用于指导系统规划)、关键成功因素法(Critical Success Factors,CSF)、战略目标集转化法(Strategy Set Transformation,SST)和企业系统规划法(Business System Planning,BSP)。其他还有组织信息分析与集成技术(BIAIT)、产出/方法分析(E/MA)、投资回收法(ROI)、征费法(chargout)、零线预算法、阶石法等,其中用得最多的是前4种方法。

4.3.1 管理信息系统规划指导模型——诺兰模型

把计算机应用到一个单位(组织、部门)的管理中,一般要经历从初级到成熟的成长过程。美国哈佛大学教授诺兰(R Nolan)根据大量历史资料和实际考察,总结了这一规律,提出了管理信息系统发展的6阶段模型,即诺兰模型。该模型把管理信息系统的成长过程划分为6个不同阶段,如图4-1所示。诺兰认为模型反映了管理信息系统的一个客观规律,其中的任何一个阶段都是不可跳跃的。

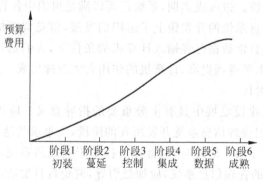

图 4-1 诺兰模型

诺兰认为,某一范围的计算机应用发展必须经过6个阶段。

第1阶段是初装阶段。此阶段单位购置第一台计算机并初步开发管理应用程序。计算机的作用被初步认识,个别人具有了初步使用计算机的能力。组织引进少量的计算机尝试用于财务、统计、库存等方面。

第2阶段是蔓延阶段。经过一些初期尝试的成功,使人们对计算机技术开始产生了实际的、基于自身工作需求的兴趣。计算机应用开始蔓延到组织各个部门,大量的手工数据处理转向计算机处理,提高了效率。计算机管理应用程序的开发从少数部门扩散到多数部门,并开发了大量的应用程序,但是由于各部门开发的应用系统相互之间都是独立的,因此导致了一些问题有待解决,如此阶段出现了数据冗余、数据不一致的情况,并且难以实现数据共享等。该阶段特点是数据处理能力发展最为迅速,投入费用也最大。

第 3 阶段是控制阶段。单位投入使用的应用系统慢慢多起来,计算机预算每年以 30%～40%或更高的比例增长,计算机的大量应用使财务支出大幅度增加,但由于缺乏全局的考虑,这一阶段各部门应用系统之间不协调,因此并未取得预期的效益。随着应用人员的经验不断丰富,客观上也要求加强组织协调,出现由组织领导和职能部门负责人参加的规划领导小组,专门负责管理信息系统的规划发展工作,统一制定组织管理信息系统的发展规划。该阶段是实现以计算机管理为主到以数据管理为主转换的关键。在这一阶段后期出现技术转型,由部门级应用转为组织级应用,由以基础设施和基础应用为主的技术转为以信息资源整合为主的技术转型。

第 4 阶段是集成阶段。组织通过总结经验教训,开始认识到运用系统的正确方法。从总体出发,使用系统化和工程化的思想,对管理信息系统进行全面规划、建设与改造。在控制的基础上,对子系统中的硬件进行重新连接,建立集中式的数据库及能够充分利用和管理各种信息的系统,实现了管理信息系统在统一数据库基础上的高度集成化。该阶段特征是投入费用迅速增长。

第 5 阶段是数据管理阶段。这一阶段实现了全组织的信息资源统一管理,在系统集成和整合基本完成的条件下,组织信息管理提高到一个以计算机等为技术手段的有效的数据管理水平上,实现了数据的共享,管理信息系统的功能进一步完善。这时,计算机作为日常信息处理工具的作用开始发挥出来,投资开始见效,信息资源进入整合利用和提高阶段。这一阶段的基本特征是,信息资源整合开始逐步发挥作用,但后续的基础投入费用放缓。

第 6 阶段是成熟阶段。进入成熟期,系统已可以满足组织中各管理层的需求,实现了信息资源的管理。管理信息系统的开发跟上了组织的发展,信息资源成为组织提高竞争力和促进其发展的动力。在日常数据已经输入计算机的条件下,人们通过系统数据处理功能的充分应用,使系统决策水平得到提高,计算机的作用大大发挥出来。数据处理和整合与需求相匹配,社会进入信息时代。

诺兰模型在信息化建设发展中具有十分重要的指导意义。应当根据本单位的实际情况,利用该模型分析组织管理信息系统开发所在的阶段,实事求是地规划工作。当组织的管理信息系统开发建设处于第 1 阶段时,应首先选择易于实现的系统,如财会系统,然后逐步推广;对处于第 2 阶段的管理信息系统,应加强引导,避免盲目发展,加强各部门协调;当处在第 3 阶段时,应采用数据库技术、网络技术等,对各系统综合开发,保证实现数据共享等。总之,在组织管理信息系统开发建设中,要正确判定当前的状态,合理制定管理信息系统战略规划。

除了对管理信息系统战略规划的指导作用,诺兰阶段模型还指明了管理信息系统发展过程中的 6 种增长要素。

(1) 计算机硬软资源:从早期的磁带向最新的分布式计算机发展。

(2) 应用方式:从批处理方式到联机方式。

(3) 计划控制:从短期的、随机的计划到长期的、战略的计划。

(4) 管理信息系统在组织中的地位:从附属于其他部门发展为独立的部门。

(5) 领导模式:开始时,技术领导是主要的,随着用户和上层管理人员越来越了解管理信息系统,上层管理部门开始与管理信息系统部门一起决定发展战略。

(6) 用户意识:从作业管理级的用户发展到中、上层管理级用户。

诺兰阶段模型总结了发达国家管理信息系统发展的经验和规律。一般认为模型中的各阶段都是不能跳越的。因此,无论是确定开发管理信息系统的策略,或者是制定管理信息系统规划,都应首先明确本组织当前处于哪一阶段,进而根据该阶段特征来指导管理信息系统的建设。

案例2 中冶南方遵循"诺兰模型"走个性信息化之路

中冶南方工程技术有限公司前身是1955年成立的冶金工业部武汉钢铁设计研究总院,2004年企业改制成为中冶南方工程技术有限公司,是一个集团性质的企业。近几年的营业收入都超过70亿元。目前中冶南方有7个专业设计室,11个事业部(所),4家分公司,16家控股子公司,1个技术研究院,从业人员约3500人。

中冶南方所涉及的业务主要有:钢铁、能源、环保、市政、建筑工程咨询、设计和工程总承包;硅钢、机械、电器、热工产品制造;清洁能源、节能环保、工业气体项目的投资、建设、运营;房地产开发。众多的业务类型带来了复杂的业务环境,公司该如何进行信息系统的建设?面对信息爆炸的时代,如何管理好公司内部数据?

(1)缜密规划,层层推进。企业的信息化发展是具有阶段性的,著名的"诺兰模型"理论就说明了这个道理,中冶南方的信息化建设正是依照"诺兰模型"理论进行构建的。

中冶南方曾经制定过一个初期的信息化规划,提出了未来公司信息化建设的方向和框架。在2008年,公司在这份初期的规划基础上进行了修改和完善,全面、完整地制定出了一份更符合公司信息化发展的长远规划。这份新规划是以公司整体战略为依据,全面地对公司业务模式、业务流程进行了分析,并对其中的关键流程进行了截取,宏观上对中冶南方的IT现状进行评估,细节上则进行了差异化分析,最后形成一个900多页的集团信息化发展整体规划报告。依靠这份报告,中冶南方在未来的信息化建设上有了一个清晰的思路,确定"以集团战略与业务需求"为核心的信息化体系,明确了未来信息化工作应建立在以企业的企业综合管理平台、工程项目管理平台、工程设计管理平台为基础的三大平台发展思路。

一口吃不成胖子,企业的信息化建设也是同样的道理。依据统一信息化规划,在三大平台发展思路指导下,中冶南方在信息化系统的实施上采取了分步实施的战略。中冶南方在原有的财务管理、人力资源管理、教育培训系统、资产管理系统、综合办公系统、IT运维系统、图档管理等系统的基础上,根据统一规划,为了达到信息化建设体系的统一目标,又新建了如OA系统、项目管理系统、协同作业系统、设计协同等信息化系统,通过这些信息化系统的实施,不断打破不同组织间的信息壁垒,使得企业的信息化水平进一步提高,并进入到需要对数据进行管理的阶段。

(2)数据管理,集团战略级的应用。信息数据作为企业资产的一部分,在企业战略中也占据着非常重要的地位。中冶南方已经完成了由信息化的初始阶段到集成阶段的过程,如果要进一步推进公司信息化体系的完善,帮助企业完成自己的战略目标,那么必须要对公司内部的数据进行规范化的管理。但是由于公司没有统一的数据管理平台,大部分数据都是手工进行分散管理,存在很大的风险,并且对于中冶南方这样以设计为主的企业,内部有大量的图纸,数据增长很快,需要不断投入设备,导致保存数据的费用快速增长。而且为了保证重要系统数据的可靠性,中冶南方还投入了大量的资金,购买更多的数据备份、数据存储设备来保证数据的安全。

中冶南方是以设计为核心竞争力的企业,随着企业管理模式的变更,以前只需要对图纸、结果文档进行管理,现在更要对过程文档进行管理。再加上大家互相共享之后,就会把文档进行复制,复制后的文档又会放到共享平台上进行存放,这样使重复数据量非常大,这样的数据占用了太多的存储空间。

在中冶南方内,邮件也是员工沟通的主要方式之一,因为大家都习惯用邮件去查阅,所以90%的邮件都是带附件的,公司提供的2GB邮箱利用率很高,一般都在80%以上,因此大多数人的邮箱感觉不够用,邮件存储服务器的压力也非常大。

面对存储容量问题,有两种解决办法。一种是购买更多的存储设备来满足对容量的需求,另一种是对数据进行规范、统一的管理,提升现有存储设备的利用率。毫无疑问,直接购买更多的设备是最简单的办法,虽然说中冶南方也完全有能力购买更多存储设备,但是这并不符合中冶南方的企业文化,也并不符合公司整体的信息化战略规划。实际上,问题的核心并不是存储空间不足,而是因为数据缺乏管理。购买存储设备是治标不治本,借助数据管理系统对数据加以统一管理、提升存储利用率才是最应当做的。"根据公司整体的信息化规划,对于数据的规范管理也是信息化体系的一个重要环节。所以我们对于数据管理方案是费了很大精力的,也做了很长时间,进行了非常慎重的一次选择,最终确定CommVault一体化信息管理解决方案"黄主任这样介绍。

在经过一个多月的实施与部署数据管理系统后,CommVault数据管理系统的功效在中冶南方的效果逐渐显现。通过对重复数据的删除管理,中冶集团的目前存储设备的空间容量至少可以多使用5年的时间,5年以后设备到了替换的年限,可以直接更换新的存储设备,这与中冶南方的信息化规划正好不谋而合。对于邮件管理,CommVault数据管理系统按照规则自动归档了员工使用频率不高的每一封邮件,并将归档的这部分邮件空间释放出来,员工又可以利用这部分释放的空间收取新的邮件,变相地将2GB的邮箱空间变得更大,如果员工需要读取被归档的邮件,只需要找到该邮件,直接读取即可,与读取普通未归档邮件的操作并无太大差异。因此整个公司的员工对邮件系统的满意率大大提高。

除了提升存储利用率和邮件业务表现之外,CommVault数据管理系统还帮助中冶南方提高了系统的安全性。很多人都认为,数据只要备份了就能高枕无忧,实际上并非如此。中冶南方曾经运行的一套信息化系统,平时都按计划进行数据备份,某一天系统突然出现问题,不得不进行数据恢复,但在进行恢复操作时发现备份的数据已经损坏无法恢复,因此导致整个系统无法运行,造成了企业信息数据的损失。正因为如此,数据备份与恢复一直让中冶南方的系统维护人员提心吊胆。现在通过CommVault数据管理系统的恢复演练功能,可以实实在在地知道,在出现问题的时候到底需要多长时间才能恢复数据,在磁带库以及各种存储设备上备份的数据是否有效。正是通过恢复演练,让系统维护人员心中更加有底。在近期实施的ERP系统中,信息部的管理人员也对公司做出了ERP系统出现故障后,宕机时间不超过1小时,数据损失不超过15分钟的承诺。不过到目前为止,依靠完善的数据管理平台及合理的公司管理制度,ERP系统的数据还是零损失。

(3)向信息化成熟阶段迈进随着企业的快速发展,中冶南方目前已经发展成为大规模集团型企业,企业的战略也由"做大"向"做强"发展,企业从灵活、快速发展转向有计划稳步推进,以全面风险控制为重点。但是,由于公司领导决策的时候缺少相应信息的支持,无法快速准确地估量一项工程到底投入了多少人力、物力、财力,因此在做决策的时候慎之又慎,并且纵观整个EPC(Engineer,Procure,Construct,即"设计、采购、施工",与通常所说的工程总承包含义相似)行业,利润空间也越来越低,所以急需要加强企业风险方面的控制。虽然按照信息化建设规划,中冶南方应该在未来的几年开始实施 ERP 系统,但是在这种背景下,公司决定提前启动 ERP 系统的建设。

不过在 EPC 行业内,能成功实施 ERP 系统的企业并不多,但是考虑到公司集团化战略发展方向,并且 ERP 系统的建设是凝聚一个集团化公司、强化集团管理的重要支撑手段,中冶南方决定迈出这一步。

中冶南方的 ERP 系统以财务管理为核心,然后结合具体的生产管理,通过各种方式的运作,来控制企业风险。ERP 系统对企业投入的每一笔资金进行跟踪,最终确定能得到的回报。为了让 ERP 系统带来的理念更加深入,每个部门都会抽出专人来配合这个项目的实施,再加上各个部门使用 ERP 系统的人员,总计近上百人都在参与这个系统的实施。通过全公司上下人员的共同努力,改善了企业中的一些业务流程,为实现中冶南方的集团战略提供了有力的支持。

不管 IT 行业如何风云变幻,企业信息化如何推陈出新,中冶南方的信息化之路一直遵循"诺兰模型"的发展理论,逐步推进自己的信息化步骤。在这套理论的指导下,中冶南方近年来的信息化建设成果是显著、卓有成效的,不仅完全满足了现有及未来一定时间的业务需求,还最大限度地节省了资源、降低了成本,走出了一条属于自己的信息化之路。

4.3.2 关键成功因素法

关键成功因素法(CSF)是管理信息系统战略规划方法之一。它是在 1970 年由哈佛大学教授 William Zani 提出的。

关键成功因素指的是对组织成功起关键作用的因素。关键成功因素法就是通过分析,找出使组织成功的关键因素,然后再围绕这些关键因素来确定系统的需求,并进行规划。在现行系统中,总存在着多个变量影响系统目标的实现,其中若干个因素是关键的和主要的(即成功变量)。通过对关键成功因素的识别,找出实现目标所需的关键信息集合,从而确定系统开发的优先次序。实施关键成功因素法的实施步骤如图 4-2 所示。

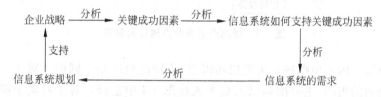

图 4-2　关键成功因素法实施过程

关键成功因素的重要性置于组织其他所有目标、策略和目的之上,寻求管理决策阶层所需的信息层级,并指出管理者应特别注意的范围。若能掌握少数几项重要因素(一般关键成功因素有 5~9 个),便能确保相当的竞争力,它是一组能力的组合。如果组织想要持续成长,就必须对这些少数的关键领域加以管理,否则将无法达到预期的目标。

下面以数据库的分析与建立为例来分析关键成功因素法的应用。建立数据库的步骤如下。

(1) 了解组织的战略目标。

(2) 识别关键成功因素。

（3）识别各关键成功因素的性能指标和评估标准。

（4）识别性能指标和评估标准的数据。

（5）定义数据字典。

关键成功因素法建立数据库的步骤如图 4-3 所示。

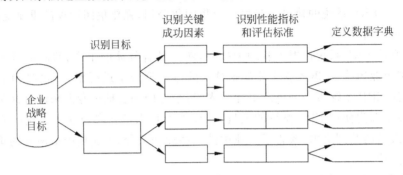

图 4-3　关键成功因素法实施步骤

关键成功因素来自于组织的目标，通过明确组织的目标去分解和识别关键成功因素、性能指标，一直到产生数据字典。识别关键成功因素，就是要识别联系于组织目标的主要数据类型及其关系。识别关键成功因素所用的工具是树枝因果图。如图 4-4 所示，某组织的目标是提高产品竞争力，可以用树枝图画出影响它的各种因素，以及影响这些因素的子因素。

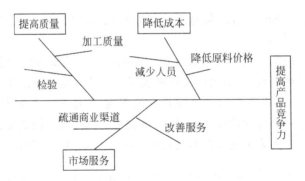

图 4-4　提高产品竞争力树枝因果图

如何评价这些因素中哪些是关键成功因素，不同的组织是不同的。对于一个习惯于高层人员个人决策的组织，主要由高层人员个人在图 4-4 中选择。对于习惯于群体决策的组织，可以用德尔斐法或其他方法把不同人设想的关键因素综合起来。

关键成功因素法的初始目标是帮助高层管理者确定他们所需的信息以进行有效规划和控制，可以让人们清楚地了解为了实现企业的信息化，哪些事情必须要做，哪些事情不必要做，避免以往出现的一些弊病。

关键成功因素法的一个优点是使管理者可以决定自己的关键成功因素，并且为这些因素建立良好的衡量标准，确定需求信息及其类型，据此开发数据库，进而开发一个对管理者有意义的信息系统。这样就可以限制那些非必要数据的高成本积累，一些虽经常生成但无有效价值的报表数据可以被精减掉。

关键成功因素法的主要局限是它只注重特定的管理者的信息需求，而不是整个组织的信息需求。

案例 3 基于关键成功因素法的高校信息系统规划

高校的领导主要关注学校的未来发展问题,始终考虑如何将学校发展为高水平的大学。为此需要开发一套信息系统,专门为校领导提供关于如何进一步发展学校的决策建议。这里,采用关键成功因素法对高校的信息系统进行规划,如图 4-5 和图 4-6 所示,步骤如下。

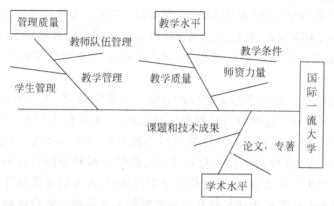

图 4-5 高校发展决策树枝因果图

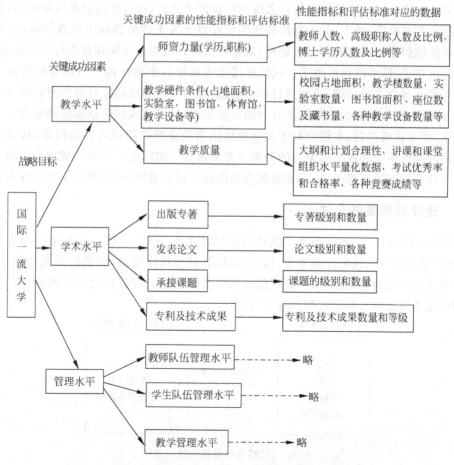

图 4-6 高校发展关键成功因素法的工作过程

（1）找到此高校的战略目标。这里高校的战略目标是成为"国际一流大学"。

（2）要找到促成这一组织战略目标成功实现的关键因素。这里关键成功因素有 3 项，即教学水平、学术水平和管理水平。若这 3 个关键因素得到提升并达到国际一流水平的标准，那么整个高校的战略目标就能实现。

（3）找到这 3 个关键成功因素对应的性能指标和评估标准。这里，衡量一个学校教学水平的指标包括师资力量、教学硬件条件、教学质量等指标；衡量一个高校学术水平的主要指标包括发表论文、出版专著、承接各类课题及申请的专利和技术成果等；衡量高校管理水平的指标主要包括对教师队伍的管理水平、对学生队伍的管理水平以及对教学管理的水平等。

（4）找出与性能指标和评估标准对应的数据。在此例中，与某一指标对应的数据可能不止一项。例如，与师资力量对应的数据有教师人数，高级职称人数及比例，博士学历人数及比例等；与教学硬件条件对应的数据有校园占地面积，教学楼数量，实验室数量，图书馆面积、座位数及藏书量，各种教学设备数量等；与教学质量对应的数据有大纲和计划合理性，讲课和课堂组织水平量化数据，考试优秀率和合格率，各种竞赛成绩等；与发表论文，出版专著，承接课题和专利及技术成果转化对应的数据分别是论文的数量和等级，专著的数量和等级，专利和技术成果的数量和等级。

依据关键成功因素法找到了信息系统的信息需求之后，在设计信息系统的时候，就可以让信息系统着重收集、加工、分析和比较该学校在以上各个评估指标上的数据值，并对收集到的这些指标的原始数值进行分析处理，从而可以得到该校近几年在各指标上的发展情况，哪些指标进步了，哪些指标退步了。同时还可以将该校各个指标得分与现有的其他一流高校对应指标的得分进行比较，找到与目标对象的差距，并明确该高校自身的薄弱环节和继续努力的方向，为高校领导的决策提供有利的事实依据，最终完成该信息系统的使命。

当然，需要说明的是，本例中对于关键成功因素的分析和指标内容的列举，其目的仅仅是为了更好地说明关键成功因素法的分析步骤和过程。实际上一个高校成功发展的关键成功因素和评估指标还有很多，指标和数据内容的设计也不是唯一的，此处不再做深入讨论。

4.3.3 战略目标集转化法

William King 于 1978 年提出了战略目标集转化法(SST)。该方法把组织的整个战略目标看成"信息集合"，该集合由使命、目标、战略和其他战略变量(如管理的复杂性、改革习惯以及重要的环境约束)等组成。管理信息系统战略规划过程就是把组织的战略目标转变为管理信息系统战略目标的过程，如图 4-7 所示。

图 4-7　战略目标集转化法示意图

战略目标集转化法在实施过程中包含以下工作步骤。

(1) 识别和阐明组织的战略集,先考查一下该组织是否有写成文的战略式长期计划,如果没有,就要去构造这种战略集合,如组织的发展方向、组织的目标、组织战略和战略属性等。构造时,具体可以采用以下步骤。

① 勾画出组织各类人员结构,如卖主、经理、雇员、供应商、顾客、贷款人、政府代理人、地区社团及竞争者等。

② 识别每类人员的要求和目标。组织的使命、目标和战略实质上反映出了与组织关联的每类人员的要求和目标,因此要识别每类人员的要求和目标,并说明这些要求和目标的被满足程度。

③ 对于每类人员识别其使命及战略。也就是对应于每类人员的要求和目标,定义组织相对于这些人员的任务和战略,从而构成组织的战略集。当组织战略初步识别后,应立即送交总经理审阅和修改。

(2) 把组织的战略集转化为管理信息系统战略集。管理信息系统战略应包括系统目标、约束以及设计原则等。这个转化的过程包括对应组织战略集的每个元素识别对应的管理信息系统战略约束,然后根据管理信息系统的战略集所列举的系统目标、系统约束和系统战略,提出整个管理信息系统的结构。

(3) 根据以上战略选出一个方案,并提交给组织的最高管理者。

下面是一个组织目标转化的例子,如图4-8所示。由图4-8可以看出这里的目标是由不同群体引出的。例如,组织目标O1由股票持有者S、债权人Cr以及管理者M引出;组织战略S1由目标O1和O6引出,依此类推。这样就可以列出MIS的目标、约束以及设计战略。

4.3.4 企业系统规划法

企业系统规划法(BSP)是IBM公司于20世纪70年代初用于内部系统开发的一种方法,是一种对组织管理信息系统进行战略规划的结构化方法。其基本出发点是:必须让组织管理信息系统支持组织的目标,让管理信息系统战略表达出组织各个管理层次的需求,向整个组织提供一致的信息,并且在组织机构和管理体制改变时保持工作能力。该方法采用自上而下的方式,从组织目标入手,确定管理信息系统的目标;从组织基本的管理活动过程出发,分析数据需求,确定管理信息系统的总体结构。这种方法的主要特点是为规划人员提供了一种正式、客观的制定管理信息系统总体方案的方法。它摆脱了系统对组织机构的依赖,即使组织的组织机构或管理体制发生变化,管理信息系统的结构体系也不会受太大影响,使管理信息系统具有较强的环境适应性。

企业系统规划法主要是基于用信息支持组织运行的思想。在总的思路上和前面所述的方法有许多类似之处,也是自上而下识别系统目标、识别组织过程和识别数据,然后再自下而上设计系统以支持目标,如图4-9所示。

企业系统规划法是把组织目标转化为管理信息系统战略的全过程,支持的目标是组织各层次的目标,其工作步骤如图4-10所示。

| P: 公众 | Cu: 顾客 | S: 股东 | G: 政府 | Cr: 债权人 | E: 雇员 | M: 管理者 |

组织战略集合

组织目标	组织战略	组织属性
O1: 年增收入10%(S,Cr,M)	S1: 拓展新业务(O1, O6)	A1: 管理水平较高(M)
O2: 改善现金流(S,Cr)	S2: 改进信贷(O1, O2, O3)	A2: 当前经营状况不好，有改革现状的要求(S，M)
O3: 提高顾客满意度(Cu)	S3: 重新设计产品(O3, O4, O5, O6)	A3: 大部分管理者有使用计算机的经验(M)
O4: 增加社会义务(G,P)		A4: 管理者权力的高度分散(M)
O5: 高质量产品生产(M,Cu)		
O6: 提高生产可持续性(S,Cr,M)		

MIS战略集合

管理信息系统目标	管理信息系统约束	管理信息系统战略
MO1: 改善财务系统(S2)	C1: 开发资金有限(A2)	D1: 使用模块化设计方法(C1)
MO2: 提供产品需求的信息(S3)	C2: 必须采用决策模型和管理技术(A1，A3)	D2: 要求系统具有较强的独立性(C1)
MO3: 提供新业务机会的信息(S1)	C3: 需要来自内部和外部信息(MO2，MO3，MO4)	D3: 系统面向不同类型的管理者(A4，C4)
MO4: 提供对组织目标实现水平的估计信息(O2)	C4: 必须提供在不同综合水平上的报告(A4)	D4: 系统应当考虑使用者提出的要求(A1，A3，C4)
MO5: 及时、准确地提供组织运行情况的信息(A2)		D5: 系统具有实时应答能力(MO7，O3)
MO6: 能对管理系统进行整体协调(A4)		
MO7: 支持对顾客咨询的快速响应(O3)		

图 4-8　战略目标集转化法

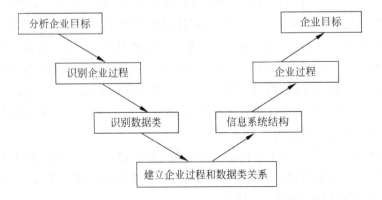

图 4-9　BSP 方法图

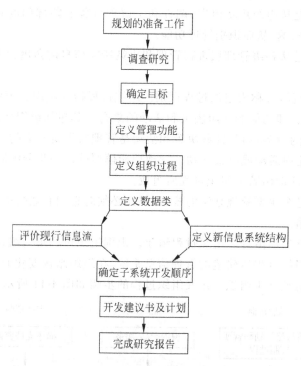

图 4-10　企业系统规划法实施步骤

企业系统规划法的实施工作是一项系统工程性工作,要很好地准备。准备工作包括接受任务和组织队伍。下面对企业系统规划法的主要活动进行介绍。

(1) 规划准备工作。此时需要成立一个由最高领导牵头的委员会,聘请经验丰富的管理信息系统专家担任顾问。委员会下设一个规划研究组,并提出工作计划。其组长应全时工作,并具体参加规划活动。委员会委员和系统组成员思想上要明确"做什么"(what),"为什么做"(why),"如何做"(how),以及"希望达到的目标"是什么。要准备必要的条件有:一个工作控制室、一个工作计划、一个采访交谈计划、一个最终报告的提纲,还有一些必要的经费。所有这些条件均落实后,还要得到委员会主任认可。

(2) 调查研究。规划组成员通过查阅资料,深入各级管理层,分析组织现状,从而了解组织的有关决策过程、组织职能部门的主要活动和存在的主要问题,以及各类人员对管理信息系统的看法。

(3) 确定目标。在明确组织目标的基础上确定新系统的目标。组织目标的确定要在组织各级管理部门中取得一致的看法,使组织的发展方向明确,使管理信息系统的开发方向清晰,从而更好地支持组织目标。

(4) 定义管理功能。通过全面调查,分析归纳出组织的全部管理工作中的各相关管理活动,即管理功能。企业系统规划法强调管理功能应独立于组织机构。因此,这样的管理信息系统较少受到组织机构变动的影响。例如,库存管理是属于采购部门的工作范围还是供应部门的工作范围,在组织机构变动中其授权可能发生改变,但是这一过程的实施过程是不变的。

定义系统功能的方法有以下两种。

① 归纳法。这是从组织现状出发,调查和了解现行各职能部门的管理职能,在此基础上进行分析、整理和归纳,从而识别管理功能。

② 演绎法。这是从各级管理层进行管理和决策所需信息的角度出发,由高到低来分析组织的管理功能。

(5)定义组织过程,又称为组织过程识别。组织过程指在组织管理中必要的、逻辑上相关的、为了完成某种管理功能的一组决策和活动的集合。其包括组织从原料购进到生产、销售、售后服务等所有的业务流程,这些决策和活动是管理组织所必需的。例如,产品预测、材料库存控制等业务处理活动或决策活动。管理功能模型的进一步分解即得到了组织过程层次,整个组织的管理活动由若干组织过程所组成。

定义组织过程是企业系统规划法的核心,因此必须对它们有透彻的了解,这样企业系统规划法才能有效实施。

整个组织的管理活动由许多组织过程组成。识别组织过程可对组织如何完成其目标有深刻的了解。按照组织过程所建造的管理信息系统,在组织结构变化时可以不必改变,或者说管理信息系统相对独立于组织。定义组织过程的步骤如图 4-11 所示。

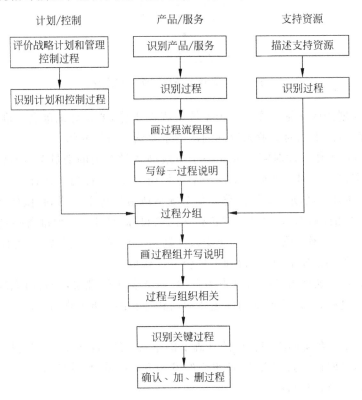

图 4-11 企业系统规划法的识别过程图

任何组织的活动均由三方面组成:一方面是计划和控制;另一方面是产品和服务;最后一方面是支持资源,也可以说是三个源泉,任何活动均由这里导出。

识别组织过程要依靠占有材料进行分析研究,但更重要的是要和有经验的管理人员讨论商议。我们先从第一个源计划与控制出发,经过分析、讨论、研究、切磋,可以把组织战略规划和管理控制方面的过程列表,如表 4-1 所示。

表 4-1　计划和控制流程

战 略 规 划	管 理 控 制	战 略 规 划	管 理 控 制
经济预测	市场/产品预测	预测管理	预算
组织计划	工作资金计划	目标开发	测量与评价
政策开发	雇员水平计划	产品线模型	
放弃/追求分析	运营计划		

识别产品与服务过程稍有不同。我们知道任何一种产品均有"生老病死",或者说有要求、获得、服务、退出四阶段组成的生命周期,对于每一个阶段,就用一些过程对它进行管理,具体内容如表 4-2 所示。

表 4-2　产品或服务流程

需　求	获　得	服　务	退　出
市场计划	工程设计开发		
市场研究	产品说明	库存控制	销售
预测	工程记录	接受	订货服务
定价	生产调度	质量控制	运输
材料需求	生产运行	包装储存	运输管理
能力计划	购买		

支持资源识别组织过程,其方法类似于产品和服务,我们由资源的生命周期出发列举组织过程。一般来说组织资源包括资金、人员、材料和设备等,如表 4-3 所示。

表 4-3　支持性资源流程

资　源	生命周期			
	要求	获得	服务	退出
资金	财务计划 成本控制	资金获得 接收	公文管理 银行账 会计总账	会计支付
人员	人员计划 工资管理	招聘 转业	补充和收益 职业发展	终止合同 退休
材料	需求产生	采购 接收	库存控制	订货控制 运输
设备	主设备计划	设备购买 建设管理	机器维修 家具、附属物	设备报损

(6) 组织过程重组。通过对现有业务活动的调查分析,在组织过程定义的基础上,找出现有业务过程存在的问题及产生的原因,从"系统应该是什么样子"观点出发,并根据组织目标,对现有业务过程进行彻底的再设计,找出哪些过程是正确的,哪些过程是低效的,需要在信息技术支持下进行优化处理;还有哪些过程不符合计算机信息处理的特点,应当取消。总之,需要找出原业务流程中的不合理因素,对其进行重新安排;合并和简化业务过程,纠

正错位的业务活动,删除冗余的业务活动,减少管理层次,取消不必要的审批检查等控制环节,从而优化业务流程。

(7) 定义数据类。数据类是逻辑上相关的一组数据,如产品数据包括产品种类、产品设计数、产品需求量等。系统中存在许多数据类,如客户、合同、材料及人员等。

识别组织数据类的方法有两种,其中一种是组织实体法。实体有顾客、产品、材料以及人员等客观存在的东西。组织实体法的第一步是列出组织实体,一般来说要列出7~15个实体,然后再列出一个矩阵,实体列于水平方向,在垂直方向列出数据类,如表 4-4 所示。

表 4-4 数据/组织实体矩阵

组织实体 数据类	产品	顾客	设备	材料	卖主	现金	人员
计划/模型	产品计划	销售领域 市场计划	能力计划 设备计划	材料需求 生产调度		预算	人员计划
统计/汇总	产品需求	销售历史	运行 设备利用	开列需求	卖主行为	财务统计	生产率 盈利历史
库存	产品 成品 零件	顾客	设备 机器负荷	原材料 成本 材料单	卖主	财务 会计总账	雇用工资 技术
业务	订货	运输		采购 订货	材料 接收	接收 支付	

另一种定义数据类的方法是企业过程法。企业过程法是利用以前识别的组织过程,分析每个过程利用什么数据,产生什么数据,或者说每个过程的输入和输出数据是什么,可以用输入-处理-输出图来形象地表达,如图 4-12 所示。

图 4-12 输入-处理-输出图

(8) 定义新管理信息系统结构。这个步骤实际上是划分子系统,企业系统规划法是根据信息的产生和使用来划分子系统,尽量把信息产生的组织过程和使用的组织过程划分在一个子系统中,从而减少了子系统之间的信息交换。具体的做法是采用 U/C 矩阵,U/C 矩阵是对要分析的内容所展开的一个二维表格,其中 U 表示使用(Use),C 表示产生(Create)。

① U/C 矩阵的建立。要建立一个 U/C 矩阵对于一个实际的组织来说不是一件容易的事情。从理论上说要建立 U/C 矩阵首先要进行系统化,自顶向下地划分,然后逐个确定每具体层的功能(或功能类)和数据(或数据类),最后填上功能和数据之间的关系,即完成U/C矩阵的建立。

经过之前的一系列步骤,在分析出所有的组织过程和数据类之后,便可以构造出 U/C 矩阵。如图 4-13 所示,U/C 矩阵的左边第一列罗列了所有组织过程,第一行罗列出了组织的所有数据类,如果某个特定的组织过程产生了某个特定的数据类,那么就在该组织过程和该数据类对应的行和列的交点单元格中写C;如果某组织过程使用了某数据类,则在其对应行和列交点单元格中写U。开始时数据类和过程是随机排列的,U和C在矩阵中排列也是分散的。

过程 \ 数据类	客户	订货	产品	工作令	操作顺序	材料表	成本	零件规格	材料库存	成品库存	职工	销售区域	财务	计划	机器负荷	材料供应
经营计划							U						U	C		
财务计划							U				U		U	U		
资产规模													C			
产品预测	U	U										U		U		
产品设计开发	U		C			U		C								
产品工艺			U			C		U	U							
库存控制				U					C	C						U
调度			U	C											U	
生产能力计划					U										C	U
材料需求			U			U										C
操作顺序				U	C										U	U
销售区域管理	C	U	U													
销售	U	U	U									C				
订货服务	U	C	U													
发运		U	U							U						
通用会计	U		U								U					
成本会计			U				C									
人员计划											C					
人员考核																

图 4-13　组织过程与数据类构造的 U/C 矩阵

② U/C 矩阵的正确性检验。建立 U/C 矩阵后一定要根据"数据守恒"原则进行正确性检验,以确保系统功能数据项的划分和所建立的 U/C 矩阵的正确性。它可以指出前段工作的不足和疏漏之外,或是划分不合理的地方,以便及时督促改正。具体来说,U/C 矩阵的正确性检验可以从如下 3 个方面进行。

第一个方面是完备性检验。完备性检验是指每一个数据类必须有一个产生者(即 C)和至少一个使用者(即 U);每个功能必须产生或者使用数据类,否则这个 U/C 矩阵是不完备的。这个检验可及时发现表中的功能或数据项的划分是否合理,以及 U,C 有无填错或填漏的现象。

第二个方面是一致性检验。一致性检验是指每一个数据类仅有一个产生者,即在矩阵中每个数据类只有一个 C。如果有多个产生者的情况出现,则会产生数据不一致的现象,其结果将会给后续开发工作带来混乱。这种不一致现象的产生原因可能有:没有产生者——漏填了 C 元素或者是功能、数据的划分不当；多个产生者——错填了 C 元素或者是功能、数据的划分不独立，不一致。

第三个方面是无冗余性检验。无冗余性检验是指每一行或每一列必须有 U 或 C，即不允许有空行空列。若存在空行空列，则可能是漏填了 C 或 U 元素；功能项或数据项的划分是冗余的，即不必要的。

③ U/C 矩阵的求解。U/C 矩阵的求解过程就是对系统结构划分的优化过程。它是基于子系统划分应相互独立而且内部凝聚性高这一原则之上的一种聚类操作。其具体做法是使表中 C 元素尽量地靠近 U/C 矩阵的对角线，然后再以 C 元素为标准，划分子系统。

根据以上原则，可以采用表上作业法对 U/C 矩阵进行求解。通过调换过程和数据类所在行或列的顺序的方法，尽量使所有 U 和 C 元素集中到对角线上排列，如图 4-14 所示。然后再以 C 元素为标准，划分子系统，即把 U 元素和 C 元素比较集中的区域用粗线条框起来，形成的一个个粗线框就是一个个子系统。这样就完成了子系统划分，即确定了管理信息系统的总体结构。划分时应注意：沿对角线一个接一个地画，既不能重叠，又不能漏掉任何一个数据和功能；同时，小方块的划分是任意的，但必须将所有的 C 元素都包含在小方块内，如图 4-15 所示。划分后的小方块即为以后新系统划分的基础，每一个小方块即一个子系统。

过程\数据类	计划	财务	产品	零件规格	材料表	材料库存	成品库存	工作令	机器负荷	材料供应	操作顺序	客户	销售区域	订货	成本	职工
经营计划	C	U												U		
财务计划	U	U													U	U
资产规模		C														
产品预测	U		U									U	U			
产品设计开发			C	C	U							U				
产品工艺			U	U	C	U										
库存控制						C	C	U		U						
调度			U					C	U							
生产能力计划									C	U	U					
材料需求			U		U					C						
操作顺序								U	U	U	C					
销售区域管理			U									C		U		
销售			U									U	C	U		
订货服务			U									U		C		
发运			U					U						U		
通用会计			U									U				U
成本会计														U	C	
人员计划																C
人员考核																U

图 4-14 调整之后的 U/C 矩阵

过程 \ 数据类		计划	财务	产品	零件规格	材料表	材料库存	成品库存	工作令	机器负荷	材料供应	操作顺序	客户	销售区域	订货	成本	职工
经营计划	经营计划	C	U													U	
经营计划	财务计划	U	U													U	U
经营计划	资产规模		C														
技术准备	产品预测	U		U									U	U			
技术准备	产品设计开发			C	C	U							U				
技术准备	产品工艺			U	U	C	U										
生产制造	库存控制						C	C	U		U						
生产制造	调度			U					C	U							
生产制造	生产能力计划									C	U	U					
生产制造	材料需求			U		U					C						
生产制造	操作顺序								U	U	U	C					
销售	销售区域管理			U									C	U			
销售	销售			U									U	C	U		
销售	订货服务			U									U		C		
销售	发运			U				U							U		
财会	通用会计			U									U				U
财会	成本会计														U	C	
人力资源	人员计划																C
人力资源	人员考核																U

图 4-15 子系统的划分

另外,特别值得一提的是,对同一个调整出来的结果,小方块(子系统)的划分不是唯一的。具体如何划分,根据实际情况以及分析者个人的工作经验和习惯而定。

此时,所有数据的使用关系都被小方块分隔成了两类:一类在小方块以内;一类在小方块以外。在某个小方块以内所产生和使用的数据,则主要放在该子系统的计算机设备上处理;而在小方块以外的 U 则表示各子系统之间的数据联系,即表示一个子系统使用了另一个子系统产生的数据;例如,"生产制造"子系统使用了"产品"这个数据类,而"产品"数据类是由"技术准备"子系统产生的,因此,"生产制造"子系统使用了"技术准备"子系统产生的"产品"数据类。如图 4-16 详细地反映了子系统之间的数据联系。这些数据资源应考虑放在网络服务器上供各子系统共享,或通过网络来相互传递数据。

(9) 确定子系统开发顺序。根据 U/C 矩阵中每个子系统的数据有多少被其他子系统所共享,按照有较多子系统共享的数据应较早实现的原则,确定管理信息系统各子系统开发的先后顺序。

案例 4 高校班务管理信息系统

1) 系统背景

随着全球信息化步伐的加快以及计算机信息系统在各类组织中应用的普及,鉴于高校班级的日常事务比较繁杂并且处理的信息量较大,实现高校班务管理的信息化,开发一个高校班务管理系统显得很有意义。

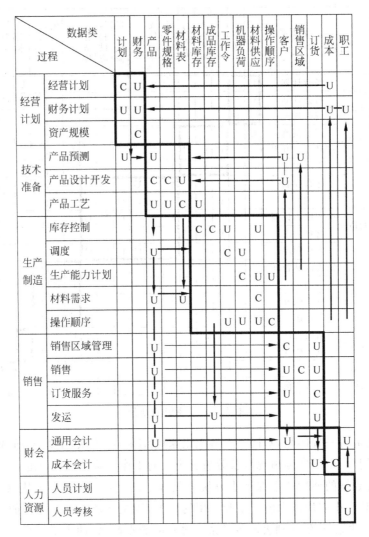

图 4-16　子系统之间的数据联系

2）规划基本问题的确定

该系统的战略规划采用企业系统规划法。

3）规划基本过程

班务管理信息系统规划包含以下规划步骤。

（1）规划前的准备工作。在进行规划的最初阶段，首先需要成立一个由班主任领导的管理信息系统规划领导小组，由班干部和系统规划人员充当领导小组的成员。规划领导小组必须在规划之前明确班务管理信息系统需要为班级"做什么"（即应该具备什么样的功能），"为什么做"（即系统具备这些功能的动因和必要性是什么）以及"如何做"（即怎样去实现这些功能）。

（2）调查研究。班务管理系统规划领导小组成员通过查阅资料或亲身深入班级事务中，从而分析班级运作现状，了解班级有关决策过程、主要活动和存在的主要问题，收集各班级成员对班级事务管理信息系统的看法，将所有资料汇总，进行综合分析。最终确定的每学期高校班级基本管理活动包括制定班级工作计划、定期调整班委会、在班干部中分配班级的各项管理任务、设置教学目标、记录学生的考试成绩、进行学生的成绩统计分析、进行学生的德育考评和管理班级经费等。

（3）定义管理功能。通过全面调查，分析归纳出高校班级全部管理工作中的各相关管理活动，即管理功能。综合以上调查研究结论，高校班级具体管理活动可以总结为5个方面：①班级基础事务的整体计划和管理；②班级组织活动的计划和控制；③班级教学活动的管理和控制；④班级学生德育的考评和管理；⑤班级班费的计划和收支管理。

（4）定义班级过程。根据调研结果和管理功能的分析，总结出以下若干班级管理过程，并简要对其进行说明如下。

① 班务规划：每学期都要对各项班级事务进行一个总体和细致的规划，包括各项班级工作的分工，各项工作采取的形式、完成的时间、进度和安排等。

② 班务日志：对班级的日常工作进展、发生的各种情况以及存在的问题，安排相应的人员进行记录，作为备案。

③ 干部岗位设置：基于班级的所有工作明确划分各干部岗位和职责，选择合适的班级学生任职。

④ 工作计划：要求班级每学期都要制定一份工作计划，各班班主任以及各班班干部也要制定相应的工作计划。

⑤ 干部考核：每学期评估每个班干部完成工作的质量和数量，对其工作绩效进行考核。

⑥ 课程设置：为各专业各年级的学生每学期的学习制定合适的课程结构、授课顺序并且安排合适的任课教师。

⑦ 学生档案：为每位学生建立详略不同的个人档案。

⑧ 成绩查询：为学生和教师提供可供进行成绩查询的功能，方便学生查询自己各门课的成绩。

⑨ 教学目标：教学上应该达到的目标，指通过任课教师的授课应努力使学生在知识掌握和应用方面达到的目标，或者对各门课程考试成绩设定一个目标值。

⑩ 学生考勤：对班级各位学生的上课、开会等各项活动的出勤和缺勤情况作出记录。

⑪ 德育考评：每学期末，根据德育考评指标，班主任带领整个班级对每位同学在该学期的各方面表现进行评估和打分，从而确定每位学生的德育考评结果。

⑫ 教师评语：每学期班主任为班级内部的每位学生写学期评语，评价该学生一贯的表现情况。

⑬ 奖惩制度：制定各项奖励学生和惩戒学生的制度和办法，以达到控制学生行为的目的。

⑭ 班费规划：对班级的经费进行每学期的经费使用预算。

⑮ 班费收支：对每学期班费的收支情况进行记录。

（5）班务过程重组。通过对班级现有业务活动的调查分析，在班级管理过程定义的基础上，找出现有过程存在的问题及产生的原因，根据班级管理的目标，对现有班级管理业务过程进行再设计，找出哪些过程是正确的，哪些过程是低效的需要在信息技术支持下进行优化处理。另外，对有些过程不符合计算机信息处理的特点，也应当取消（以上定义的班级过程已进行过班务过程重组，具体过程略）。

（6）定义数据类。根据班级管理实际工作中涉及的数据对象，整理出班级事务管理系统的数据类构成,并简要给出其定义。

① 班级目标:每学期为班级的发展制定目标,包括各个方面,如学生的学习方面、教师教学方面、班级工作方面、班级组织的活动、经费控制等方面都要制定相应的目标。

② 学生干部:包括学生干部姓名、性别、年龄、学号、籍贯、所属班级、现任职务等。

③ 工作计划:包括所属班级号、计划名称、计划编号、计划内容、执行学期等。

④ 学生:描述学生学号、姓名、性别、年龄、籍贯以及所属院系班级等。

⑤ 学生成绩:包括学号、课程编号、班级编号、任课教师、所在学期号、成绩分数等。

⑥ 课程:包括课程编号、课程名称、任课教师编号、开设学期号等。

⑦ 任课教师:包括教师编号、姓名、性别、年龄、职称、承担课程编号、承担课程名称等。

⑧ 德育指标:包括指标编号、指标名称、指标类型、考核办法、评分标准等。

⑨ 班主任:包括教师编号、姓名、所属院系、管辖班级编号、管辖班级名称、学期号等。

⑩ 班级账套:账套号、账套名称、科目编号、科目名称、各科目借/贷发生额、各科目收支备注、各科目余额等。

(7) 绘制班务管理信息系统 U/C 矩阵。在定义了数据类和班务过程之后,可以绘制出班务管理系统的 U/C 矩阵,通过对 U/C 矩阵求解,可以得到班务管理系统的总体结构(子系统的构成),并且分析出各个子系统之间的数据关系,同时还能明确子系统开发的先后顺序,具体过程如图 4-17 所示。

(8) 定义班务管理系统总体结构。通过对班务管理信息系统 U/C 矩阵的求解认为,该管理信息系统由 5 个子系统构成:

① 事务管理子系统,其功能是对班级事务的整体规划和协调运行进行控制。

② 组织管理子系统,其功能是对班级具体事务的计划和控制。

③ 教学管理子系统,其功能是对班级的教学管理进行控制和协调。

④ 德育管理子系统,其功能是对班级学生的德育情况进行考评和管理。

⑤ 班费管理子系统,其功能是对班级班费的收支进行管理。

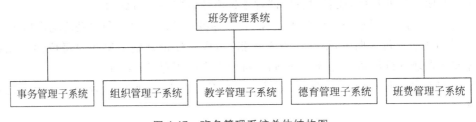

图 4-17　班务管理系统总体结构图

U/C 矩阵中,U 元素和 C 元素反映出来的各个子系统之间的关系,如图 4-18 箭头标注所示。

(9) 明确各个子系统开发的先后顺序。根据 U/C 矩阵中每个子系统的数据有多少被其他子系统所共享,按照有较多子系统共享的数据应较早实现的原则,可以确定各个子系统开发的先后顺序。根据这个原则,可以对 U/C 矩阵进行分析,在这个系统中,最先开发的应该是组织管理子系统或教学管理子系统,接下来是德育管理子系统,事务管理子系统和班费管理子系统。

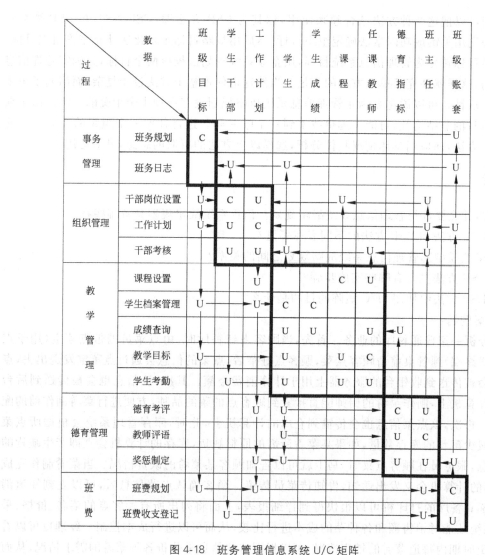

图 4-18 班务管理信息系统 U/C 矩阵

4.3.5 关键成功因素法、战略目标集转化法和企业系统规划法的比较

关键成功因素法能抓住主要矛盾,使目标的识别突出重点。用这种方法所确定的目标和传统的方法衔接得比较好,但是一般最有利的只是在确定管理目标方面。

战略目标集转化法从另一个角度识别管理目标,反映了各种人的要求,而且给出了按这种要求的分层,然后转化为管理信息系统目标的结构化方法。它能保证目标比较全面,疏漏较少,但在突出重点方面不如关键成功因素法。

企业系统规划法虽然也首先强调目标,但没有明显的目标引出过程。它通过管理人员酝酿"过程"引出系统目标,组织目标到系统目标的转换是通过组织/系统、组织/过程以及系统/过程矩阵的分析得到的。这样可以定义出新的系统以支持组织过程,也就把组织的目标转化为系统的目标,所以说识别组织过程是企业系统规划法的中心,绝不能把企业系统规划法的中心内容当成 U/C 矩阵。

我们可以把这 3 种方法结合起来使用,称其为 CSB 方法即(CSF、SST 和 BSP 结合)。这种方法先用关键成功因素法确定组织目标,然后用战略目标集转化法补充完善组织目标,并将这些目标转化为管理信息系统目标,用企业系统规划法校核两个目标,并确定管理信息系统结构,这样就补充了单个方法的不足。当然这也使得整个方法过于复杂,而削弱了单个方法的灵活性。可以说迄今为止管理信息系统战略规划没有一种十全十美的方法。由于战略规划本身的非结构性,可能永远也找不到一个唯一解。进行任何一个组织的规划均不应照搬以上方法,而应当具体情况具体分析,选择以上方法的可取的思想,灵活运用。

思考题

1. 为什么要进行管理信息系统战略规划? 信息系统战略规划具备哪些特点?
2. CSF 方法和 BSP 方法的不同点在哪里?
3. 诺兰模型同管理信息系统战略规划之间的关系?
4. CSF 方法主要有哪些实施步骤?
5. BSP 方法中使用 U/C 矩阵的目的是什么?
6. 案例题:

试分析一家普通餐厅的业务。首先,当顾客来到餐厅时,由点菜员携带点菜宝(用于点菜的无线终端)到餐桌前请顾客点菜,顾客点好菜后,点菜的信息会通过点菜宝发送出去,点菜信息会被传送到收银台的服务器上用于计算消费金额。其次,该信息也会被传送到后台厨房的计算机上,制作菜肴的厨师能直接看到顾客点的菜的品种,方便进行菜肴制作前的配菜环节。再次,该点菜信息也会传输到仓库的计算机上,此时,库存管理系统会根据所点菜肴相应减少配料的库存数量,如果某菜肴所需的原料缺货,库存的计算机会立即产生缺货的反馈信息,服务员在顾客点菜时,马上就可以告知顾客某菜肴的缺货情况。当菜肴制作完成后,厨房的计算机会又发出通知,告知传菜员传菜。顾客确认点菜信息后,可以立刻知道消费的金额;餐厅的打印机可以很快得到详细报表,上面将列出所有顾客点的菜名、价格、采购量,系统还能对销售额和各种菜的成本进行比较,从而可以进行成本控制。经理也可以看到在一定时期内每道菜肴的销售情况,可以根据这些信息来分析各种菜肴的需求情况,从而作为调整菜谱的依据等。

根据以上内容,请结合 BSP 规划方法中的关键流程分析讨论:

(1) 该餐厅信息系统存在哪些业务过程?

(2) 该餐厅信息系统有哪些数据类?

(3) 请举例说明数据类与业务过程的关系是怎样的?

第5章　系统分析

【学习目标】

- 熟悉系统调查的内容和方法。
- 熟悉管理信息系统可行性分析的内容和方法。
- 掌握结构化系统分析的基本思想、方针和特点。
- 掌握数据流程图的绘制方法和步骤。
- 熟悉数据字典的目的和内容。
- 熟悉结构式语言、判定树、判定表3种处理逻辑表达工具。
- 了解系统分析报告包含的内容。

　　系统分析是系统开发过程中非常重要的一环,直接影响系统开发的成败。系统分析的任务是在初步调查和分析的基础上,进一步详细调查现行系统的业务流程,利用数据流程图和数据字典来表达一个系统的全部逻辑特征,并包括对系统作业处理逻辑及其有关数据的全部定义。通过系统分析,解决了系统"干什么"的问题,而不涉及具体的物理实现。它是从逻辑上确定了系统功能,并用图表和文字建立新系统的逻辑模型。

5.1　系统调查

　　新系统是在现行系统基础上经过改建或重建而得到的。因此,在新系统的分析与设计工作之前,必须对现行系统进行全面、充分的调查研究和分析。系统分析员可以采用访问、座谈、填表、查阅资料、深入现场等多种调查研究的方法,得到现行系统的各种有用资料。这个阶段为新系统开发进行了原始资料的准备,并使系统开发人员对现行系统获得了感性和理性的认识。有人也称本阶段为需求分析,通过调查得到了用户对新系统的各种需求情况。

　　在调查研究基础上的可行性研究,为新系统开发能否进行提出了定性及定量分析的根据。

5.1.1　调查内容

　　系统分析员向用户单位的各级领导、业务人员及其他有关人员进行多种调查,内容大致如下。

　　(1) 系统界限和运行状态。现行系统的发展历史、目前规模、经营效果、业务范围及与外界联系等,以便确定系统界限、外部环境和接口,衡量现有的管理水平。

　　(2) 组织机构和人员分工。现行系统的组织机构、领导关系、人员分工和配备情况等。

从中不仅可以了解现有系统的构成和业务分工,而且可以进一步了解人力资源情况,发现组织和人事等方面的不合理现象。

(3) 业务流程。不同系统进行不同的业务处理。系统分析员要尽快熟悉业务,全面细致地了解整个系统的业务流程,以及物流和信息流的情况。除此之外,对各种输入、输出、处理、处理速度和处理量等都要了解得比较清楚。

(4) 各种计划、单据和报表的处理。计划、单据和报表都是信息的载体,实质上是进一步落实现行系统的数据收集、整理、输入、存储、处理、输出等各个环节,从而得到完整的信息流程。

(5) 资源情况。除了人力资源,还要了解现行系统的物资、资金、设备、建筑平面布置和其他各项资源的情况。若已配置了计算机,则要详细调查其功能、容量、外设配置、目前使用情况及存在的问题等。

(6) 约束条件。现行系统在人员、资金、设备、处理时间和方式等各方面的限制条件和规定。

(7) 薄弱环节。现行系统中的各个薄弱环节正是新系统中要解决和改进的主要问题,往往也是新系统目标的重要组成部分。因此,在调查中要注意收集用户的各种要求,善于发现问题并找到问题的前因后果。

(8) 其他需要了解的有关问题。现行系统调查研究是一项烦琐而艰巨的工作,为了使该项任务能够顺利进行,需要掌握一定的工作方法。系统分析员和用户要制订调查研究的进度计划,以便事先安排时间和内容,并通知有关人员;应先自上而下做初步调查,在了解全局、总体的基础上,再自下而上地进行具体调查研究;在调查过程中要注意数量概念,要收集足够的数据供定量分析之用,系统分析员必须对这些内容进行整理、研究和分析,并将有关内容绘制成描述现行系统的各种图表,以便在短时期内对现行系统有全面细致的了解。

5.1.2 调查方法

系统调查的目的是要获得完整详细的现行系统的真实写照,得到现行系统的"具体模型"。系统调查的过程就是运用各种方法使现行系统的组织结构、管理功能、业务流程、数据流向等信息在系统分析人员头脑中再现的过程,并在书面文件中表现出来。常用的系统调查方法有以下几种。

1. 系统调查表

系统调查表由问题和答案两部分组成,问题由主持调查工作的系统分析人员列出,答案主要由被调查单位的人员给出。被调查人员选择答案的方式主要有 3 种。

(1) 系统分析人员已经列出了问题的若干可能的标准答案,选择最适合于被调查单位的答案即可。这种问题一般是比较明确的问题,如采用何种方法计算机器设备的折旧?

(2) 问题是向用户了解一个不确定的因素,可能的答案比较广泛,用户必须根据本单位的具体情况做出明确的答复。例如,账户月发生额最大值为多少? 随着不同单位的生产规模、业务量的不同,账户月最大发生额显然是不会相同的。

(3) 问题是要求用户提供某些资料。例如,要求用户提供现行系统中各种账、证、表的格式,要求用户给出成本核算流程图。

如表 5-1 所示为一张典型的会计凭证调查表。

表 5-1 会计凭证调查表

填表日期：	填表单位：	填表人：

调查内容：

本单位据以登记明细账、总账的凭证包括哪些？请将每一种凭证的格式附在表后。

本单位会计分录为多借多贷时，最多借贷数目为多少？

最长摘要约为多少汉字？

……

系统分析人员意见：

审核人：	审核结果：

系统调查表通过问答形式把系统调查人员和用户联系起来。利用系统调查表进行调查有下列优点。

（1）减轻被调查单位的工作负担。被调查单位可以利用工作间隙填制该表，不必和调查人员一起利用大量连续的工作时间进行调查。因此，这种调查方法对现行系统的连续性工作影响小，不至于因系统调查给被调查单位增添很多工作量和麻烦。

（2）方便系统调查人员。如果系统调查人员离被调查单位较远，则可用邮寄方式或电子邮件等方式进行调查，降低了调查成本。

（3）便于形成现行系统的"具体模型"。用系统调查表法进行调查，直接得到了调查的书面资料,将所有的调查表格集中在一起,就是现行系统的真实写照。

(4) 得到的调查结果系统、全面。系统调查人员在编制系统调查表时,一般已充分考虑了各种情况,如果问题本身提得全面而明确,那么得到的答案势必完整而全面。

用系统调查表进行调查,最大的困难在于设计调查表的各种问题。如果问题设计得不明确或不全面,那么得到的调查结果就会不明确、不完整。所以把问题提得全面、易懂、明确,是设计调查表应遵守的基本原则。设计调查表的人员必须有业务和计算机两方面的知识,且必须具有开发管理信息系统的丰富经验。

用户回答系统调查表应做到及时、准确、完整、真实,不及时填制调查表就会影响新系统的开发进度;问题回答不准确、不完整或不真实,就会造成假象,不利于系统分析人员从"具体模型"分析推导出系统的"逻辑模型",也就不可能设计出高质量的管理信息系统。

2. 访问有关人员

代之以系统调查表,可以通过对现行系统有关的人员直接访问,获取有关现行系统的详尽资料。为了保证每次访问都能得到足够多的信息,系统调查者应做到以下几点。

(1) 必须明确每次访问的任务,做到有的放矢。必须列出访问计划,以防止访问过程中提不出问题。

(2) 访问对象必须选得准确。应选对访问任务最了解、对建立新系统最有信心的人员作为被访问的对象。

(3) 要注意访问的方式。要友善和善于引导,不要让被访问者觉得是在被审问,应让被访问者感到是在和他(她)共同探讨,甚至让他(她)觉得是在发挥他(她)的专长,提供各种意见是他(她)感兴趣的事。

(4) 要及时做好访问记录,并在访问完毕后加以归纳整理,使之文档化,最终形成一整套系统调查资料。

直接访问有关人员,可以了解到一些系统调查表所不能得到的信息,特别是管理人员对建立新系统的看法,往往会溢于被访问者的言表。

3. 考察并参与现行系统

对于没有管理知识或初次开发管理信息系统的人,使用前两种方法进行调查,往往会使调查的广度和深度受到限制,使系统分析和系统设计不能建立在正确的基础上,导致建立的新系统不能适应实际需要。最好的调查方法就是考察并参与现行系统的实际工作,使调查人员学会现行系统的工作原理,充分了解现行系统的特性。当然,调查人员还必须在实践的同时,从书本上学习有关的管理知识,加快系统调查的步伐。

用这种调查方法还可以证实其他调查方法所调查内容的正确性和真实性。

4. 开会讨论

管理中的有些问题常涉及众多的人员,通过开征询会、讨论会的方式往往能有利于尽快地弄清这些问题的来龙去脉,把握住问题的本质。在深度调查和征询有关人员对建立系统的看法时,开会讨论的调查方法更能发挥作用。

应该说,不同的调查方法有不同的侧重点和适用面,实际工作中应结合具体情况,综合采用各种方法,完成调查任务。

5.2 可行性研究

可行性研究(Feasibility Study)也称可行性分析,是所有工程项目在开始阶段必须进行的一项工作,是对系统进行全面、概要的分析。它的主要目的是进一步明确系统的目标、规模与功能,对系统开发的背景、必要性和意义进行调查分析,并根据需要和可能提出拟开发系统的初步方案与计划。此项活动开始时,要对初步调查的结果进行复审,重新明确问题,对系统大致规模和目标及有关约束条件进行论证,并且提出系统的逻辑模型和各种可能的方案,对这些方案进行可行性研究分析,从而为确定系统开发项目的决策提供科学依据。

可行性研究是系统开发的第一阶段,它对系统是否可行的问题进行探讨和研究,从而确定系统是否值得开发及是否有能力开发此系统。这个阶段的工作对系统的成败是至关重要的,如果对系统目标与系统功能不做认真的调查与分析,在系统需求、信息来源和可行性等基本问题没有确定的前提下,就进行大量的系统设计与程序设计工作,最终可能导致系统无法满足用户要求,浪费大量的人力、物力,拖延开发的进度。

在进行新系统的可行性研究之前,首先要确定新系统的目标。

5.2.1 新系统目标

新系统目标是新系统建立后所要求达到的运行指标。正如新产品设计初期需要提出设计性能指标一样,新系统开发初期也要提出目标,它是进行可行性研究、系统分析与设计,以及系统评价的重要依据。

信息系统的目标具有以下重要特性,因此,在考虑具体系统的具体目标时,应该予以注意。

(1) 目标的总体战略性。信息系统的目标是整个系统全局性努力方向,是各个子系统发挥作用共同配合才能达到的。它影响和指导着整个系统的分析、设计、实施和应用,对系统生命周期起着重要的作用。

(2) 目标的多重性。信息系统的目标不是单一的,是多方面的。一般情况下,系统目标是一组目标体系,可以分解为树形的层次结构,但是这些目标也有差异性,要根据实际需要区别对待,并有主次顺序。

(3) 目标的依附性。信息系统的目标不是凭空想象孤立制定的,它依附于现行系统的战略目标。根据现行系统目标和功能,找出其薄弱环节,才能进一步推导和发展,提出新系统的目标和功能。

(4) 目标的长期性。通常信息系统的目标是需要长期努力才能达到。因此,要根据资源条件、开发力量和环境条件等分期、分批、分阶段实现。

(5) 目标的适应性。信息系统是在外部环境中运行的,当环境变化时,系统的功能和信息也将发生变化。为了使系统有良好的适应性,首先要求其目标具有良好的适应性。

根据以上特点,新系统目标应该充分体现系统最高的战略目标、发展方向和基本特点,直接为主要任务服务;应该反映系统的发展规律,对系统分析、设计、实施、运行和维护均有重要指导意义。此外,新系统目标要与现行系统的各项基本功能密切相关,应该是可分期分批实现的,具有效益性和适应性,并富有挑战性和号召性,能鼓舞人们为它的实现而努力奋斗。

系统开发人员在充分调查研究的基础上,根据现行系统的目标、功能等具体情况和存在的薄弱环节,考虑用户多方面意见和要求后,与用户反复讨论,统一思想,提出初步的新系统目标。这个目标必须符合总体目标的要求——即各个子系统的分目标,必须符合上层系统的总目标。

不同系统的目标具体提法各不相同,但是可以归纳为以下几个方面。

(1) 节省成本和日常费用开支。

(2) 提高工作效率和减轻劳动强度。

(3) 提高信息处理速度和准确性。

(4) 提高系统的安全性、可靠性、可控性。

(5) 提供各种新的处理功能和决策信息。

(6) 为服务对象提供更多的方便条件。

(7) 其他改进及有利方面。

5.2.2 可行性研究范畴

新系统开发可行性包括可能性和必要性,二者是相辅相成的,缺一不可。例如,某个单位的领导对现行系统感到满意,对计算机辅助管理并不感兴趣,那么,即使系统的开发在该单位是可能的,但没有必要性,也是不可行的。

不是所有的组织都具备计算机应用与管理的条件,因此,要在现行系统调查研究的后期再进行可行性研究。通常,可从以下3个方面着手。

1. 技术方面

根据新系统目标,衡量所需要的技术是否具备,如硬件、软件和其他应用技术,以及从事这些工作的技术人员的数量及水平等。

硬件方面主要考虑计算机的内存、功能、联网能力、安全保护设施,以及输入、输出设备。外存储器和联网数据通信设备的配置、功能、效率等。系统软件方面应考虑操作系统、编译系统、数据库管理系统等配置及功能等。应用软件方面则要考虑是否有现成的软件包或自己是否有能力编制有关程序。当然,这里讨论的技术必须是已经普遍应用并有现成的产品,而不是待研究或正在研究的。

系统开发的技术力量不仅要考虑数量,更重要的是质量,以及在近期内可以培养和发展的水平。

2. 经济方面

估算新系统开发所需要的投资费用和将来的运行费用,并同估计的新系统收益进行比较,看是否有利。

投资和运行费用包括以下几项。

(1) 设备费用:计算机硬件、软件、外设、电源、机房、空调等费用,购入的应用软件及其他设备费用等。

(2) 人员费用:全部系统开发人员、操作人员,维护人员的所有工资支出和培训费用等。

（3）材料费用：调试和运行系统的正常开支，如打印纸、卡片、软盘、机时费、水费、电费、各种设备的维护费等。

（4）其他费用：不属于以上所列费用的一切开支。例如，由于工作方式改变需要增加的其他开支，通常为了保证新系统运行的可靠性，要求手工和计算机处理在较长时间内并存。

在费用估算时，往往会出现低估现象，因为很多意外因素会使费用大大增加，所以还应将预算费用再增加一定比例。

收益的估计更加困难和复杂，因为有些指标则是不可计算的，收益包括：

（1）节省人力，减轻劳动强度。

（2）降低成本和其他费用。

（3）改进薄弱环节，提高工作效率。

（4）提高数据处理的及时性和准确性。

（5）其他各种有利方面。

有时，有些收益不能从本系统直接体现，但在可行性研究时也应考虑。例如，图书馆的情报检索系统，为读者寻找资料创造了极为方便和高效的服务条件。由于及时、全面地提供了有用的文献资料，使国家重大科研项目能既快又好地完成，因此，该系统的收益还体现在对国家的巨大贡献方面。对于这类系统，如果只考虑本系统收益，有时可能是不值得做、亏损的，所以可能会导致错误的结论。值得注意的是，在收益的估计时，往往会出现高估现象，因为用户的实际收益取决于用户的应用水平。例如，有的系统能提供很多及时准确的决策信息，但用户没有很好地利用，因此就不能达到预期的效果。

3. 组织管理方面

评价新系统运行的可能性及运行后所引起的各方面变化（组织机构、管理方式、工作环境等），将对社会或人的因素产生影响。例如，以计算机处理为基础的某信息系统建成后，可以替代很多管理人员的人工劳动，所以要考虑他们的工作安排问题，否则将引起消极抵触情绪。此外，新系统对现行组织机构的影响，现行系统人员对新系统的适应性，以及对现有人员的培训、补充条件、对环境的影响等，都是可行性研究的重要考虑因素。这方面的可行性很重要，它会直接影响新系统的正常运行，但是容易被忽略。

在对几种方案的3个方面的可行性作分析比较后，最后要写出新系统开发的可行性研究报告。如果可行性研究通过，则可进入系统分析工作，如果某些条件不成熟，则要创造条件，增加资源或改变新系统目标后，再重新进行可行性论证；如果可行性研究结果完全不可行，则系统开发工作必须放弃。

5.2.3　可行性研究报告

在可行性研究论证工作中，应写出书面的可行性研究报告。可行性研究报告的格式如下。

1. 可行性研究的前提

（1）说明对所建议开发的软件的基本要求，如功能、性能、输入输出、完成期限等。

（2）说明欲开发系统的主要开发目标，如人力与设备费用的减少、处理速度的提高、管理信息服务的改进、人员利用率的提高等。

2. 对现行系统的分析

对现行系统的分析,其内容包括以下几项。

(1) 现行系统的处理流程和数据流程。

(2) 工作负荷。

(3) 费用开支。

(4) 人员与设备。

(5) 现有系统不足之处。

3. 所建议系统

(1) 对所建议系统的说明。

(2) 处理流程和数据流程。

(3) 应改进之处。

(4) 建立了所建议的系统后,预期带来的影响。

(5) 技术条件方面的可行性。

4. 可选择的其他备选系统方案

说明各个可选择的备选方案,并说明它们未被选中的原因。

5. 投资及效益分析

(1) 列出基本建设投资、其他一次性支出、非一次性支出等项的开支费用。

(2) 列出一次性收益、开支的缩减、价值的增升等收益。

(3) 算出收益/投资比和投资回收期,并对一些关键性因素进行敏感性分析。

6. 社会因素方面的可行性

(1) 法律方面的可行性。

(2) 使用方面的可行性。

7. 结论

在进行可行性研究报告的编制时,必须有一个明确的研究结论。这个结论可以是:

(1) 可以立即开始后面的开发工作。

(2) 需要推迟到某些条件(如资金、人力、设备等)落实之后才能开始进行。

(3) 需要对开发目标进行某些修改之后才能进行。

(4) 不能进行或不必进行(如因技术不成熟、经济不合算等)。

可行性研究报告书须经用户、业务人员和同行专家评审认可,方能以可行性研究报告为依据,转入下一阶段(系统分析)的工作。

5.3 结构化分析方法

在结构化分析阶段,系统分析人员与用户一起在对现行系统进行充分调查和需求分析的基础上,深入研究现行系统的各项活动和工作内容以及用户的需求,并借助于一系列的分析技术与图表工具描述新系统的总体逻辑方案,经过与用户反复交流和讨论分析,不断修改、完善和优化,从而设计出用户比较满意的新系统逻辑模型。

5.3.1 结构化分析方法的基本思想

结构化分析方法不需要使用计算机人员的专门术语和符号,而是用一种管理人员、系统开发人员均能接受的、结构层次清晰、严密的模型作为分析工具。

结构化分析方法(Structured Analysis)是在 Dijkstra 等人提出的结构化程序设计思想基础上发展而来的一种系统开发方法。它吸取了以前在系统开发中的经验教训,提出系统化、结构化和自顶向下的开发方法,对信息系统的发展起到了巨大的推动作用。但随着时间的推移,它也逐步暴露出很多问题,新的开发方法也不断提出。但纵观这些新的方法,它们中的一些基本思想还是来自于结构化思想。所以迄今为止,结构化系统分析和设计还是系统开发中被采用的主要方法。

结构化分析方法的基本思想是:用系统的思想和系统工程的方法,按照用户至上的原则,自顶向下,由粗到细,逐步进行系统分析。

通过采用自顶向下的分解方法,把一个复杂的系统逐级向下分解成尽可能独立的子系统、模块、子模块等,使用户不但对系统有一个总体概念,而且对那些具体的、局部的组成也有一个深刻了解,因而能够参与评审和提出意见。

结构化分析主要是借助数据流程图和数据字典这两个工具进行分析的。数据流程图是从业务处理流程图抽象出与具体的处理环境(计算机硬件系统、软件系统特别是所用语言等)无关的、抽象的处理逻辑模型,其底层图反映的内容与业务处理流程图几乎是一样的,因而在某种程度上可替代业务处理流程图。

5.3.2 结构化分析方法的特点

结构化分析方法能够长期被人们接受并采纳,主要是因为它有以下特点。

1. 强调用户自始至终的积极参与

在系统分析阶段,用户始终积极参与,使用户可以更多地了解新系统,并随时从业务和用户角度提出新的要求。另一方面也可使系统分析人员能更多地了解用户的要求,更深入地调查和分析管理业务,使新系统更加科学、合理。

2. 注重整体分析,层层落实

按系统的观点,任何事情都是相互联系的有机整体。在分析时应首先站在整体的角度,将各项具体的业务或组织融合成一个整体加以考察,首先确保全局的正确,然后再层层分解进行解剖分析。

3. 强调系统的适应性

各种事物都是运动和变化的。同理,在进行系统分析时,要充分预料到可能会发生的变化,增强系统的适应性,以应付各种各样的变化。这些变化主要来自以下几方面。

(1) 系统外部环境的变化。例如,外部的组织机构发生了变化,将引起信息传递渠道变化;上级主管部门需要的信息发生变化,则引起输出和处理模块的变化。

(2) 系统内部处理模式的变化。例如,系统内部组织机构、管理方式和工艺流程的改变,必将引起数据的收集、输入以及处理方式的变化。

(3) 用户要求的变化。随着时间的推移、问题的深入、技术的发展,用户的要求也会随之变化。

总之,发生变化的因素是多种多样的,系统分析时要严密注意和充分考虑到这些变化,以增强系统的适应能力。

4. 重视工作文件的标准化和文献化

在结构化系统分析中,多采用规范化的图表和文字来记载这些分析结果。这些资料要有专人保管,要建立一套管理、查询制度。

5.4 数据流程图

数据流程图是新系统逻辑模型的主要组成部分,能精确地在逻辑上描述新系统的功能、输入、输出和数据存储等,而摆脱了所有的物理内容。

结构化分析方法的基本手段是逐层分解,而数据流程图则是描述分解的基本手段。数据流程图是运用"数据流"、"文件"和"加工"等概念来描述信息处理系统的各个处理以及各个处理之间的信息传递关系,从而直观地反映出信息系统的各个组成部分及各部分之间相互联系的一种图示。

5.4.1 数据流程图的组成

数据流程图中有 4 个基本元素,分别是数据流、文件、加工和数据流源点或终点,为了叙述方便,下面用不同的符号代表这 4 个元素。

→：表示数据流。

＝：表示文件(数据存储)。

○：表示加工。

□：表示数据流的源点和终点。

如图 5-1 所示为一个简单的数据流程图。

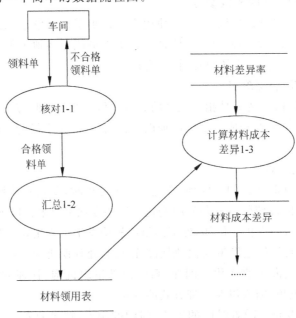

图 5-1　简单数据流程图实例

1. 数据流

数据流由一组固定成分的数据所组成,直观地反映了系统各部分之间的信息传递关系。数据流的流向大致有以下几种。

(1) 从加工流向加工,即作为前一个加工的处理结果,又输入给下一个加工进行处理,如图 5-1 中从加工"核对"流向加工"汇总"的领料单。

(2) 从加工流向文件,即作为加工的结果,暂存在文件中,如图 5-1 中从"汇总"流向文件"材料领用表"的数据流。

(3) 从文件流向加工,即从文件里流出,作为加工的输入,如图 5-1 中的从文件"材料领用表"流向加工"计算材料成本差异"的数据流。

(4) 从源点流向加工,即从信息的产生地流向加工站,作为加工的输入,如图 5-1 中从源点"车间"流到加工"核对"的领料单。

(5) 从加工流向终点,即数据流作为加工结果送到接收地,如图 5-1 中从加工"核对"流向终点"车间"的领料单。

数据流程图中流动的是实实在在的数据,而不是程序框图中通常画的那种控制流。二者的区别是数据流上只有数据流过,而控制流上没有数据流动。

2. 加工

加工是对数据流的一种处理。当数据流通过某个"加工站"时,它的所有数据都将被处理,如图 5-1 中的核对、汇总、计算等。当数据流流出这个"加工站"时,它的数据都会发生变化,或是数值变化,或是性质变化。加工的作用就是要实现这一变化。图 5-1 中,领料单从源点"车间"流到第一"加工站"进行核对,核对结果将有问题的领料单退给"车间"。将准确的领料单送到第二"加工站"进行汇总。汇总的结果是产生"材料领用表"文件。然后,根据"材料差异率"和"材料领用表"文件,计算材料成本差异,得到"材料成本差异"文件。从"车间"发出的领料单到"材料成本差异"经过了 3 个加工:核对、汇总和计算材料成本差异。数据流程图中"加工"这一基本元素是信息处理系统的关键部分。只有经过加工,信息才能发生变化,才能更新,才能创造出新的更有价值的信息。前面的例子中,领料单经过"汇总"加工后得到"材料领用表",信息进行了综合。再将"材料领用表"与"材料差异率"结合起来计算出"材料成本差异",又进一步产生了新的信息。

3. 文件

文件是相关数据的逻辑集合。当某一数据流被加工处理后,若暂时不需要转到下个"加工站"进行处理时,往往先将它存到文件中,待处理时再提取。例如,会计账务处理系统中,日常发生的某一张记账凭证是不能直接用来填制报表的,而应先将这张凭证存到有关的文件中,到月底再与其他凭证一起经过一定处理后生成报表。

在读、写文件时要注意数据流的方向。当加工要从文件里读数据时,数据流是从文件流向加工的,当加工写入或修改文件时,数据流则从加工流向文件。例如,前面的例子中,加工"汇总"后写入"材料领用表"文件,所以方向指向文件;但加工"计算材料成本差异"需读"材料领用表"文件,所以方向便从文件指向加工。

4. 数据流源点和终点

数据流源点是信息系统的数据来源地,终点是数据流的目的地。数据流源点和终点都是存在于信息系统之外的。例如,会计账务处理系统输出的报表,要报送到上级主管部门、开户银行和财税部门等。这些部门对会计账务处理系统来说是数据流的终点。

由于数据流源点和终点对信息处理过程没有多大影响,所以在画数据流程图时可以不必考虑它们。另外需注意的是,对数据流程图中的每一个"数据流"、"加工"和"文件"都必须给予适当的名字(但从文件流出或流入文件的数据流不必命名了,因为文件名称本身已反映出了数据流的含义)。

5.4.2 数据流程图的画法

数据流程图是分解复杂信息系统的一个基本手段。它的方法是"由外向里"分析问题,即先考虑外围情况,弄清楚系统的输入、输出要求,然后再深入内部处理,这样步步剖析就可以画出系统的数据流程图。下面分两步来讨论数据流程图的画法。

1. 画系统的输入、输出

输入、输出是整个信息系统较容易确定的部分,根据用户的要求,先决定系统应该完成哪些功能,输出什么信息,然后再分析要得到这些输出信息,系统至少要对哪些数据进行加工。这样就能决定系统应该从外界接受什么数据和向外界提供什么信息。虽然这时考虑的输入、输出数据可能会冗余或遗漏,但随着问题的深入可以逐步检查出来。例如,对于会计信息系统来说,输入一般是各种凭证,而输出则是各种账表,画图如图 5-2 所示。

图 5-2　账务处理系统顶层数据流程图

2. 画系统的内部

有了输入、输出后,就可以考虑系统的内部了。首先将系统内部划分成几个主要操作并编号,暂不考虑每个操作的内部情况,然后将每个操作看成是一个加工,接着分析每个操作的任务,决定它们的输出、输入信息,再用数据流与文件将这些相关的加工连接起来,最后进行适当的补充,如此一层数据流程图就画成了。

例如,某企业采用科目汇总表记账程序,我们先将该记账程序划分成几个主要操作:编制记账凭证,登记银行存款、现金日记账,登记明细账,编制科目汇总表,登记总账,编制报表。其次,将每个操作看成是一个加工,分析其输入、输出信息,将其整理后如表 5-2 所示。

表 5-2　财务处理系统的主要加工条目

加 工 名	输 入	输 出
编制记账凭证	原始凭证	记账凭证
编制科目汇总表	记账凭证	科目汇总表
登记银行存款、现金日记账	收、付款凭证	银行存款、现金日记账
登记明细账	原始凭证、记账凭证	明细账
登记总账	科目汇总表	总账
编制报表	总账和明细账	各种报表

接着,用适当的数据流与文件将它们连接起来。考虑到原始凭证需要审核,总账与明细账、日记账之间需进行核对,所以应增加 3 个"加工":审核原始凭证、总账与明细账核对、总账与日记账核对,如图 5-3 所示。

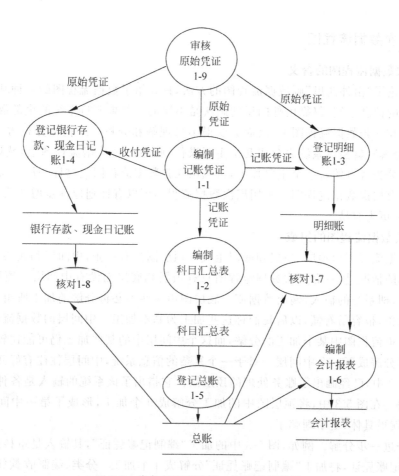

图 5-3 账务处理系统第一层数据流程图

对于某个加工,同样可以运用由外向里的分解方法,先画加工的外部,再画加工的内部处理,即考虑加工的输入、输出数据流,最后考虑加工的具体操作。

3. 应注意的几个问题

(1) 合理命名,准确编号。数据流程图中的每一个数据流、文件、加工的名字应该能表达其含义,给人以直观的印象。对加工命名至少要有一个动词,最好是由动宾结构组成,既能反映加工的内容,又能反映加工的对象。另外,还要对加工进行编号。

(2) 保持数据守恒。数据守恒是指加工的输入、输出数据流是否匹配,也就是每一个加工既有输入数据流又有输出数据流,即一个加工必须至少有一个输入数据流和一个输出数据流。

(3) 数据流至少有一端连接着加工。数据流不能从外部实体直接传送到文件,也不能从文件直接传送到外部实体。

(4) 在整套数据流程图中,每个文件必须既有读的数据流,又有写的数据流。但是在某张子图中,可能只有读的数据流没有写的数据流,或者只有写的数据流没有读的数据流。

5.4.3　层次数据流程图

1. 层次数据流程图的含义

前面讨论了"由外向里"画数据流程图的方法,只介绍了数据流程图的一种基本画法,对于一个复杂的信息系统,仅靠由外向里的画法是不够的。如果要将系统的全部数据流、文件和加工都画在一张数据流程图上,反而会变得不易理解和分析。结构化分析方法的基本思想是"逐层分解",就是将系统先分成几个主要操作,画在一张数据流程图上,然后再将每个主要操作细分为各自的若干个主要加工,再画出几张数据流程图。这样一层一层分解下去,即构成了一套层次数据流程图。采用层次数据流程图可以有计划地逐步增加系统的处理细节,理解起来更为容易。

2. 层次数据流程图的组成

层次数据流程图由顶层、中层和底层组成。顶层图只有一张,中间层和底层可各有若干张。最简单的情况是,一套层次数据流程图只有顶层和底层而没有中间层。顶层图描述了系统的边界,即系统的输入、输出数据流。底层图由一些不必再分解的加工所组成。这些加工已非常简单,很容易看懂,以后我们称这些加工为基本加工。中间层的数据流程图描述了其上一层数据流程图中某个加工的分解,而这个中间层中的某些加工仍可能比较复杂,所以有可能会再分解成下一个中间层。对于一个复杂的信息系统,中间层往往有好几层。

在图 5-2 中,已经画出了账务处理的顶层图。它指出了该系统的输入是各种凭证,输出是各种账表。在图 5-3 中,将顶层图中的加工分解成 9 个加工,形成了第一中间层,它同顶层图相比,就更具体、更易理解了。

现在来进一步分解。例如,图 5-3 中的加工"编制记账凭证",其输入是审核后的原始凭证,输出是记账凭证,将加工"编制记账凭证"分解成 4 个加工:分类、编制收款凭证、编制付款凭证、编制转账凭证,如图 5-4 所示。

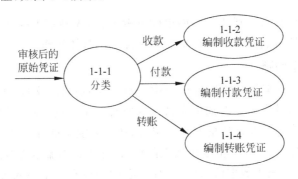

图 5-4　二层数据流程图(编制记账凭证)

图 5-4 是第二中间层,是 1-1 号加工的分解图。我们还可以对图 5-4 中的几个加工进行再分解。例如,对加工"编制收款凭证"可以分解为如图 5-5 所示。

图 5-5 是 1-1-2 号加工的分解图,它已经是底层数据流程图了。同样,还可以对其他加工进行再分解,直到底层图。

如此即可得到一套层次数据流程图,它使信息系统逐步地由抽象变得具体、丰富起来。

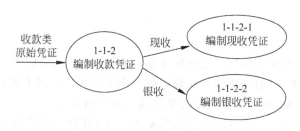

图 5-5 三层数据流子图

3. 画层次数据流程图应注意的问题

假设有两张数据流程图,它们是甲和乙,其中乙图是甲图中某个加工的分解图,则称甲图是乙图的父图,称乙图是甲图的子图。同时称甲图中被分解的那个加工为乙图中每个加工的父加工,称乙图中的每个加工为甲图中被分解的那个加工的子加工。

例如,图 5-4 是图 5-5 的父图;图 5-5 是图 5-4 的子图。加工"编制收款凭证"是图 5-5 中每个加工的父加工;而图 5-5 是"编制收款凭证"的子加工。

画层次数据流程图时应注意的问题如下。

(1) 子加工的编号。因为子图中每个加工是相应父图中某个加工的再分解,为了在数据流程图中能清楚地看到这种关系,应该在给子加工编号时,考虑以父加工的编号作为子加工编号的一部分。例如,上例中父加工"编制收款凭证"被分解为两个加工 1-1-2-1 和 1-1-2-2,每个加工的编号都包含了它们的父加工 1-1-2。

一般情况下,每个子加工的编号由 3 个部分组成,依次是:父加工号、连接号(这里用"-"表示)、局部号。局部号是指子图中每个子加工的相对编号,父加工号仍可以由父加工号、连接号和局部号所组成。这是因为在层次数据流程图中,父加工、子加工等都是相对而言的。例如,加工"编制现金收款凭证"的编号是 1-1-2-1,由父加工号 1-1-2、连接号"-"和局部号 2 所组成,其中的父加工号 1-1-2,又由父加工号 1-1、连接号"-"和局部号 2 所组成。父加工 1-1 又由父加工号 1、连接号"-"和局部号 1 所组成。

有了这样的编号后,每个加工都有自己的编号,而且是唯一的,因此可以用某个加工的编号来代替它的名字。经过这样编号后,我们就能知道,每个子加工在层次数据流程图中的位置,即处于哪一层,是第几个加工等。另外,还可以从子加工号推出其父加工的位置,如子加工 1-1-2-2 的父加工是在第三层上的相应数据流程图中的第二个加工。

(2) 父加工与子图的数据一致性。所谓父加工与子图的数据一致性,是指在层次数据流程图中,父加工的输入数据流必须与相应子图的所有输入数据流一致。父加工的输出数据流必须与相应子图所有输出的数据流一致。

如果子图中某些输入或输出的数据流比父加工中描述得更详细,那么这个子图不仅是在对父加工进行分解,而且同时在对数据流进行分解,这是允许的,而且是很准确的。进行这种分解,必须对数据流的组成有足够的了解,否则很容易出错。例如,加工"编制收款凭证",输出是收款凭证。但在其子图里,输出被分解成银行收款凭证和现金收款凭证。从表面上看似乎两者不等,但从数据流的组成来看,两者是一致的。因为收款凭证包括银行收款凭证和现金收款凭证。

5.5 数据字典

数据流程图描述数据流和加工之间的关系,勾勒出了系统的框架。其中,数据流、数据存储的数据结构和"加工"的具体描述在数据流程图上是无法看出来的。而这些细节对理解和表达系统却十分重要,数据字典就是为描述这些细节而建立的。

对数据流程图中的每个成分一一给出精确的定义,并将所有成分的定义按一定次序排列起来,便组成了数据字典。

5.5.1 数据字典的组成

一部数据字典主要由以下 4 种条目组成。

1. 数据项

数据项(Fields)又称为数据元素,是最小的、不可再分割的数据单位。数据项由数据项名、类型、长度、取值范围 4 部分组成。

例如,数据项"凭证号"条目如下:

```
数据项名:凭证号
类型:数值
长度:5 位
取值范围:1～99999
```

2. 数据流

数据流(Data Flow)条目说明数据流是由哪些数据项组成,以及数据在单位时间内的流量、来源、去向等。其使用符号规定:"十"表示和,"｜"表示选择,"{ }"表示重复,有时括号旁可加重复次数的界限。

数据流条目由名称、组成、流量、来源、去向 5 部分组成。

例如,数据流"银行对账单"如下:

```
数据流名:银行对账单
组成:月份＋日期＋银行支票＋金额
流量:30 张/月,每张约 50 笔数据
来源:开户银行
去向:银行对账处理
```

3. 加工

加工(Data Processing)又称为处理逻辑或数据处理,是数据字典中的主要成分。加工条目由加工名、输入数据、输出数据、加工逻辑 4 部分组成。

例如,加工"工资分配"如下:

```
加工名:工资分配
输入数据:工资结算单
输出数据:工资费用分配表
加工逻辑:各车间根据工资结算单,按产品的种类或批
别,分别分配管理人员工资和生产工人工资,并按比例计
提福利费
```

4. 数据存储

数据存储(Data Store)常以文件的形式存储。文件条目由文件名、组成、存储方式、存取频率4部分组成。

例如,"凭证文件"如下:

```
名称及编号:凭证文件
组成:日期+凭证号+摘要+科目编号+凭证类别+借方
金额+贷方金额+支票号+对账金额+对账证号+
银行号+输入员
存储方式:顺序
存取频率:30 次/天
```

5.5.2 加工条目的说明

描述数据字典中的加工条目并不是件轻而易举的事。受表达能力的限制,这种描述多有含糊不清之词;对于较复杂的加工条目,用语言文字也难以表达,因此需借助于其他描述工具。

目前较常用的描述加工条目的工具有以下几种。

1. 结构式语言

结构式语言是一种介于自然语言与程序设计语言之间的语言。它由程序设计语言的框架(即允许3种基本结构:顺序结构、分支结构、循环结构)和自然语言的词汇(如动词、名词和程序设计语言的保留字)组成,其语言易于编写,又能简明地描述较复杂的加工条目。

结构式语言中所使用的语句,有简单的祈使语句、判断语句、循环语句和复合语句。其中最典型的是复合语句。复合语句是一种复合结构,即3种基本语句之中还可以嵌套任何一种基本语句,以便描述复杂的加工条目。例如,"计算工资"的加工可用结构式语言表示如下:

```
如果 工龄≥30 年
  如果 基本工资<1500
    基本工资 = 基本工资 + 200
  否则
    基本工资 = 基本工资 + 220
否则(工龄<30 年)
  如果 基本工资<= 1500
    基本工资 = 基本工资 + 180
  否则
      基本工资 = 基本工资 + 190
```

2. 判定表

所谓判定表是指用表格形式,根据某些条件来描述一个加工。对一个复杂的加工,往往很难用自然语言来表达,或者表达出来也不太好理解。

例如,某单位招聘考试需要考核数学、英语、计算机这3门课程,其录取规则是:①总分240分以上(含)录取。②总分在240分以下(不含),180分以上(含)的,如果数学和英语成绩均在 60 分以上(含),需要参加面试;如果数学或英语中只有一门成绩在 60 分以下(不含)的,需复试该课程后再决定是否录取。③其他情况不录取。用判定表来描述这个录取过程,如表 5-3 所示。

表 5-3　判定表

决策规则号		1	2	3	3	4	5
条件	总分≥240 分	Y	N	N	N	N	N
	总分<180 分	N	Y	N	N	N	N
	数学≥60 分	—	—	Y	Y	N	N
	英语≥60 分	—	—	Y	N	Y	N
结果	录取	√					
	参加面试			√			
	复试该课程				√	√	
	不录取		√				√

判定表的特点是直观,它将加工对象、加工算法及加工结果全部表达在一个表中,一目了然。

3. 判定树

判定树就是以树图形式来描述一个加工。它的本质基本上与判断定表相同,同判定表相比,判定树显得更加形象。下面用判定树来描述上例的单位招聘录取规则,如图 5-6 所示。

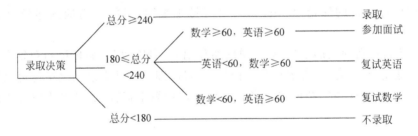

图 5-6　判定树

在实际工作中,加工条目经常用多种方式描述。在管理信息系统中,以自然语言为主,辅以判定表或判定树。

至此,我们已讨论了数据流程图的画法,以及数据字典及加工说明的定义和描述方式。一套层次数据流程图中,数据字典和加工说明是结构化分析方法的主要成果,构成了系统分析说明书的主要部分。

5.6　建立新系统的逻辑模型

在现行系统逻辑模型的基础上,根据新系统的目标、功能、性能、接口、可靠性等指标,提出改进意见,以便确立新系统的逻辑模型。如何建立新系统的逻辑模型,可以从以下几方面进行分析。

5.6.1　分析系统目标

对可行性研究报告中提出的新系统目标进行再次考察,对项目的可行性和必要性重新考虑,并根据对系统建设的环境和条件的调查,修正系统目标,使系统目标适应组织的管理需求和战略目标。由于系统目标对系统建设具有举足轻重的意义,必须经过仔细论证才能修改。

5.6.2　分析业务流程

分析现行系统中存在的问题是为了在新系统建设中予以克服或改进。现行系统中存在的问题可能是管理思想和方法落后,业务流程不尽合理,也可能是因为计算机信息系统的建设为优化原业务流程提供了新的可能性,这时就需要在对现有业务流程分析的基础上进行业务流程重组,产生新的更为合理的业务流程。

例如,过去某工厂仓库由管理人员凭印象确定订货量,新系统改为根据各种备件的库存量和订货点来确定订货量。这时的信息处理流程就有了很大的变化。

业务流程分析过程包括以下内容。

(1)原有流程的分析。分析原有业务流程的各处理过程是否具有存在的价值,其中哪些过程可以删除或合并,原有业务流程中哪些过程不尽合理,可以进行改进或优化。

(2)业务流程的优化。原有业务流程中哪些过程存在冗余信息处理,按计算机信息处理的要求进行优化,流程的优化可以带来什么好处。

(3)确定新的业务流程。画出新系统的业务流程图。

(4)新系统的人机界面。新的业务流程中人与机器的分工,即哪些工作可由计算机自动完成,哪些必须有人员参与。

5.6.3　分析数据流程

数据流程是系统中信息处理的方法和过程的统一。由于现行系统中的数据处理是建立在手工处理或陈旧的信息处理手段基础上的,新的信息技术条件能为数据处理提供更为有效的处理方法。因而,与业务流程的改进和优化相对应,数据流程的分析和优化一直是系统分析的重要内容。数据流程分析的内容包括以下几点。

(1)原有数据流程的分析。分析原有的数据流程的各处理过程是否具有存在的价值,其中哪些过程可以删除或合并,原有数据处理流程中哪些过程不合理,可以进行改进或优化。

(2)数据流程的优化。原有数据流程中哪些过程存在冗余信息处理,可以按计算机信息处理的要求进行优化,流程的优化可以带来什么好处。

(3)确定新的数据流程。画出新的数据流程图。

(4)新系统的人机界面。新的数据流程图中人与机器的分工,即哪些工作可由计算机自动完成,哪些必须有人员参与。

5.6.4　绘制新系统的数据流程图

新系统的数据流程图是在以上分析过程中逐步完善的。这是一项需要经过多次反复的、去伪存真的细致工作。为了明确新系统的人机接口,还应在绘成的数据流程图上标明哪些部分由计算机完成,哪些部分由人工完成。

数据流程图虽然能对系统做出全貌性的描述,但并未对图中的数据流、处理和存储等元素进一步说明,为此需完善数据字典,并用工具描述比较复杂的加工逻辑。

5.6.5　提出新系统的逻辑模型

逻辑模型是新系统开发中要采用的管理模型和信息处理方法。系统调查、可行性分析都是为建立新系统的逻辑模型做准备。逻辑模型是系统分析阶段的最终成果,也是今后进行系统设计和实施的依据。逻辑模型的内容包括以下几项。

(1) 新系统的业务流程。这是业务流程分析和业务流程优化重组后的结果,包括原系统的业务流程不足及其优化过程、新系统的业务流程、新系统业务流程中的人机界面划分。

(2) 新系统的数据流程。这是数据流程分析的结果,包括:原数据流程的不合理之处及优化过程、新系统的数据流程、新的数据流程中的人机界面划分。

(3) 新系统的逻辑结构,即新系统中的子系统划分。

(4) 新系统中数据资源的分布,即确定数据资源如何分布在服务器或主机中。

(5) 新系统中的管理模型。确定在某个具体管理业务中采用的管理模型和处理方法。

5.7　系统分析报告

系统分析阶段的成果就是系统分析报告,反映了这一阶段调查分析的全部情况,是下一步设计与实现系统的纲领性文件。系统分析报告形成后,必须组织各方面的人员(包括组织的领导、管理人员、专业技术人员、系统分析人员等)一起对已经形成的逻辑方案进行论证,尽可能地发现其中的问题、误解和疏漏。对于问题、疏漏要及时纠正,对于有争论的问题要重新核实当初的原始调查资料或进一步地深入调查研究,对于重大的问题可能需要调整或修改系统目标,重新进行系统分析。系统分析报告主要包括以下几项。

1. 概述

这一部分内容包括以下 4 项

(1) 建立信息系统的背景材料。

(2) 企业概况和组织结构。

(3) 可行性分析报告。

(4) 新系统的名称、目标和主要功能。

2. 现行系统详细调查

这一部分内容应包括 5 项。

(1) 现行系统目标、规模、界限。

(2) 现行系统具体模型分析。

(3) 现行系统逻辑模型分析。

(4) 用户要求分析。

(5) 存在的问题分析。

3. 新系统逻辑模型

这一部分内容包括以下 5 项。

（1）新系统目标。

（2）新系统逻辑模型。

（3）新系统功能分析。

（4）新系统数据分析。

（5）存在的问题。

4. 系统设计实施初步计划

这一部分内容应包括 4 项。

（1）工作任务的分解。

（2）时间进度计划。

（3）资源需求。

（4）经费预算。

思考题

1. 为什么要进行可行性研究？应该从哪些方面研究新系统的可行性？

2. 某银行拟开发计算机储蓄系统。储户填写的存款单由业务员输入系统中，如果是存款，系统记录存款人姓名、住址、存款类型、存款日期、利率等信息，并打印出存款单给储户；如果是取款，系统计算利息并打印出利息清单给储户。请对该系统的可行性进行分析。

3. 美国某大学共有 200 名教师，校方与工会刚刚签订了一项协议。按照协议，所有年工资超过 \$ 26 000 的教师工资将保持不变，年工资少于 \$ 26 000 的教师将增加工资。增加工资按下述方法计算：给每个由此教师赡养的人（包括教师本人）每年补助 \$ 100，此外，再根据教师的工龄，每一年工龄再多补助 \$ 50，但是增加后的年工资总额不能多于 \$ 26 000。

教师的工资档案存储在磁盘上，档案中有目前的年工资、赡养人数、雇用日期等信息。需要开发一个系统，计算并打印每名教师的原有工资和调整后的新工资。要求：

（1）画出此系统的数据流程图。

（2）编制数据字典及加工说明。

4. 试比较结构式语言、判定表和判定树 3 种处理逻辑描述方法的优缺点。

第6章 系统设计

【学习目标】

- 了解系统设计的原则。
- 学会编制系统设计文档。
- 熟悉模块化设计的概念。
- 了解模块分解设计的基本原则。
- 掌握结构化设计的特点、原则。
- 熟悉如何根据系统逻辑模型所提出的要求,进行系统总体结构设计、代码设计、数据库设计等内容。

系统设计又称新系统的物理设计。所谓物理设计就是根据新系统的逻辑模型建立物理模型,即根据新系统逻辑功能的要求,考虑实际条件,进行各种具体设计,确定系统的实施方案,解决"系统怎么干"的问题。

系统设计的指导思想是结构化。结构化系统设计是指用一组标准的准则和图表工具,确定系统有哪些模块,用什么方式连接在一起,从而构成最好的系统结构。在这个基础上,进行各种输入、输出、处理和数据存储的详细设计。

6.1 系统设计的原则

系统设计的优劣直接影响新系统的质量及经济效益。系统设计应在保证实现逻辑模型的基础上,尽可能地提高系统的各项性能。系统设计应按以下几项原则进行。

6.1.1 系统的效率性

系统的效率是指系统的处理能力、处理速度、响应时间等与时间有关的指标。对于不同处理方式的系统,其工作效率有不同的含义。例如,在线实时处理系统的工作效率为响应时间(从发出处理要求至得到应答信号的时间),批处理系统的工作效率为处理速度(处理单个业务的平均时间)。对于一个实时录入、成批处理的事务处理系统,又常用处理能力(标准时间周期内处理的业务个数)来表现系统的工作效率。

一般来说,影响效率性的因素取决于:系统中硬件及其组织结构;人机接口是否合理;计算机处理过程的设计质量(如中间文件的数量、文件的存取方式、子程序的安排及软件的编制质量)等。

6.1.2 系统的可靠性

系统的可靠性指系统在运行过程中,抗干扰(包括人为的和机器的故障)和保证正常工作的能力。这种能力体现在工作的连续性和工作的正确性。系统的可靠性包括:检错、纠错能力,在错误干扰下不会发生崩溃性瘫痪,重新恢复及重新启动的能力,硬件、软件的可靠性及存储数据的精度等。

系统的平均无故障时间是衡量可靠性的一个指标。提高系统可靠性的途径主要有:①选取可靠性较高的主机和外部设备;②硬件结构的冗余设计,即在高可靠性的应用场合,应采用双机或双工的结构方案;③对故障的检测、处理和系统安全方面的措施,如对输入的数据进行校验,建立运行记录和监督跟踪,规定用户的文件使用级别,对重要文件的备份等。

6.1.3 系统的准确性

系统的准确性是指系统所能提供的信息准确程度。系统的准确性与系统硬件、软件的功能直接有关,此外也与编程质量、人工处理质量和效率等因素有关。

6.1.4 系统的可维护性

系统的可维护性是指系统易于理解、修改和扩充。由于系统环境的不断变化,系统本身也需要不断修改和完善。一个可维护性好的系统,各部分独立性强,容易进行变动,从而易于提高系统的性能,不断满足对系统目标的变化要求。此外,如果一个信息系统容易被修改以适应其他类似组织的需要,无疑将比重新开发一个新系统成本要低得多。

要提高系统的可维护性,在系统分析和设计的过程中,可采用结构化、模块化的方法。

6.1.5 系统的经济性

系统的经济性是指系统的收益应大于系统支出的总费用。系统支出费用包括系统开发所需的投资和系统运行、维护的费用之和,系统收益除有货币指标外,还有非货币指标。在系统设计时,系统经济性是确定设计方案的一个重要因素。

上述 5 个原则,在一定程度上既是互相矛盾又是相辅相成的。例如,为了提高可靠性而采取各种校验和控制措施,则会延长机器工作时间,降低工作效率或提高成本。从系统开发和维护的角度考虑,系统的可维护性是最重要的指标,只有可维护性好,才能使系统容易被修改以满足对其他指标的要求,从而使系统始终具有较强的生命力。

对于不同的系统,由于功能及系统目标的不同,对上述各项原则的要求会有所侧重。例如,对信息检索系统,响应时间是最重要的指标;而对银行系统,可靠性与安全性则是首要考虑的因素。

6.2 结构化设计

结构化系统设计是新系统开发的一个重要内容,是结构化系统分析和结构化程序设计之间的接口。结构化系统设计技术是在结构化程序设计思想的基础上发展起来的一种用于复杂系统结构设计的技术。它运用一套标准的设计准则和工具,采用模块化方法,进行新系统控制层次关系和模块分解设计,把用数据流程图表示的系统逻辑模型转变为用 HIPO 图或控制结构图表示的系统层次模块结构。结构化系统设计的核心是模块分解设计,模块化显著提高了系统的可修改性和可维护性,同时,为系统设计工作的有效组织和控制提供了方便条件。

6.2.1 模块及其层次分解

结构化设计方法的基本思想是以系统的逻辑功能设计和数据流关系为基础,根据数据流程图和数据字典,借助于一套标准的设计准则和图表工具,通过"自上而下"和"自下而上"的反复,逐层把系统划分为多个大小适当、功能明确、具有一定独立性并容易实现的模块,从而把复杂系统的设计转变为多个简单模块的设计。由于组成系统的模块彼此独立,功能明确,因此能够对模块进行单独的维护和修改,而不会影响系统中的其他模块。由此可见,合理地进行模块分解和定义,是结构化设计的主要内容。

1. 模块

(1) 模块的含义。所谓模块,是可以组合、分解和更换的单元,是组成系统、易于处理的基本单位。系统中的任何一个处理功能都可以看作是一个模块。

一个模块本身具有 3 种基本属性:一是功能,说明该模块实现什么;二是逻辑,描述模块内部如何实现要求的功能;三是状态,描述该模块的使用环境、条件及模块间的相互关系。

根据模块功能的具体化程度,可以把模块划分为逻辑模块和物理模块。在系统逻辑模型中定义的模块,如数据流程图上的"处理工资"、"处理订单"和"劳资统计"等处理功能都是逻辑模块。物理模块是一个特定逻辑模块的具体化,可以是一个计算机程序、子程序或程序段,也可以是一个人工过程的某项具体工作。

因为模块可以分解、组合,所以模块的大小是一个相对概念,要视具体的状态环境而定。一个复杂系统可以分解为几大模块(或子系统),每个大模块又可以分解为多个更小的模块。在一个系统中,模块都是以层次结构组成的,从逻辑上说,上层模块包含下层模块,最下层是工作模块,执行具体任务。

因为系统的各个模块功能明确,具有一定的独立性,所以可以方便地更换和独立进行设计。当把一个模块加到系统中或从系统中去掉时,只是使系统增加或减少了这一模块所具有的功能,而对其他模块没有影响或影响较少。正是模块的这种独立性,使得系统具有良好的可修改性和可维护性,同时,也是结构化设计的主要基础。

(2) 模块结构的图形表示。模块在模块结构图中用方框表示,方框内写上模块的名称。

模块的调用由从一个模块指向另一个模块的箭头表示,当后一个模块(被调用模块)执行完其功能后,再返回前一个模块(调用模块)。

模块间信息传递用带有小圆圈的有向线段○→表示,线段旁边写上信息的名称。传递的信息有两大类:一类是数据,另一类是控制标志,这时应画成●→。

模块有 3 种调用关系,即顺序调用、选择调用、重复调用。

2. 模块的层次功能分解图

作为系统逻辑模型主要组成部分的数据流程图,反映的是系统的概貌,确定了系统的逻辑功能。但数据流程图上的模块是逻辑处理模块,并没有说明模块的物理构成和实现途径。

另外,由于数据流程图本身的局限性,很难看出模块的层次分解关系。所以,在系统结构设计中,必须将数据流程图上的各个处理模块进一步分解,确定系统模块层次结构关系,从而将系统的逻辑模型转变为物理模型。下面介绍一种模块层次功能分解的重要技术——HIPO(Hierarchy Plus Input/Process/Output)图方法。

任何功能模块都是由输入、处理和输出 3 个基本部分组成(IPO 关系),HIPO 图方法的模块层次功能分解正是以模块的这一特性以及模块分解的层次性为基础,将一个大的功能模块逐层分解,得到系统的模块层次结构,而后再进一步把每个模块分解为输入、处理和输出的具体执行模块。通常,HIPO 图方法由 3 个基本图表组成。

(1)总体 IPO 图。实际上是数据流程图的初步分层细化结果,对最高层模块进行功能分解,并为其提供输入变量表、处理功能和输出变量表。

(2)HIPO 图。对顶层模块进行重复逐层分解,得到关于组成顶层模块的所有功能模块的层次结构关系图。

(3)低层主要模块的详细 IPO 图。由于 HIPO 图仅表示一个系统功能模块的层次分解关系,还没有充分说明各模块间的调用关系和模块间的数据流及信息流的传递关系。因此,对某些较低层上的重要工作模块,必须根据数据字典和 HIPO 图,绘制其 IPO 图,用来描述模块的输入、处理和输出细节,以及与其他模块间的调用和被调用关系。

下面举一个对销售系统中"订单处理"模块进行层次功能分解的例子,说明 HIPO 图方法。

第一步,如图 6-1 所示,给出销售系统中"订单处理"部分的数据流程图。

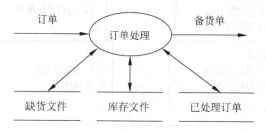

图 6-1 "订单处理"部分的数据流程图

第二步,根据数据流程图,把"订单处理"模块分解为输入、处理和输出 3 个功能模块,从而得到总体 IPO 图,如图 6-2 所示。

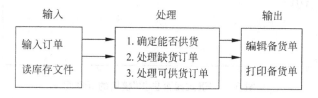

图 6-2 "订单处理"的总体 IPO 图

第三步,根据总体 IPO 图,将各模块逐层进行功能分解,并绘制"订单处理"的 HIPO 图,如图 6-3 所示。画 HIPO 图的过程实际上是一个从上到下的反复调整过程。在 HIPO 图中,模块的执行顺序一般是从上到下、由左向右。

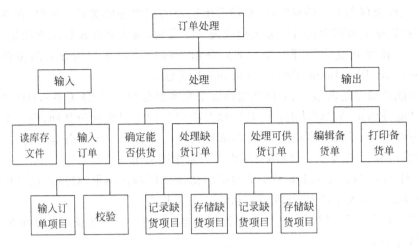

图 6-3 "订单处理"的 HIPO 图

第四步,在 HIPO 图的基础上,根据数据字典,绘制低层主要模块的 IPO 图,作为程序模块结构设计的依据。如图 6-4 所示为图 6-3 上"确定能否供货"模块的 IPO 图。

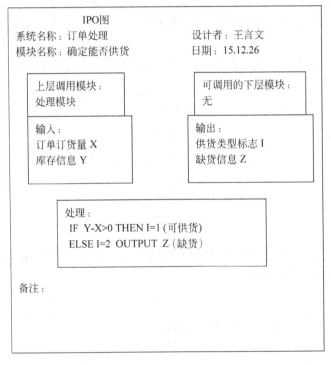

图 6-4 "确定能否供货"模块的 IPO 图

6.2.2 模块分解设计的基本原则

系统结构设计和程序结构设计,最终都一定归结为模块的分解和设计。简单地说,模块的分解设计包括内部设计和外部设计,即定义模块内部逻辑构成和设计模块间的相互连接关系。因此,模块分解和设计的合理性直接决定了系统设计的质量。那么,如何衡量模块分解的独立性和设计的合理性呢?下面重点介绍模块聚合、模块耦合等概念,同时讨论在模块分解设计中应遵循的几个基本原则。

1. 模块聚合

模块聚合是衡量一个模块内部各组成部分间整体统一性的指标,描述了一个模块功能专一性的程度。根据模块的内部构成情况,聚合可以划分为以下 7 个等级。

(1) 偶然聚合。如果一个模块是由若干个毫无关系的功能偶然地组合在一起构成的,则把这种模块称为偶然聚合模块。这种模块内部组织结构的规律性最差,无法确定其功能,因此聚合程度最低。

(2) 逻辑聚合。如果一个模块是由若干个结构不同但具有逻辑相似关系的功能组合在一起构成的,则把这种模块称为逻辑聚合模块。对逻辑聚合模块的调用,常常需要有一个功能控制开关,由上层的调用模块向它发出一个控制信号,在其多个关联性的功能中选择执行某一个功能,其聚合程度较差。

(3) 时间聚合。如果若干个关系不大的功能,由于它们几乎是在相同的时间内执行的,因此把它们放在一起构成一个模块,这种模块称为时间聚合模块。在调用这种模块时,一般是在特定的时间限制内完成各个处理功能的执行,其聚合程度为中等偏差。

(4) 过程聚合。如果一个模块是由若干个为实现某项业务处理、执行次序而受同一个控制流支配的功能组合在一起构成的,那么把这种模块称为过程聚合模块。过程聚合模块的各组成功能由控制流连接在一起,实际上是若干个处理功能的公共过程单元,其聚合程度为中等。

(5) 数据聚合。如果一个模块的内部各组成部分的处理功能,是对相同的输入数据进行处理或产生相同的输出数据,则把这种模块称为数据聚合模块。它能更合理地定义模块功能,结构比较清楚,聚合程度为中上。

(6) 顺序聚合。如果一个模块内部的各个处理功能密切相关,顺序执行,一个处理的输出直接作为下一个处理的输入,各处理功能处在同一线性链上,则把这种模块称为顺序聚合模块,其聚合程度为较好。

(7) 功能聚合。如果一个模块是由一个单独的能够确切定义的处理功能组成,那么把这种模块称为功能聚合模块。一般地,功能聚合模块可以用一个动词和一个简单的接受词表示。例如,"读凭证文件"、"打印发货单"等,它对确定的输入进行一定的处理,并输出可以预期的结果。这是一种最理想的聚合方式,独立性最强,具有"黑箱"特征,使得模块便于修改,系统便于分块设计。

聚合程度的高低标志着模块构成的质量,从而直接影响了系统设计的质量。高聚合模块的优点是显然的。例如,当一个模块执行少量有关系的功能时,由于任务比较专一,复杂性降低,从而简化了设计和编码,并提高了系统的可修改性和可维护性。所以,在模块分解设计中,为了达到较高的模块质量,总是尽量使其聚合程度较高,其中以功能聚合最为理想。

但是,由于模块功能划分的粗细是相对的,因此模块的聚合程度也仅仅是一个相对的概念。在一般情况下,处于系统较高层次上的模块功能较复杂,聚合程度较低,而较低层模块的聚合程度较高,达到功能聚合的可能性比较大。

2. 模块耦合

模块耦合是衡量一个模块与其他模块在连接形式和接口复杂性方面相互作用关系的指标,标志着系统结构设计的质量。模块耦合程度的高低直接影响了系统的可修改性和可维护性。在一般情况下,耦合程度越低,说明系统各组成模块间的联系越简单,则每个模块的独立性就越强,就越容易独立地进行设计、修改和维护。也就是说,其中一个模块的错误就越不容易扩散蔓延而影响其他模块。

模块的耦合程度,一般主要取决于模块本身的质量和相互连接的类型、模块间接口的复杂程度及模块间传递的信息流类型等。因此,可以把模块耦合划分为以下 3 种类型。

(1) 数据耦合。如果一个模块与其他模块之间的联系全部是数据联系,那么,这个模块就是一个"黑箱"。一般来说,两个模块之间传递的数据越少,模块间的独立性就越强,因此模块的可修改性和可维护性就越高。

(2) 控制耦合。如果两个模块之间,除了传递数据信息外,还传递控制信息,把模块间的这种连接关系称为控制耦合。

通常,控制标志来自下层模块,因此调用模块不是"黑箱",它将根据不同的控制标志执行不同的处理功能,即它的输入信息不是固定的。由于较多的控制标志影响了模块的独立性,使系统维护工作更加复杂化,所以在系统设计中,应该尽量避免或减少控制耦合。

(3) 内容耦合。一个模块直接与另一个模块的内容发生联系,即在一个模块的执行过程中,从该模块直接转移到另一个模块中去运行(病态转移)。这种耦合程度最高,但是最差的一种。

如果两个模块是内容耦合,则在修改其中一个模块时,将直接影响到另一个模块,产生波动现象。所谓波动现象是指由于系统中各组成模块的独立性较差,修改其中一个模块,就会像在平静的池塘中扔下一块石头一样,影响整个系统。内容耦合使模块的独立性、系统的可修改性和可维护性最差。因此,在实际进行系统设计时,应完全避免这种耦合关系。

由此可见,数据耦合最理想,内容耦合最差。因此,在设计系统模块结构时,应使模块的耦合程度尽可能低。

6.3 代码设计

代码是事物、概念的名称、属性或状态的代表符号。计算机是通过对代码的处理来识别事物、概念、属性或状态的。因此,编码工作有利于计算机识别和处理客观事物或抽象的概念,也有利于提高处理和查询的速度。

6.3.1 代码设计的原则

代码设计的好坏,将直接影响系统的质量、实用性与生命力。一个代码的小改动,将会引起多个文件和程序的修改;代码的大改动可能还会引起数据库的重新设计和建立。因此代码设计一定要进行全面的考虑和仔细的推敲,力争优化。在优化过程中,一般应遵循以下几项原则。

(1) 唯一性。每个代码应唯一地表示一个实体或属性。

(2) 扩展性。代码结构必须能适应实体或属性集合不断扩充的需要,以便当增加新的实体或属性时,不需要再重新设计整个代码系统。

（3）实用性及系统性。代码要尽量满足原业务处理的习惯，便于人工使用时的识别与记忆，以及计算机处理时的识别与分类处理。同时，又要建立完整的代码体系，并注意本代码体系与其他业务代码的一致性联系，便于调用。

（4）简短性。在不影响代码系统的容量和扩充性的情况下，代码越短越好。因为简短的代码易记易用，还能减少输入操作中的错误。

（5）标准化。代码设计要与国际、国家或部门及行业的标准靠拢。同一种类编码对象的代码应统一，如会计科目编码、生产物资编码等。

6.3.2 代码的种类

代码设计就是确定代码的种类和结构。代码的种类很多，下面介绍几种常用代码的种类。

（1）顺序码。这类代码对代码对象从头开始按自然数顺序进行连续编码。该类代码的特点是简单明了、短小精练，但不易于分类处理。例如，用 1～50 米进行班级学生编码。

（2）分组码。也称群码。代码的每一组（几位可根据需要决定）都有一定的含义，从左到右分别表示大类、中类和小类，如身份证号码等。分组码的优点是：代码对象分类基准明确，易记和易追加；缺点是位数较多。

分组码由于其能够包含的信息量大，因而是目前被广泛使用的一种代码。

（3）助记码。这种代码将代码对象名或缩写符号作为代码的一部分，其作用是便于记忆。例如，PZBH 表示凭证编号，TV-C-50 表示 50 寸彩色电视。其优点是直观明了，缺点是处理不便。

（4）区间码。这种代码将代码对象从规定号起至规定号止连续编号。区间码能用较少的位数表示较多信息，易于插入、追加，但位数有限。例如，企业职工性质可用区间码表示如下。

100～399 表示企业管理人员。

400～999 表示企业生产人员。

（5）密码。用于系统内的控制口令，可用计算机能识别的任何符号编码。

在实际应用中，往往是把上述几种编码方法结合起来使用。

6.3.3 校验码

校验码又称编码结构中的校验位。为了保证输入的正确性，在编码设计结构中原代码的基础上，通过事先规定的数学方法计算出校验码（一位或两位），附加在原代码的后面，使它变成代码的一个组成部分。使用时与原代码一起输入，此时计算机会用同样的数学运算方法按输入的代码数字计算出校验位，并与输入的校验位进行比较，以检验输入是否有错。

校验码可以检查出移位错（如 1234 记录为 1243）、双重移位错（如 1234 记录为 1432）、抄写错（如 1234 记录为 1235）及其他错误（如 1234 记录为 2243）等。

产生校验码的方法有多种，各具有不同优缺点。通常根据使用设备的复杂程度或功能，以及某项应用要求的可靠性而决定采取哪种方法。

校验码的生成过程如下。

(1) 原代码中的每一位加权求和。

n 位代码：C1 C2 C3 …… Cn

权因子为：P1 P2 P3 …… Pn

加权和：C1P1＋C2P2＋C3P3＋……＋CnPn

$$S = \sum CiPi$$

权因子可选为自然数、几何级数、质数或其他。

(2) 以模除和得余数。

$$S/M = Q……R$$

其中 S 表示和；M 代表模；Q 表示商；R 表示余数。模可取不同的数，如 10、11 等。

(3) 得到校验码。

将模和余数之差作为校验码，或将余数直接作为校验码，附加在原代码后。例如，原代码为 123456

权为 173173
模为 10
加权和 = 8l
81/10 = 8……1

校验码：10－1＝9

所以带校验码的代码为 1234569，其中 9 为校验位。

6.3.4 代码设计的步骤

设计代码的工作可按下列步骤进行。

(1) 确定代码目的。

(2) 决定代码对象，对所要处理的全部信息逐个进行研究，决定哪些需要代码化。

(3) 决定代码使用范围和期限。

(4) 分析代码对象的特性，包括代码使用频率、变更周期、追加删除情况、输出要求等。

(5) 决定代码结构。

(6) 对每类代码编写代码设计书。

6.4 数据库设计

数据库设计是在选定的数据库管理系统基础上建立数据库的过程。数据库设计除用户需求分析外，还包括概念结构设计、逻辑结构设计和物理结构设计 3 个阶段。

1. 数据库的概念结构设计

概念结构设计应在系统分析阶段进行。任务是根据用户需求，设计数据库的概念数据模型(简称概念模型)。概念模型是从用户角度看到的数据库，可用 E-R 模型表示。

2. 数据库的逻辑结构设计

逻辑结构设计是将概念结构设计阶段完成的概念模型，转换成能被选定的数据库管理系统(DBMS)支持的数据模型。数据模型可以由实体联系模型转换而来。

通常不同的 DBMS 其性能不尽相同。为此数据库设计者还需深入了解具体 DBMS 的性能和要求,以便将一般数据模型转换成所选用的 DBMS 能支持的数据模型。

逻辑结构设计阶段提出的关系数据模型应符合第三范式(3NF)的要求。如果选用的 DBMS 是支持层次、网络模型的 DBMS,则还需完成从关系模型向层次或网络模型转换的工作。

到此为止,数据库的逻辑结构设计并未完成。下一步是用 DBMS 提供的数据描述语言 DDL 对数据模型予以精确定义,即所谓模式定义。例如,FoxPro 中的 CREATE 命令,其作用类似于 DDL,可用来定义逻辑数据结构。

3. 数据库的物理结构设计

物理结构设计是为数据模型在设备上选定合适的存储结构和存取方法,以获得数据库的最佳存取效率。物理结构设计的主要内容包括以下 3 点。

(1)库文件的组织形式,如选用顺序文件组织形式、索引文件组织形式等。

(2)存储介质的分配。例如,将易变的、存取频度大的数据存放在高速存储器上;稳定的、存取频度小的数据存放在低速存储器上。

(3)存取路径的选择等。

6.5 用户界面设计

用户界面设计是整个系统设计中重要的一步。系统是否好用,数据是否能够无差错地进入系统,以及用户对于系统的印象,在很大程度上取决于用户界面设计的结果。

用户界面设计的基本要求如下。

(1)输入、输出对用户友好。

(2)提供的表现形式和术语符合用户的接受能力。

(3)各种界面的信息表现一致性。

(4)提供学习功能。

用户界面设计包括输入方式设计和输入、输出画面设计。用户输入可采用 3 种方式:脱机输入方式、机器读入方式和人机交互方式。脱机输入方式是早期商业信息系统常用的一种方式。目前这种处理方式只用在一些特定的情况下,例如,处理数据量较大或必须事先进行手工处理的情况下就要采用这种方式。机器读入方式通常由感应仪器和转换设备等构成,用在输入数据量较大、需要提高效率的场合,如采用 POS 系统。图书馆、股票市场、银行、税收机关、金融企业等也大量采用这类设备。

人机交互方式是最常用的输入方式。特点是输入时提供多种方式,快速准确,直观明确。系统可以与用户会话,发现错误可以及时更正。

用户界面设计应遵循以下原则。

1. 操作简单容易

设计操作方法时必须让用户容易学会怎样使用。在良好的系统界面设计中,用户不需要记忆很多命令和规则。设计操作方法的一个基本原则是尽可能地仿照现实作业的工作方式,来设计计算机上的人机对话流程。例如,在现实工作中查找某职工档案时,应首先找到该职工所在的档案册,然后按某种顺序(如职工号)来查找。在设计这个操作的用户界面时,也应该如此设计,即先显示职工档案文件的文件名、主要内容等全局信息,然后请用户选择查找的方法。在图形化用户界面设计上,设计可以得到生动的体现。例如,对于档案的查找可以先在屏幕上画出几个档案柜或档案夹的图案,让用户对它们进行选择。选定其中某一册后,对其中职工档案的显示就变为卡片的形式。

设计操作方法的另一个原则是必须给用户以简明易懂的反馈信息。例如,当系统工作可能费时较多时,系统应显示反馈信息,如在打印时需要有准备时间,系统可以显示出一个画面,告诉用户系统正在干什么。

2. 表示的合理性

在设计菜单等提供给用户的操作功能时应注意表示的合理性,即相关功能应尽可能地放在一起。例如,数据文件的增加、删除和修改应当放在一起,如果把它们分开就会觉得不便。随着对系统使用时间的增长,用户对系统越来越熟悉,这时候系统应该表现出一定的适应性,即不仅让用户容易入门,而且可以逐渐提高操作能力。例如,系统可以提供宏功能,让用户自己定义常用的一系列操作为一个宏,或定义一个热键来完成常用的动作。

3. 表示的一致性

在设计屏幕的画面时应特别注意表示的一致性,保持一种统一的风格。例如,对报表的设计,如果每种报表都是一种特定的格式,都采用不同的字体和颜色,就会使人觉得眼花缭乱。

4. 对输入的容错性

系统应表现出较强的容错性。对于用户的输入首先应做到无论怎样输入错误也不会死机。其次,应根据系统的需要对输入进行必要的检查,如去掉无意义的空格、对数据格式进行校验等。对于一个双汉字人名的输入,用户可能在其前面或中间、后面加上空格,而系统应用一种统一的原则处理,如一律将姓名中的空格去掉,这样就不至于因为输入的空格而导致查找失败。

6.6 系统设计说明书

系统设计说明书是系统设计阶段的主要成果,是新系统的物理模型,也是系统实施的重要依据。主要内容如下。

(1) 模块设计。系统中各主要功能的结构图名称和它们之间的关系,功能的简要说明,主要模块的控制结构图、过程结构图等。

(2) 代码设计。各类代码名称、功能,相应的编码表,使用范围,使用要求及对代码的评价等。

(3) 用户界面的详细设计说明。

(4) 数据库的设计说明。

(5) 人工过程的有关设计。包括工作地的平面布置图,人员配备及组织机构的调整建议。

(6) 实施方案的总计划。对工作任务进行分解,即对项目开发中的各项工作(包括文件编制、审批、打印、用户培训、使用设备的安排等),按层次进行分解,指明每项任务的要求及负责人,对各项工作给出进度要求,做出各项实施费用的估算及总预算。

(7) 实施方案的审批。参加审议人员除了用户、系统研制人员、程序员外,还包括有关专家、管理人员等,最后由领导批准。

系统设计说明书是系统设计阶段的全部工作成果,是由各方面人员多次协商、讨论与修改,并且用户感到比较满意时,经有关领导审批的。其一旦确定下来,即成为下一步实施阶段的指导性文件。

思考题

1. 简述模块聚合与模块耦合的关系。
2. 简述系统设计与系统分析的关系。
3. 代码设计有哪些基本原则?
4. 校验码有何作用?
5. 输出、输入设计中应注意哪些问题?
6. 数据库设计可分哪几个步骤进行?

第 7 章 系统实施

【学习目标】

- 掌握系统实施的准备及主要任务。
- 熟悉程序设计的方法和步骤。
- 了解系统测试的方法和类型。
- 掌握系统转换前的准备工作及系统的转换方式。

系统实施是将系统设计阶段的结果在计算机上实现的过程。将原来纸面上的、类似于设计图式的新系统方案,转换为可执行的应用软件系统。系统实施的主要内容包括购置和安装硬件设备、程序设计(购买)与调试、系统操作人员的培训、系统有关数据的准备与录入、系统调试和转换等。

7.1 系统实施概述

系统实施是按照系统设计选定的方案进行具体实现。因此,系统实施的成果是系统设计阶段的结晶。系统实施作为整个系统的最后物理实现阶段,对于系统的质量、可靠性和可维护性等都有着十分重要的意义。

7.1.1 系统实施的准备

要使系统实施工作得以顺利进行,需做好以下几方面的工作。

1. 成立系统实施领导小组

系统实施的时间长、成本高,因此必须加强系统实施的组织与领导工作。应成立系统实施领导小组,根据系统实施的任务与目标,将不同部门的人员组织起来,有条不紊地开展工作,安排各项任务并按其不同特点进行协调与配合。系统实施领导小组必须做好新系统实施计划的编制工作,布置和协调各方面的关系,检查工作的进度和质量,根据情况进行必要的调整和修改,处理和解决在实施过程中出现的重大问题。此外,在系统实施计划的基础上,必须制定各专业组计划,以保证实施计划的顺利完成。领导小组还要验收各部分工作,组织新系统的调试,负责现行系统向新系统转换的一切组织和管理工作。

2. 人员的培训

管理信息系统是一个人机系统,需要很多人参加工作,这些人将承担管理信息系统中人工过程的处理和计算机操纵工作。通常,这部分人精通原来的业务但缺乏新系统的知识,为了保证新系统的运行能够顺利进行,必须提前培训,使他们熟练掌握系统操作,了解系统分析和设计的基本概念、系统的概貌以及开发新的管理信息系统的必要性,明确以后将承担的工作等。

3. 数据准备

数据的收集、整理、录入是一项烦琐的工作,如果没有一定基础数据的准备,系统测试就不能很好地进行。一般来说,在确定数据库物理模型之后,就应进行数据的整理和录入工作。

7.1.2 系统实施的主要任务

系统实施的主要任务有购置和安装计算机硬件、进行程序设计、进行系统的调试与测试、新旧系统的转换等。

1. 购置和安装计算机硬件

随着信息技术的发展,市场上不同厂家生产的不同型号的计算机产品层出不穷,一方面给一般用户及信息系统提供了更大的选择空间,另一方面也给系统的实施带来了一定的复杂性。我们必须从这些种类繁多的计算机产品中挑选出最适合应用需要的产品。一般来说,购置计算机产品可从几个方面考虑:第一,计算机系统是否具有合理的性能价格比;第二,系统是否具有良好的可扩充性;第三,能否得到来自供应商的售后服务和技术支持。计算机作为电子设备,对周围环境、机房温度、空气湿度等都有一定的要求,因此,要选择灰尘少、温度适中、空气较为流通的场所放置。通常,服务器要专门放置在一个房间,并且安装双层玻璃门窗,进入内部的工作人员要求必须穿戴鞋套。另外,连接各硬件设备的电缆线要安放在防止静电感应的耐压的活动地板下面。为了防止由于突然停电造成系统出现故障,还应配置足够功率的 UPS 电源。

2. 程序设计

进行程序设计的目的是实现系统分析和设计中提出的管理模式和业务应用。在进行程序设计之前,设计人员要学习所需的系统软件,包括操作系统、数据库系统和开发工具。必要时,还需要对程序设计人员进行专门的系统软件培训。

3. 系统的调试与测试

在进行计算机程序设计之后,需要进行系统的调试与测试。实际上,在编写计算机程序时,一直在进行调试和修改程序中的错误。在完成这种形式的调试之后,还必须进行系统测试。系统测试是保证系统质量可靠性的关键,也是对需求分析、系统设计和编码的最终评审。要运用一定的测试技术和方法,通过单元测试、集成测试、确认测试和系统测试几个步骤,发现系统可能存在的问题。

4. 新旧系统的转换

新旧系统的转换是指以新开发的系统取代旧系统,并使之投入使用的过程。新旧系统转换是管理信息系统实施的最后一项任务,包括基本数据的准备、数据的编码、系统的参数设置、初始数据的录入等多项工作。在系统正式交付使用之前,必须进行一段时间的试运行,以进一步发现及更正新系统中存在的问题。在系统转换和交付使用的过程中,每项工作都有很多人员参加,而且会涉及多个业务部门,因此该阶段的组织管理工作非常重要,要做好系统转换计划,控制工作的进度,检查工作的质量,及时做好各方面的协调,保证系统的成功转换和交付使用。

7.2 程序设计

程序设计的依据是系统分析与设计阶段产生的系统分析报告和系统设计说明书,程序员根据系统分析报告和系统设计说明书选择恰当的程序设计语言进行程序设计。程序设计的主要任务是为新系统编写程序,即把系统设计的结果转换成某种计算机编程语言写成的程序。

7.2.1 程序设计概述

程序是用计算机语言编写的,解决某类问题的一系列语句或指令。目前,信息系统的部分处理工作可由现成的软件完成,但大部分程序还需要人工编写。应用软件的编程工作量极大,而且要经常维护、修改,如果编写程序不遵守正确的规律,就会给系统的开发、维护带来不可逾越的障碍。程序的编写应按照软件工程的原理来进行,即利用工程化的方法进行软件开发,通过建立软件工程环境来提高软件开发效率。按照软件工程原理开发的程序,能使整个程序设计过程任务明确、具体,而且可以达到规范化、系统化和工程化,方便以后程序的测试、维护、管理等工作。该阶段相当于机械工程中图纸设计完成的"制造"阶段,程序设计的好坏直接关系到能否有效地利用计算机来圆满地达到预期目的。

高质量的程序应符合下列基本要求。

(1) 程序的功能必须按照规定的要求,能够满足预期的需要。

(2) 程序清晰、明了,便于阅读和理解。

(3) 程序的结构严谨、简捷,算法和语句选用合理,执行速度快,节省时间。

(4) 程序和数据的存储、调用安排得当,节省存储空间。

(5) 程序的适应性强。程序交付使用后,若应用范围或外界环境有了变化时,调整和修改程序时应简便易行。

7.2.2 程序设计的步骤

一个信息系统包含多种不同的处理,采用结构化设计时,将不同的处理细分为多个大小不等的程序,合理分配和安排这些程序的编制工作,使其有条不紊地按步骤进行,是极为重要的。

1. 熟悉开发环境

在程序设计前,所有参与开发的程序员都要熟悉系统的开发环境,包括计算机的性能、操作系统、程序设计语言与数据库管理系统。

2. 合理分配编程任务

在把整体的编程任务分解之后,应根据任务的轻重缓急和程序员的人数和能力进行合理地分工。在进行任务分配时,要估算其工作量,考虑程序的复杂程度、所使用的语言、输入及输出界面的设计、程序员的经验和水平等,这是一个很复杂的问题,很多人对这些问题探讨过,提出过不同的方法,但至今仍没有一个统一的标准。

3. 编写程序

在这个阶段,程序员要充分理解系统的设计要求,仔细阅读系统设计说明书,明确系统设计所提出的任务、功能和目标,了解自己所编程序在系统中所处的位置及与之相关的环境条件,然后完成编程并在计算机上实现。

4. 程序测试

程序编制完成以后,要对程序的正确性做出评价,这就需要对程序进行测试。测试的目的是为了发现错误并加以改正。程序中常见的错误有语法错误、逻辑错误和输入及输出格式错误等。有关统计表明,程序测试所占用的时间和经费与开发系统的规模成正比,因此,组织测试数据、选择测试方法应引起系统开发者足够的重视。程序测试时应根据程序错误的特点,选择有代表性的测试方法进行测试。

7.2.3 程序设计的方法

目前,程序设计的方法主要有结构化程序设计方法和面向对象程序设计方法。

1. 结构化程序设计方法

结构化程序设计采用自顶向下逐步求精的设计方法和单入口单出口的控制技术,把系统划分为大小适当、功能明确、具有一定独立性并容易实现的模块,从而把一个复杂的系统设计转变为多个简单模块的设计。结构化程序中一般没有 goto 语句,易于阅读,而且提高了系统的可修改性和可维护性。对于一个分析和设计都非常规范、功能单一、规模又小的模块来说,结构化程序设计方法的作用有限,若遇到某些开发过程不规范,模块划分不细,或者是因特殊业务处理的需要,模块程序量较大时,结构化程序设计方法则是一种比较有效的方法。一般来说,结构化程序设计方法采用顺序结构、选择结构和循环结构 3 种基本逻辑结构来编写程序。

2. 面向对象程序设计方法

面向对象程序设计方法既吸取了结构化程序设计方法的优点,又考虑了现实世界与面向对象之间的映射关系,它所追求的目标是将现实世界的问题尽可能简单化。面向对象程序设计方法将数据及对数据的操作放在一起,作为一个相互依存、不可分割的整体来处理,采用了数据抽象和信息隐藏技术,将对象及对象的操作抽象成一种新的数据类型——类,并且考虑不同对象之间的联系和对象所在类的重要性。面向对象程序设计方法优于传统的结构化程序设计方法,符合人类的思维习惯,能够自然地表现现实世界的实体和问题,对软件开发过程具有重要的意义。

7.2.4 程序设计质量的指标

管理信息系统的所有功能及设计意图都要通过编程工作来实现,因此程序的质量会影响到整个管理信息系统的质量、运行与维护。为了高质量地完成编程工作,就需要对编程工作的质量进行衡量。衡量编程工作质量的指标大致可分为以下几方面。

1. 可靠性

可靠性指标可以分为安全可靠性和运行可靠性两方面的内容。程序或系统的安全可靠性反映在多个方面,如数据存取的安全可靠性、通信的安全可靠性、操作权限的安全可靠性等。系统运行的可靠性要通过高质量的程序设计、完备的程序测试、严格系统测试来实现。

2. 规范性

规范性即子系统的划分、书写的格式、变量的命名等都有统一的规范要求,便于程序以后的阅读、修改和维护。

3. 可读性

可读性即程序结构清晰,没有太多繁杂的技巧,能够使他人容易读懂。对于大型程序来说,不仅要求逻辑正确,而且要求层次清楚,简洁明了,便于阅读。一个逻辑上完全正确但杂乱无章,无法供人阅读、分析、测试、排错、修改与使用的程序是没什么价值的。

程序维护的工作量很大,程序维护人员常要维护他人编写的程序,如果一段程序不易阅读,那么就会给程序检查与维护带来极大的困难。要使所写的程序易于阅读,就必须有一个结构清晰的程序框架。实际上,结构清晰是保证程序正确、提高程序可读性的基础。在程序中可插入解释性语句,以对程序中的变量、功能、特殊处理细节等进行解释,为他人阅读程序时提供方便。

4. 可维护性

可维护性即程序各部分相互独立,没有调用子程序以外的其他数据关联。在维护过程中,牵一发而动全身的连锁反应基本消除或降低到了最低限度。程序维护的工作量相当大,一个不易维护的程序,用不了多久就会因为不能满足应用需要而被淘汰,所以说可维护性是对程序设计的一项重要要求。

7.2.5 程序设计的要求

为了提高程序的可读性和可维护性等性能,在程序设计时应注意以下几点。

1. 程序书写格式要有规律

恰当的书写格式将有助于阅读。在结构化程序设计中一般采用所谓"缩排法"来写程序,即把同一层次的语句向左端对齐,而下一层的语句则向右边缩进若干空格再书写,这样能体现程序逻辑结构的深度。此外,在程序段与段之间安排空白行,也有助于阅读。

2. 合理命名变量

理解程序中每个变量的含义是理解程序的关键,因此变量的名字应该适当选取,使其直观并易于理解和记忆。例如,采用有实际意义的变量名;不用过于相似的变量名;同一变量名不要有多种意义;变量的名字应该包括类型信息等。此外,在编程前最好能对变量名的选取约定统一标准,以便于阅读理解。

3. 增加程序注释

加在程序中的注释是程序员与日后的程序阅读者之间交互的重要手段,正确的注释能够帮助阅读者理解程序,可为后续阶段进行测试和维护提供明确的指导,因此,注释不是可有可无的。大多数程序设计语言允许使用自然语言写注释,这给程序阅读带来很大的方便。一些正规的程序文本中,注释行的数量可能会占到整个源程序的 1/3 到 1/2。在程序中适当地加上注释后,可以使程序成为一篇"自我解释"的文章,读程序时就不必翻阅其他说明材料了。注释原则上可以出现在程序中的任何位置,但是如果使注释和程序的结构配合起来则效果更好。

注释分为序言性注释和功能性注释。序言性注释通常置于每个程序模块的开头部分,给出程序的整体说明,对于理解程序本身具有引导作用。有些软件开发部门对序言性注释做了明确而严格的规定,要求程序编制者逐项列出以下几方面的内容。

(1) 程序标题。

(2) 有关本模块功能和目的的说明。

（3）主要算法。

（4）接口说明，包括调用形式、参数描述和子程序清单。

（5）有关数据描述。重要的变量及其用途、约束或限制条件以及其他有关信息。

（6）模块位置。在哪一个源文件中，或隶属于哪一个软件包。

功能性注释嵌在源程序体中，用以描述其后的语句或程序段在做什么工作，或是执行了下面的语句会怎样。书写注释时应注意以下几点。

（1）注释应和程序一致，修改程序时应同时修改注释，否则会起反作用，使人更难明白。

（2）注释应提供一些程序本身难以表达的信息。

（3）为了方便以后维护，注释应尽量多用汉字。

4. 输入、输出要一目了然

在编写输入和输出程序时，要做到以下几点。

（1）步骤和格式尽量简单，提示信息要明确，易于理解。

（2）输入一批数据时尽量少用计数器来控制数据的输入进度，尽量使用文件结束标志。

（3）应对输入数据的合法性、有效性进行检查，报告必要的输入信息及错误信息。

（4）交互式输入时，应提供明确可用的输入信息。

（5）当程序设计语言有严格的格式要求时，应保持输入格式的一致性。

5. 效率

程序的效率是指程序能否有效地利用计算机资源。对效率的追求应注意以下几个问题。

（1）效率是一个性能要求，在需求分析阶段就要对效率目标有明确的要求。

（2）追求效率应该建立在不损害程序可读性或可靠性基础上，在程序可靠和正确的基础上追求效率。

（3）选择良好的设计方法才是提高程序效率的根本途径。设计良好的数据结构与算法，都是提高程序效率的重要方法。编程时对程序语句做调整是不能从根本上提高程序效率的。

此外，程序的效率与可维护性通常是矛盾的，在实际编程工作中，人们往往宁可牺牲一定的时间和空间，也要尽量提高系统的可维护性，片面地追求程序的运行效率反而不利于程序设计质量的全面提高。

7.3 系统测试

虽然软件的质量不是测试得来的，但规范化的测试却能帮助发现编程中的缺陷并且予以纠正。其实，测试不仅限于实施阶段，在交付使用后仍会有测试。另外，修改和测试是不可分的，有程序修改，就必然要进行测试，软件修改和版本升级将贯穿系统的整个生命周期。

7.3.1 系统测试概述

1. 系统测试的意义

系统测试是管理信息系统开发周期中一个十分重要而漫长的阶段，其重要性体现在它是保证系统质量与可靠性的最后关口，是对整个系统开发过程，包括系统分析、系统设计和系统实现的最终审查。在管理信息系统的开发过程中，面对着错综复杂的开发流程，尽管在系统开发周期的各个阶段均采取了严格的技术审查，希望尽早发现问题，但人的主观认识不可能完全符合客观现实,开发人员之间的思想交流也不可能十分充分。因此,系统开发周期的各个阶段还是不可避免地会出现差错。开发人员应尽可能早地发现并纠正这些错误,若等到系统投入运行后再来改正错误,则将在人力、物力上造成很大的浪费,有时甚至会导致整个系统瘫痪。统计资料表明,对于一些规模较大的系统来说,系统测试的工作量往往占整个系统开发总工作量的40%以上。

2. 系统测试的目的

人们往往会认为测试的目的是为了说明软件没有问题,因此编程完毕后,只找几个数据使程序能够顺利完成就结束了测试工作。从软件工程的角度看,不仅不正确,而且十分有害,它会使人们不自觉地寻找容易使程序通过的测试数据,回避那些易于暴露软件错误的测试数据,从而致使隐藏的错误不被发现。

实际上,系统测试是以找错误为目的,而不是要证明程序无错,因此,需要精心选取那些易于发生错误的数据进行测试,以十分挑剔的态度,证明程序有错,在测试时应想方设法使程序的各个部分都投入运行,力图找出所有错误。即使这样,测试通过后也不能证明系统绝对无误,只能说明各模块、各子系统的功能和运行情况正常,相互之间连接无误。因此,不要认为程序设计完成后就万事大吉了,其实后面大量的系统测试工作才刚刚开始。

在系统测试中发现的错误可能是各种各样的,按其范围和性质可划分为如下几类。

(1)系统错误:指与外部接口的连接错误、参数调用错误、子程序调用错误、输入或输出地址错误以及资源管理错误等。

(2)过程错误:主要指算术运算错误、初始过程错误、逻辑错误等。

(3)功能错误:是指由于功能规格说明书不够完整或叙述不确切,致使在编码时对功能有误解而产生的错误。

(4)编码错误:语法错误、变量名错误、局部变量与全局变量混淆、程序逻辑错误和编码书写错误等都属于编码错误。

(5)数据错误:指数据结构、内容、属性错误,动态数据与静态数据混淆,参数与控制数据混淆等。

3. 系统测试的原则

基于以上对系统测试的理解,在进行系统测试时应该遵循以下基本原则。

(1)测试工作应避免由原开发软件的个人或小组来承担。测试的目的就是挑剔地找错误,从心理学上讲,软件开发人员对自己的成果有所偏爱,总会认为自己的程序没有错误或错误不大,因而有一种不愿否定自己成果的心理;另外,如果开发人员对软件的功能有理解错误,由本人去测试,则很难找出错误。

(2)在设计测试方案时,测试用例不仅要包括输入数据,而且要包括预期的输出结果。也就是说,在执行程序之前应该对期望的输出有很明确的描述,测试后可将程序的输出同预期结果仔细对照检查。若不事先确定预期的输出,则可能把似乎是正确而实际是错误的结果当成是正确结果。

(3)测试数据既要能够检查在合法操作下程序的运行情况,又要能够检查在非法操作下程序的运行情况。在编写程序的时候,由于思维定势的影响,往往只会考虑程序的输入按照期望进行,都会无意识地假设用户的操作是合法的,从而忽略了用户的非法操作,忽略了当程序的输入不是按照期望的进行,发生无效输入的时候程序的运行情况。在程序的实际运行中,许多错误恰恰是由用户的非正常操作或接口数据异常造成的,如用户按错键、输错数、输入非法命令等,如果软件不能做出适当的反应而失控,就不能说明软件是可靠的。

(4) 除了检查程序是否做了该做的工作外,还应检查程序是否做了不该做的事情。

(5) 保留所有的测试用例,作为软件文档的组成部分。应该长期保留所有的测试用例,并且将其作为管理信息系统软件的组成部分之一。在管理信息系统的测试中,无论测试用例是否发现了软件中的错误,毕竟是花费了大量精力设计出来的,如果轻易地就将用过的例子丢弃,以后一旦程序纠错、改进或扩充后,需要再测试有关的部分时就需要重复很多工作,而且人们往往不愿重新认真地设计测试用例,因而下次测试时很少会像初次测试时那样全面、严格。如果将所有测试用例作为系统的一部分保存下来,就可以避免这种情况的发生。

(6) 应意识到软件中仍存在的错误概率和已发现的错误个数是成正比的。有时软件经测试发现了许多错误后,测试者认为错误已找得差不多了,因而不再继续测试了。但经验和统计结果表明,发现的错误越多,程序中潜在的错误可能也越多。

7.3.2 系统测试的方法

迄今为止,人们还无法证明一个大型复杂程序的正确性,只能依靠一定的测试手段说明该程序在某些条件下没有错误。虽然测试的目的在于寻找错误,并且找出的错误越多,测试就越成功,但是要通过测试把所有隐藏的错误全部找出来是不现实的。

为了节省时间和资源,提高测试效率,就必须精心设计测试用例,即从数量极大的测试用例中挑选一部分具有代表性的进行选择测试,从而获得以较少的测试数据发现最多的错误的最佳测试效果。

所谓测试用例,就是以发现程序错误为目的而精心设计的一组测试数据,包括预定要测试的功能,应该输入的测试数据和预期的结果。设计测试用例是开始程序测试的第一步,也是有效地完成测试工作的关键。设计测试用例最困难的问题是设计测试的输入数据,不同的测试数据发现程序错误的能力差别很大,为了改善测试效果、降低测试成本,应该选用高效的测试数据。因为不可能对所有情况进行测试,所以选用少量最有效的测试数据做到尽可能完备的测试就很重要了。设计测试用例的基本目标就是确定一组最可能发现多个错误或多类错误的测试数据。

对系统进行测试的常用方法有人工测试、黑盒测试和白盒测试 3 种,其中黑盒测试和白盒测试又称为机器测试。

1. 人工测试

人工测试又称代码复审,是指不依靠计算机运行程序,而靠人工审查程序或评审软件。人工审查程序重点是对编码质量进行检查,而软件审查除了审查编码还要对各阶段的软件产品进行复查。人工测试可以发现计算机不易发现的错误,特别是软件总体设计和详细设计阶段的错误。据统计,人工测试能有效地发现 30%~70% 的逻辑设计和编码错误,可以减少系统测试的总工作量。人工测试在发现错误的同时,就能确定错误的位置、类型和性质,所以人工测试在系统测试中有着不可忽视的重要作用。

人工测试主要有个人复查、走查和会审 3 种方法。

(1) 个人复查。个人复查是指源程序编码完成以后,直接由程序员自己进行检查。程序员由于心理上对自己程序的偏爱,所以有些习惯性的错误自己不易发现,如果对功能理解有误,也不易纠正。因此个人复查是针对小规模程序常用的方法,效率不高。

(2) 走查。走查一般是由3~5人组成测试小组进行测试,测试小组的成员应是从未介入过该软件设计工作的有经验的程序设计人员。测试在预先阅读过该软件资料和源程序的前提下,由测试人员扮演计算机的角色,用人工方法将测试数据输入被测程序,并在纸上跟踪监视程序的执行情况,让人代替机器沿着程序的逻辑"走"一遍,以发现程序中的错误。由于人工运行很慢,因此走查只能使用少量简单的测试用例。实际上走查只是个手段,是随着"走"的进程不断从中发现错误。

(3) 会审。会审测试小组的成员与走查相似,要求测试成员在会审前仔细阅读软件有关资料,根据错误类型清单填写检测表,列出根据错误类型要提的问题。会审时,由程序编写者直接逐个阅读和讲解程序,测试人员逐个审查、提问,讨论可能产生的错误。会审时,对程序的功能、结构及风格等都要进行审定。

2. 黑盒测试

黑盒测试是指把被测试对象看成一个黑盒子,测试人员完全不考虑程序的内部结构和处理过程,只在软件的界面上进行测试,只看输入和程序结果,以此来证实软件功能的可操作性,检查程序是否满足功能需求以及是否能很好地接收数据并产生正确的输出。因此,黑盒测试又称为功能测试或数据驱动测试,一般用来检查系统的基本特征。例如,对于自动售货机,输入钱币就可以得到指定的商品,使用者对其内部如何验钱、找零、查出商品、弹出商品等一概不知,也不必知道。

黑盒测试的任务是发现以下错误。

(1) 是否有不正确或遗漏的功能。

(2) 在界面上能否正确地处理合理和不合理的输入数据,并产生正确的输出信息。

(3) 访问外部信息是否有错。

(4) 性能上是否满足要求。

(5) 初始化和终止错误。

黑盒测试又可细分为等价类划分测试法、边界值分析测试法和错误推测测试法等方法。

(1) 等价类划分测试法。等价类划分测试法就是把所有可能的输入数据划分成若干部分(子集),然后从每一个子集中选取少数具有代表性的数据作为测试用例的一种测试方法。其中,等价类是指某个输入域的子集合,在该子集合中,各个输入数据对于揭露程序中的错误都是等效的,并合理地假定测试某等价类的代表值就等于对这一类值都进行了测试。因此,可以把全部输入数据合理地划分为若干等价类,然后在每一个等价类中取一个数据作为测试的输入条件,这样就把无限的随机测试变成有限的有针对性的等价类测试,从而有效地提高测试效率。

利用等价类测试的步骤如下。

① 划分等价类。划分等价类时,需要研究程序的功能说明,以确定输入数据的有效等价类和无效等价类。有效等价类是指对于程序的规格说明来说是合理的、有意义的输入数据构成的集合。利用有效等价类可检验程序是否实现了规格说明中所规定的功能和性能。在具体问题中,有效等价类可以是一个,也可以是多个。无效等价类是指对程序的规格说明来说是不合理的或无意义的输入数据所构成的集合。对于具体的问题,无效等价类至少应有一个。在确定输入数据的等价类时常常还需要分析输出数据的等价类,以便根据输出数

据的等价类导出对应的输入数据等价类。具体来说,就是从程序的功能说明(如需求说明书)中找出每个输入条件(通常是一句话或一句短语),然后将每一个输入条件划分为两个或多个等价类。可将输入条件、有效等价类、无效等价类以列表形式表现出来,以便查看。

正确分析被测程序的功能和输入条件是正确划分等价类的基础。划分等价类没有一个完整的法则,在具体划分等价类时,可以遵照如下几条经验。

如果规定了输入值的范围,则可划分出一个有效的等价类(输入值在此范围内)和两个无效的等价类(输入值小于最小值和大于最大值)。

例如,要求输入学生成绩,范围是 0～100,则可以将有效的等价类划分为"0≤成绩≤100",无效等价类为"成绩＜0"和"成绩＞100"两个。

如果规定了输入数据的一组值,而且程序对不同输入值做不同处理,则每个允许的输入值是一个有效的等价类,此外还有一个无效的等价类(任一个不允许的输入值)。

例如,输入条件上说明教师的职称可为助教、讲师、副教授、教授 4 种职称之一,则分别取这 4 个值作为 4 个有效等价类,把这 4 个职称之外的任何职称视为无效等价类。

如果规定了输入数据必须遵循的规则,则可以划分出一个有效的等价类(符合规则)和若干无效的等价类(从各种不同角度违反规则)。

如果已划分的等价类中各元素在程序中的处理方式不同,则应将此等价类进一步划分为更小的等价类。

以上列出的几条经验只是测试时可能遇到的情况中的一小部分,实际情况千变万化,无法一一列出。为了正确划分等价类,一是要注意积累经验,二是要正确分析被测程序的功能。需要说明的是,上面列出的经验虽然都是针对输入数据,但是其中大部分也同样适用于输出数据。

② 确定测试用例。完成等价类的划分后,就可以开始设计测试用例了。首先,为每一个等价类编号,然后设计一个有效等价类的测试用例。对于各个输入条件,应使其尽可能多地覆盖尚未被覆盖过的有效等价类。重复这一步,直到覆盖了所有的有效等价类。最后设计一个无效等价类的测试用例,由于在输入中有一个错误存在时,往往会屏蔽掉其他错误显示,因此,设计无效等价类的测试用例时,只覆盖一个无效等价类,然后重复这一步,直到覆盖了所有的无效等价类。

(2) 边界值分析测试法。边界值是指输入等价类或输出等价类边界上的值。实践表明,程序员在处理边界情况时,很容易因疏忽或考虑不周发生编码错误。例如,在数组容量、循环次数以及输入数据与输出数据的边界值附近,程序出错的概率往往较大。采用边界值分析法,就是要这样来选择测试用例,使得被测程序能在边界值及其附近运行,从而更有效地暴露程序中潜藏的错误。边界值分析测试法与等价类划分测试法有两方面不同:第一,与之前的等价类划分测试法中的抽取一个任意在范围里的值的方法不同,边界分析测试法中需要一个或多个元素,以使边界类的每一个边界都经过一次测试;第二,与仅仅关注输入条件不同,边界值分析测试法还需要考虑输出空间的边界范围。

(3) 错误推测测试法。使用边界值分析测试法和等价类划分测试法可以帮助开发人员设计具有代表性的、容易暴露程序错误的测试用例,但不同类型不同特点的程序通常又有一些特殊的容易出错的情况。此外,有时分别使用每组测试数据时程序都能正常工作,而这些输入数据的组合却可能检测出程序的错误。一般来说,即使是一个比较小的程序,可能的输入组合数也往往十分巨大,因此必须依靠测试人员的经验和直觉来推测程序中可能存在的各种错误,从而有针对性地设计检查这些错误的测试用例,这就是错误推测测试法。

3. 白盒测试

由于黑盒测试的工作量大,于是人们想到可以把程序打开,让程序的每一条语句都执行一次本测试用例。例如,程序中有判断语句 if X then A else B,如果测试用例选得不当,测了 100 次都是 A,从没有测到过 B,那么即使测试通过了,在用户的实际操作中,当某个条件执行到 B 时,还是有可能出错。白盒测试正是为了避免这种情况才提出来的。

白盒测试也叫路径测试或结构测试。它将软件看成一个透明的白盒子,按照程序的内部结构和处理逻辑来选定测试用例,主要是对软件的逻辑路径及过程进行测试,检查与设计是否相符。逻辑覆盖法是一种典型的白盒测试方法,是从程序内部的逻辑结构出发设计测试用例。由于不可能测试程序中的所有路径,那么有选择地执行程序中某些最有代表性的路径是唯一可行的方案。根据测试数据覆盖程序逻辑的程度,可以划分为如下 5 种不同等级的覆盖。

(1) 语句覆盖。语句覆盖是指设计的测试用例能使被测试程序中的每个语句至少执行一次。

(2) 判断覆盖。判断覆盖是指设计的测试用例不仅使每个语句必须至少执行一次,而且每个判断的每个分支都至少执行一次。

(3) 条件覆盖。条件覆盖的含义是不仅每个语句至少执行一次,而且使判断表达式中的每个条件能取到各种可能的结果。

(4) 判断/条件覆盖。判断/条件覆盖的含义是选取足够多的测试数据,使判断表达式中的每个条件都取到各种可能的值,而且每个判断表达式也都取到各种可能的结果。

(5) 条件组合覆盖。条件组合覆盖是更强的逻辑覆盖标准,要求选取足够多的测试数据,使每个判断表达式中的条件的各种可能组合至少出现一次。

7.3.3 系统测试的类型

按照测试的对象划分,系统测试可以分为 4 种类型,即单元测试、集成测试、确认测试和系统测试。

1. 单元测试

单元测试就是对一个模块或几个模块组成的小功能单元模块进行的测试。这种测试一般使用白盒测试技术,可在多个模块并行进行。模块编码完成且没有语法错误之后,可以开始单元测试。模块不是孤立的,需要设计驱动程序才可以测试。驱动程序是一种简单的调用程序,便于各种测试用例的输入,可记录被测模块用到的全局数据,并且给出明显的输出。在这种测试中,测试用例应该覆盖接口、模块的数据结构、边界条件、独立路径和错误处理路径等内容。

2. 集成测试

集成测试就是把管理信息系统的所有子模块组合在一起进行测试。一般来说,单元测试比较容易进行,但是集成测试的问题比较多,且运行一次的时间也很长。因此,选择集成测试的策略非常重要。集成测试有两种测试策略,即自底向上集成和自顶向下集成。

(1) 自底向上集成。最底层的模块称为原子模块,首先测试这些原子模块,然后逐步上升,测试相关的模块组合,最后测试整个程序。这种策略的优点是易于设计测试用例;缺点是不到最后,总没有一个完整的概念。

（2）自顶向下集成。这种测试一开始就抓住主控模块,一块块地进行测试。根据被测试系统的特点,可以采用深度优先方式,测试完一个模块后进入下一层模块,直到进入最底层模块,然后再测试其他未测模块。

3. 确认测试

集成测试完成之后,所开发的软件已经是一个完整的软件包,这时开始进行确认测试。确认测试就是验证该软件是否达到了用户的要求。管理信息系统设计规格说明书是确认测试的准则。

确认测试一般是通过一系列的黑盒测试来验证系统是否满足用户的要求。需要确认的内容主要包括以下三方面。

（1）所有功能需求都可以满足。

（2）所有的性能要求都可以满足。

（3）所有的文档都已经修改结束。

4. 系统测试

软件只是管理信息系统的一部分,最后要形成一个整体,还需要包括硬件、软件和与此相关的设备,对这个整体进行测试即为系统测试。典型的系统测试包括恢复测试、安全测试、强度测试和性能测试。

（1）恢复测试:人为地制造一种故障,查看系统能否正确恢复。如果系统能够正确恢复,那么需要评价重新初始化、数据恢复、重新启动是否正确。如果需要由人工恢复,则要评价操作的复杂程度、耗费时间、效果等能否被接受。

（2）安全测试:就是测试系统对抗外来无意或恶意攻击的能力。测试时,测试人员充当黑客,从软件的最薄弱之处进攻,什么方法都可以,如以正常手段获取口令、解体新开发的软件、将海量数据压向系统、破坏恢复能力等。

（3）强度测试:是测试软件在不正常情况下失衡的极点,如数据流通量达到多大就会失衡,是否可以全天候工作等。

（4）性能测试:是通过自动化的测试工具模拟多种正常、峰值以及异常负载条件来对系统的各项性能指标进行测试。负载测试和压力测试都属于性能测试,两者可以结合进行。负载测试主要是确定在各种工作负载下系统的性能,目标是测试当负载逐渐增加时,系统各项性能指标的变化情况。压力测试是通过确定一个系统的瓶颈或者不能接受的性能点,来获得系统能提供的最大服务级别的测试。

7.3.4 系统调试

调试与测试的意义不同,仅就测试而言,其目的是发现系统中的错误,但发现错误并不是开发者的最终目的,系统开发的最终目的是开发出高质量的完全符合用户需求的管理信息系统。因此,测试发现问题后,还必须诊断错误,改正错误。进行测试时,通过比较测试结果与预期结果的差异来确认错误的存在,而错误如何改正,就是调试的内容,所以调试又称排错或纠错。准确判定出错位置并不是一件容易的事,它要占去测试工作的大部分工作量,而在找到错误后,改正错误往往相对容易得多。

1. 调试步骤

一般来说,系统调试可遵从以下步骤。

(1) 从错误的外部表现形式入手,确定程序中出错的位置。

(2) 研究有关部分的程序,找出错误的内在原因。

(3) 修改设计代码以排除这个错误。

(4) 重复进行能够暴露这个错误的某些相关测试,判断错误是否已被排除。

(5) 如果所做修改无效,则撤销此次行动,重复上述过程,直到找到一个有效的解决办法为止。

2. 调试方法

关于调试还缺乏系统的理论方法,因此调试方法多是实践中的经验和积累。以下几种方法在实际调试过程中可以借鉴。

(1) 在程序中插入打印语句。此方法的优点是可以显示程序的动态过程,比较容易检查源程序的有关信息;缺点是效率低,可能输出大量无关的数据,发现错误带有偶然性。同时,使用此方法还要修改程序,可能会掩盖错误,改变关键的时间关系或把新的错误引入程序。因此,一般是在可能出错的地方插入打印语句,调试完毕后再将打印语句删除或注释掉。

(2) 运行部分程序。有时为了测试某些被怀疑有错的程序段,需要将整个程序反复执行多次,这样就使很多时间浪费在执行已经确定正确的程序段上。在这种情况下,应设法使被测程序只执行需要检查的程序段,以提高效率。

(3) 借助于调试工具。大多数程序设计语言都有专门的调试工具,可以利用这些工具分析程序的动态行为。例如,借助"追踪"功能可以追踪子程序调用、循环与分支执行路径、特定变量的变化情况等,利用"设断点"可以执行特定语句或改变特定变量值引起的程序中断,以便检查程序的当前状态。另外,还可以借助调试工具观察或输出内存变量的值,这样能大大提高调试程序的效率,但缺点是会产生大量的无关信息。

(4) 归纳法。归纳法是从个别到整体的推理过程。它从收集个别的故障症状开始,分析各种症状的相互关系后,将它们归纳为某一些假想的错误,如果这些假想能被证实,就找到了真实的病根。归纳法排错的步骤如下。

① 设置数据:列出所有已知信息,即程序能正确完成什么、存在什么类型的错误。

② 组织数据:是从特殊到一般的处理过程,也就是使所设置的数据结构化,便于从中发现矛盾。

③ 假设错误可能原因:研究错误迹象与数据间的关系,提出一个或多个假设原因。若提不出假设,则要设置更多的数据式执行附加的测试用例;若存在几种假设,则首先选择可能性最大的一个。

④ 证明错误原因假设:通过比较假设的错误原因与原来的错误数据,确定该假设是否完全解释了原有的错误迹象。如果比较结果不满意,则说明该假设不完全适用,要重新假设可能的错误原因或重新设置数据。

(5) 演绎法。演绎法是从一般到特殊的推理过程。根据测试获得的错误症状,可以先列出一批可能的原因,接着在这一大范围的设想中,逐一排除根据不足或与其他测试结果有明显矛盾的病因,然后对余下的一种或数种病因进行详细的鉴别,确定真正的原因。演绎法的步骤如下。

① 列出可能的错误原因。

② 仔细分析现有数据,寻找矛盾,排除所有无关因素,找出主要原因。若全部原因都被排除,则要设计附加的测试用例来发现新的错误原因。

③ 利用可靠的错误迹象来完善错误原因假设,使之更加具体化。

④ 证明错误原因假设的正确性。

7.4 系统转换

完成系统的测试工作之后,系统的实施将进入到新旧系统的转换阶段,这是前面工作的延续。这一阶段的工作常常被人们所忽视,但实际上这一工作的好坏对系统的安全性、可靠性、准确性都是非常重要的。用计算机辅助的管理信息系统,一般是在现行的手工管理系统基础之上建立起来的,因此必须协调新旧系统之间的关系,否则将造成单位正常工作的紊乱与中断。

7.4.1 系统转换前的准备工作

根据信息系统实际开发和应用的情况,确定了系统转换的方式以后,要做大量的准备工作,主要包括数据准备、文档准备、人员培训和系统初始化4个方面。

(1) 数据准备。数据准备是从旧系统中整理出新系统运行所需的基础数据和资料,即把旧系统的文件、数据加工成符合新系统要求的数据,其中包括历史数据的整理、数据口径的调整、数据资料的格式化、统计口径的变化以及个别数据及项目的增、删、改等。特别是对于采用手工方式进行信息处理的旧系统,需要用户和系统开发人员共同参与数据的准备过程。因为这些数据要被装入到新系统中,而计算机信息系统对数据的加工处理有自己的要求,所以数据的准备不仅是要归类整理,还要进行编码等工作。由于系统执行需要的可能是一年、几年甚至更长时间段内的数据,所以数据的输入流程所耗费的人力、时间是相当多的,相应地必然会耗费一定的财力。如果新系统是在已有的信息系统上开发的,应尽可能使数据转换工作自动化。这种转换工作也是十分复杂且耗时的,有时涉及数据库的改组或重建。

(2) 文档准备。系统调试完以后应有详细的说明文档供人阅读。该文档应说明系统各部分如何工作、维护和修改。系统说明文档大致可分为4类:①系统一般性说明文件,包括用户手册、系统规程、特殊说明;②系统开发报告,包括系统分析说明书、系统设计说明书、系统实施说明;③系统说明书,主要包括整个系统程序包的说明、业务流程图和数据流程图、程序清单、程序实验过程说明、输入及输出样本、程序所有检测点设置说明、各个操作指令、控制台指令、操作人员指示书等;④操作说明,包括系统的操作顺序、各种参数输入条件、数据的备份和恢复操作方法以及系统维护的有关注意事项。

(3) 人员培训。整个管理信息系统开发的成功与否取决于人们是否理解它,是否知道如何有效地使用它。因此,为了使新系统能够按预期目标正常运行,需要对相关人员进行必要的培训。实际上,在系统开发的早期阶段,就应该开始考虑制定一份培训计划。在这份计划中,首先要确定培训人员,然后针对不同的人员确定培训内容。需要进行培训的人员主要有3类:

① 事务管理人员。新系统能否顺利运行并获得预期效果,与事务管理人员(或主管人员)的理解和支持有密切的关系。因此,可以通过讲座、报告会的形式对事务管理人员进行

培训。培训的主要内容应该包括新系统的目标、功能；新系统的结构及运行过程；采用新系统对组织机构、工作方式等产生的影响；采用新系统后，对职工必须学会新技术的要求；今后如何衡量任务完成情况等。

② 系统操作员。对系统操作员的培训是与编程和测试工作同时进行的，应该给系统操作员提供比较充分的培训时间。其培训的主要内容应该包括必要的计算机硬、软件知识；新系统的工作原理；新系统的输入方式和操作方式；简单出错的处置知识；运行注意事项等。系统操作员是管理信息系统的直接使用者，统计资料表明，管理信息系统在运行期间发生的故障大多数是由于使用方法错误而造成的。因此，对用户系统操作员的培训应该是人员培训工作的重点。

③ 系统维护人员。对于系统维护人员来说，除了要求具有较好的计算机软、硬件知识外，必须对新系统的原理和维护知识有较深刻的理解。在规模较大的组织中，系统维护人员一般由计算机中心或计算机室的计算机专业技术人员担任。培训系统维护人员的最好途径就是让他们直接参与系统的开发工作，这样有助于让他们了解整个系统的全貌，为今后的工作打下良好的基础。

(4) 系统初始化。管理信息系统从开发到投入应用必须经过一个初始化的过程。系统初始化包括对系统的运行环境和资源进行设置、设定系统运行和控制参数、加载数据以及调整系统与业务工作同步等内容。其中，加载数据是工作量最大且时间最紧迫的一个重要环节，因为大量的原始数据需要一次性输入系统，而组织生产经营管理业务活动又会不断产生新的信息，如果不能在有限的时间内将数据输入完毕并启动系统，则新的数据变化会造成系统中的数据失效。系统初始化中大量的数据加载工作是系统启动的先决条件，并且大多都是由手工输入完成的，因此，输入环节中最重要的是正确性。数据加载中出现的数据错误大致有4种类型：原始数据中就存在错误；数据整理工作中产生的错误；输入错误；新系统可能的程序错误。在系统初始化过程中要注意采取一定的手段来查错和纠错，以防止错误的数据进入系统。例如，为了保证输入的正确性，有时采用数据重复输入法，把同一批数据分两次重复输入，由系统自动核对输入的差异，以检查数据输入的错误。这样做尽管输入工作量增加了一倍，但有效地避免了数据的输入错误。如果数据内部有计算或平衡关系，可利用程序对输入的数据进行检查，以发现其可能存在的错误。如果旧系统是计算机系统，则数据加载的主要工作将是进行数据和文件的转换，使数据转入新系统中。总之，数据加载工作量大、要求高，应予以高度重视。

7.4.2 系统转换方式

应在系统调试完毕的基础上，进行系统转换工作。此处的系统转换既包括原来全部用人工处理的系统转换到新的以计算机为基础的信息系统，也包括从旧的信息系统向新的信息系统的转换过程。转换工作包括旧系统的数据文件向新系统数据文件转换，人员、设备、组织机构的改造和调整，有关资料的建档和移交等。系统转换的终结形式是将全部控制权移交用户单位。系统转换一般有以下几种方式。

(1) 直接转换。这种方式是用新系统直接替换旧系统，中间没有过渡阶段。直接转换的优点是转换最简单，费用最省，但风险高。由于新系统尚未承担过正常的工作，可能会出现很多意想不到的问题，因此这种方式对重要系统不太适用。在实际应用时，应有一定措施,以便新系统一旦失灵,旧系统尚能顶替工作。

(2)平行运行。这种方式安排了新、旧系统有一段时间平行运行,在此阶段,旧系统和新系统并行处理。这种方式不仅保持了转换期间工作不致间断,而且使新旧系统可以进行对比,但这种方式的费用太高。

(3)试运行方式。这种方式类似平行运行方式,它在一些关键处理上进行试运行,在试运行感到满意时,再转入新系统全面运行。

(4)逐步转换。这种方式是分期分批进行转换。此方式能防止直接转换产生的危险性,也能减少平行运行方式的费用。但在混合运行过程中,必须事先考虑好它们之间的接口。当新旧系统差别太大时,不宜采用此种方式。

以上各种方式也可混合使用。不重要的部分,可采用直接转换;重要的部分,可采用平行转换方式等。

思考题

1. 系统实施与系统设计之间有何联系?
2. 系统测试包括哪几种方法?
3. 试说明系统测试在系统开发过程中的作用。
4. 系统的转换方式有几种? 各有何优缺点?
5. 衡量程序设计质量的指标有哪些?
6. 航空公司 A 向软件公司 B 订购了一个规划飞行路线的程序。假设你是软件公司 C 的软件工程师,A 公司已雇用你所在的公司对上述程序进行测试。你的任务是,根据下述事实设计测试的输入数据,解释你选取这些数据的理由。

领航员向程序输入出发点和目的地,以及根据天气和飞机型号而初步确定的飞行高度。程序读入途中的风向风力等数据,并且制定出三套飞行计划(高度、速度、方向及途中的 5 个位置校核点)。所制定的飞行计划应做到燃料消耗和飞行时间都最少。

第8章 信息系统运行与安全管理

【学习目标】
- 了解系统运行管理的意义、目标。
- 掌握系统运行管理的内容、组织和制度。
- 了解系统安全管理的目的、主要内容。
- 掌握信息系统安全管理和控制的方法和能力。

系统运行的好坏不但取决于系统设计开发的技术水平和系统运行人员的素质,更重要的取决于管理水平的高低。从企业验收并启用信息系统开始,对系统进行管理就成为了企业信息化管理工作的主要任务之一。本章主要介绍信息系统日常运营管理的基本内容,以及信息系统运营管理中常见的安全问题和一般控制措施。

8.1 信息系统运行管理

信息系统不同于其他产品,在开发完成并交付用户后,在实际使用过程中,还有大量管理工作要做。如果运行管理不善,新系统开发得再好,仍然不能发挥其作用。因此,为了让系统能够长期高效工作,还需要大力加强对系统运行工作的管理。

8.1.1 信息系统运行管理的目标

信息系统交付使用开始,研制工作即宣告结束。系统进入使用阶段后,这时的任务是对系统进行管理和维护,使信息系统真正发挥为管理者提供信息的作用。而所谓运行管理工作就是对信息系统的运行进行控制,记录其运行状态,进行必要的修改与扩充,以便使信息系统真正符合管理决策的需要,为管理决策者服务。

没有科学的组织与管理,信息系统不会自动地为管理工作提供高质量的信息服务,而且信息系统本身也会陷入混乱,信息系统的管理工作也不能与机器设备本身的管理工作等同起来。信息系统的任务是为管理工作服务,它的管理工作是以向一个组织提供必要的信息为目标,以能够满足管理工作人员的信息需求为标准,而机器本身的管理与维护工作只是这项工作的一小部分,只是提供硬件的保证,真正做到向管理人员提供信息的同时还要做许多软件操控、数据收集、成果提供等工作。因此,信息系统应该有专人负责其运行管理与维护工作。这里说的专人,不应该是只管理硬件设备的硬件人员,而应该是了解系统功能及目标、与管理人员直接接触的信息管理人员。

8.1.2 信息系统运行管理的内容

信息系统的运行管理工作是系统研制工作的继续,主要内容包括日常运行的数据管理、系统运行情况的记录等。

1. 日常运行的数据管理

信息系统日常运行管理过程中,离不开信息系统中数据管理的各个环节,涉及的基本任务包括以下几方面。

(1) 数据的收集。这里的任务包括 3 项:数据收集、数据校验和数据录入。收集工作常常是由分散在各个业务部门的业务管理人员进行的,因此其组织工作往往是比较难以进行的。然而,如果这一工作不做好,整个系统的工作就会建立在"沙滩"上。系统主管人员应该努力通过各种方法,提高这些人员的技术水平和工作责任感,对他们的工作进行评价、指导和帮助,以便提高所收集数据的质量,为系统有效的工作打下坚实的基础。

(2) 在保证基本数据的完整、及时和准确的前提下,系统应完成例行的信息处理及信息服务工作。常见的工作包括:例行的数据更新、统计分析、报表生成、数据的复制及保存、与外界的定期数据交流等。

(3) 为了完成前面所列的数据录入及例行服务工作,要求各种设备始终处于正常运行的状态之下,为此,需要有一定的硬件工作人员,负责计算机本身的运行与维护。

(4) 系统的安全管理,也是日常工作的重要部分。信息系统各个环节都可能存在不安全因素。例如,数据输入部分,数据通过输入设备进入系统,输入数据更容易被篡改或者输入假数据;数据处理部分,数据处理部分的硬件容易被破坏或盗窃,并且容易受电磁干扰或因电磁辐射而造成信息泄露;通信线路上,通信线路上的信息容易被截获,线路容易被盗窃或破坏;软件中,操作系统、数据库系统和程序容易被修改或破坏;输出部分,输出信息的设备容易造成信息泄露或被窃取。

2. 系统运行情况的记录

在完成上述各项日常管理工作的同时,应该对系统的工作情况进行详细的记录。系统的运行情况如何对系统管理是十分重要的资料。对信息系统的管理需要从实践中摸索和总结经验,不断提高管理水平。如果缺乏系统运行情况的基本数据,只停留在一般印象上,无法对系统运行情况进行科学的分析和合理的判断,则难以进一步提高信息系统的工作水平。信息系统的主管人员应该从系统运行的开始就注意积累系统运行情况的详细资料。

在信息系统的运行过程中,需要收集和积累的资料包括以下几方面。

(1) 有关工作数量的信息。例如,开机的时间,每天、每周、每月提供的报表的数量,每天、每周、每月录入的数据的数量,系统中积累的数据量,修改程序的数量,数据使用的频率,满足用户临时要求的数量等。这些数据反映了系统的工作负担及所提供的信息服务的规模。这是反映计算机应用系统功能的最基本的数据。

(2) 工作的效率,即系统为了完成所规定的工作,占用了多少人力、物力及时间。例如,完成一次年度报表的编制,用了多长时间、多少人力。又如,使用者提出一个临时的查询要求,系统花费了多长时间才给出所要的数据。此外,系统在日常运行中,理性的操作所花费的人力是多少,消耗性材料的使用情况如何等。随着经济体制的改革,各级领导越来越多地注意经营管理。任何新技术的采用,如果不注意经济效益是不可能得到广泛应用的。

(3) 系统所提供的信息服务的质量。信息服务和其他服务一样,不能只看数量,不看质量。如果一个信息系统生成的报表,并不是管理工作所需要的,管理人员使用起来并不方便,那么这样的报表生成得再多、再快也是没有意义的。同样,使用者对于提供的方式是否满意,所提供信息的精确程度是否符合要求,信息提供是否及时,临时提出的信息需求能否得到满足等,也属于信息服务的质量范围之内。

(4) 系统的维护修改情况。系统中的数据、软件和硬件都有一定的更新、维护和检修的工作规程。这些工作都要有详细、及时的记载,包括维护工作的内容、情况、时间、执行人员等。这不仅是为了保证系统的安全和正常运行,而且有利于系统的评价及进一步扩充。

(5) 系统的故障情况。无论大小故障,都应该及时地记录下这些情况:故障的发生时间、原因分析。这里要注意的是,所说的故障不是指计算机本身的故障,而是对整个信息系统的故障。同样,收集来的原始数据如有错,也不是计算机信息系统故障,这些错误的类型、数量等统计数据是非常有用的资料,其中包含了许多有益的信息,对于整个系统的扩充与发展具有重要的意义。

8.1.3 信息系统运行管理的组织

信息系统在组织中的应用和发展,也与其他技术一样,以信息需求为驱动导向,如财务、统计、生产部门等,这时的信息系统为特定的组织部门服务。为了加快这些部门的信息处理速度,减缓组织功能运作的瓶颈,所以大多采用如图 8-1(a)所示的方式。如图 8-1(b)所示方式中,信息部门与其他职能部门平行,其特点是信息资源可以为整个组织共享,但信息处理的决策能力较弱,系统运营中有关的协调和决策工作将受到影响。信息系统在组织中的地位最好是将上述两种方式结合在一起,各尽其责。这样有利于加强信息资源管理和信息资源的共享,并且在系统运营过程中便于协调和决策。计算机、网络、通信等各项技术的发展和深入应用,使信息部门逐渐处于组织运行的中枢地位,形成如图 8-1(c)所示的方式。

信息系统在运营管理期间,由于组织中系统运营部门的工作变化,运营管理部门的内部人员结构也要发生变化,数据采集和数据准备部门规模逐渐缩小或被取消。一般工作人员明显减少,专业化技术人员的需求急速增长。一般的信息运营管理部门人员组成如图 8-2所示。这种人员构成的优点是,信息系统运营部门功能全面,对任何信息需求和信息事件都能很快反应;缺点是对于小规模的组织显得人员过于臃肿。

面向运营管理的组织结构取消了简单的数据采集岗位,同时增加了系统维护的力量。如图 8-3 所示为面向运营管理的信息部门人员组成。

其中,各小组的职能分配如下。

(1) 网络组:负责网络正常运行的维护和扩容、网络系统及设备的安全管理等,具备网络问题诊断和初步的解决能力。

(2) 软件组:根据主要工作的不同,可分为网管、软件维护人员和数据库管理员

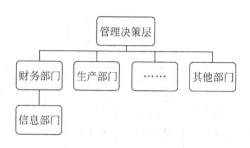

(a) 信息部门为特定部门服务

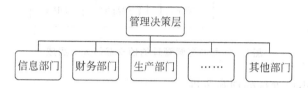

(b) 初步的信息共享部门与其他部门并行

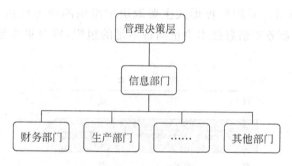

(c) 完全信息共享信息部门成为中心

图 8-1 信息系统运行组织结构

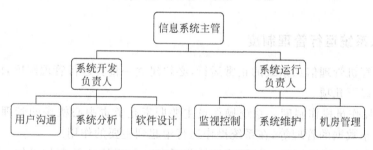

图 8-2 信息部门一般人员组成

(DBA)。网管负责进行操作系统的服务器资源优化配置、用户授权、网络监控。软件维护人员保证软件的正常运作、更新和完善信息系统功能。数据管理组人员的主要任务是制定数据备份策略、确定数据备份方案、承担灾难恢复任务、控制输入数据的正确性。

(3) 业务组：主要任务是信息用户与系统管理之间的沟通和联系，及时给信息管理人员反馈信息，具有业务管理和信息使用的双重身份。

(4) 行政组：主要负责信息中心的日常管理工作，收集各层次用户对信息系统的意见，

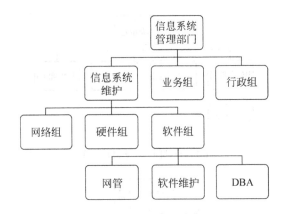

图 8-3　面向运营管理的信息部门人员组成

及时通知有关工作小组进行处理和改进。

信息系统运营管理方式与开发方式相似,也可以采取 3 种方式:自主运行、全部外包和部分外包,如图 8-4 所示。采用哪种形式主要取决于组织的业务性质、技术力量和经济因素。更加专注于核心业务和信息技术力量储备不足的组织,则会更多地考虑采用外包和部分外包形式。

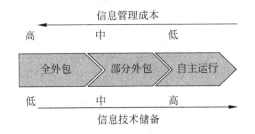

图 8-4　信息系统运营管理的方式

8.1.4　信息系统运行管理制度

为保证计算机管理信息系统的正常运行,必须建立一整套运行管理制度,而这套管理制度主要应包括以下几项。

(1) 系统操作员操作制度。系统操作员主要职责是负责中心机房的管理、系统数据的备份/恢复、共享数据的管理等,在系统操作运行中起到主要的作用。

(2) 子系统操作员操作制度。子系统操作员负责子系统的管理与操作,该制度应规定各子系统终端室(或工作站)的工作环境要求、正常工作职责及处理细则。系统操作员、子系统操作员应每日填写工作日志。

(3) 计算机机房管理制度。如规定保证机房安全和清洁,使计算机能正常运行的各种措施;规定上机操作规程,以及意外事故发生的处理办法等。

(4) 文档管理制度。规定文档管理人员的职责、文档保存、借阅、修改的管理细则。

(5) 应用软件维护制度等。

8.2　信息系统安全管理概述

随着科技的进步,信息处理的方法和技术也在不断发展,信息的传播不断加快,信息存储的媒体也越来越多,与此同时,组织面临的信息安全问题也在不断增加,如果不采取有效措施,信息的保密性、完整性、可用性就得不到有效保持,而对信息的保密性、完整性、可用性造成影响的事件主体就是信息资产面临的威胁。威胁事件可能导致信息资产受到损害,造成资产价值降低。不同信息资产的薄弱点也各不相同,有技术方面,也有管理方面。

8.2.1　信息安全的目标

信息安全的实质就是要保护信息系统的信息资源免受各种类型的威胁、干扰和破坏,即保证信息的安全性。信息安全是任何国家、政府、部门、行业都必须十分重视的问题,是一个不容忽视的国家安全战略。所有的信息安全技术都是为了达到一定的安全目标,其核心包括保密性、完整性、可用性、可控性和不可否认性5个安全目标。

(1) 保密性(Confidentiality)是指阻止非授权的主体阅读信息。通俗地讲,就是说未授权的用户不能够获取敏感信息。对纸质文档信息,只需要保护好文件,不被非授权者接触即可,而对计算机及网络环境中的信息,不仅要制止非授权者对信息的阅读,也要阻止授权者将其访问的信息传递给非授权者,以致信息被泄露。

(2) 完整性(Integrity)是指防止信息被未经授权地篡改。它是保护信息保持其原始的状态,使信息保持真实性。如果这些信息被蓄意地修改、插入、删除等,形成虚假信息将带来严重的后果。

(3) 可用性(Usability)是指授权主体在需要信息时能及时得到服务的能力。可用性是在信息安全保护阶段对信息安全提出的新要求,也是在网络化空间中必须满足的一项信息安全要求。

(4) 可控性(Controlability)是指对信息和信息系统实施安全监控管理,防止非法利用信息和信息系统。

(5) 不可否认性(Non-repudiation)是指在网络环境中,信息交换的双方不能否认其在交换过程中发送信息或接收信息的行为。

信息安全的保密性、完整性和可用性主要强调对非授权主体的控制。那么对授权主体的不正当行为如何控制呢? 信息安全的可控性和不可否认性恰恰是通过对授权主体的控制,实现对保密性、完整性和可用性的有效补充,主要强调授权用户只能在授权范围内进行合法的访问,并对其行为进行监督和审查。

除了上述的信息安全目标外,还有信息安全的可审计性(Auditability)、可鉴别性(Authenticity)等。信息安全的可审计性是指信息系统的行为人不能否认自己的信息处理行为。与不可否认性的信息交换过程中行为可认定性相比,可审计性的含义更宽泛一些。信息安全的可鉴别性是指信息的接收者能对信息发送者的身份进行判别,也是一个与不可否认性相关的概念。

8.2.2 信息系统安全风险和控制

1. 信息系统安全风险

信息系统安全风险是由于信息安全威胁的存在对信息系统安全造成的潜在后果。所有的风险都表现为未授权行为,包括4种类型:泄露和窃取、非授权使用、未授权破坏、未授权篡改。

(1)泄露和窃取。如果没有权限的人可以使用数据库和软件,那么就有可能造成公司丢失信息和损失资产。例如,商业间谍能够获取有用的竞争信息,计算机犯罪能够盗用公司的资金。

(2)非授权使用。有些人即使没有权限使用公司资源,他们也有方法达到使用公司资源的目的。这类计算机犯罪的典型就是以挑战公司安全为乐的黑客。例如,黑客闯入公司的计算机网络,进入电话系统,进行非法操作。

(3)未授权破坏。有些怀有恶意的用户可能会破坏公司的硬件和软件,导致公司的计算机操作系统陷于瘫痪。计算机犯罪不需要到现场,通过从远程终端登录公司的计算机网络,使用公司的资源,从而导致公司正常业务陷于瘫痪。

(4)未授权篡改。公司的数据、信息和软件可能被篡改。有些篡改甚至不会被察觉,可能让使用系统输出的用户做出错误的决定,如入侵员工的工资系统进行篡改。

2. 信息系统安全控制

信息系统的安全控制可以分为一般控制和应用控制两种。

一般控制是宏观上的说法,保护程序安全、数据安全等,都是比较常见和抽象的控制;应用控制是具体的控制。一般控制从总体上确保企业对其信息系统控制的有效性,目标是保证计算机系统的正确使用和安全性,防止数据丢失。一般控制在人员控制、逻辑访问控制、设备和业务连续性这些方面进行控制。

(1)人员控制。涉及人员招募、训练和监督的人员控制必须确保程序和数据职责完成。人员控制包括部门内部职责的分离和数据处理部门的分离。例如,企业应立即取消已离开公司的职员的所有访问权限。

(2)逻辑访问控制。逻辑访问控制对未经授权的访问提供了安全保护。最普遍的安全访问是通过密码,可对密码定义其格式、长度、加密和常规的变化。

(3)设备控制。设备控制是对计算机设备进行物理保护,如把它们锁在一间保护室或保护柜中,并使用报警系统,如果计算机从其位置上发生移动,报警系统将被激活。

(4)业务连续性。在系统故障、设备操作系统、程序或数据丢失或毁坏的情况下,业务持续性或灾难恢复计划可从信息系统中恢复关键的业务信息。

应用控制与管理政策配合,对程序和输入、处理及输出数据进行适当的控制,可以弥补一般控制的某些不足。具体包括3个方面。

(1)输入控制。输入控制的目的是发现和防止错误的交易数据的录入,其中包括:①交易前的数据录入,如在发票与收到的货物、文件和采购订单相匹配后,核准供应商的发票。②数据输入的规定格式令使用者不得跳过强制输入字段。③输入体系内容的合理检查,如检查给予顾客的折扣是否在允许的限度内。

(2)过程控制。过程控制确保过程的发生按照公司的要求进行,没有被忽略或处理不当的交易发生。最常见的控制是交易记录、分批平衡和总量控制系统。

（3）输出控制。输出控制确保输入和处理活动已经被执行，而且生成的信息可靠并分发给用户。主要的输出控制形式是交易清单和例外报告等。

8.2.3　信息系统的安全管理

1. 信息系统安全管理的具体原则

信息系统安全管理在系统设计、开发、使用和维护的各个阶段，应遵循的具体原则主要包括如下内容。

（1）分权制衡原则。安全管理采取分权制衡原则，避免操作权利过于一种；否则，一旦出现问题就可能全部崩溃。

（2）最小特权原则。所谓最小特权，指的是"在完成某种操作时所赋予每个主体（用户或进程）必不可少的特权"。最小特权原则，则是指"应限定每个主体所必需的最小特权，确保可能的事故、错误、网络部件的篡改等原因造成的损失最小"。

（3）失效保护原则。系统运行错误或故障时，必须拒绝非授权访问，阻断非授权人员进入内部系统，直到必要时以牺牲使用为代价来确保安全。

（4）职责分离原则。职责分离是降低意外或故意滥用系统风险的一种方法。为减少未经授权的修改或滥用信息或服务的机会，应当考虑责任领域的管理和执行功能分离。有条件的组织或机构，应当执行专职专责。如果职责分离比较困难，应当附加其他的控制措施，如行为监视、审计跟踪和管理监督等。

2. 信息系统安全管理的措施

只有建立完善的安全管理制度，将信息安全管理自始至终贯彻落实于信息系统管理的方方面面，组织的信息安全才能真正得以实现。具体的管理措施主要包括以下几方面。

（1）开展信息安全教育，提高安全意识。员工信息安全意识的高低，是一个组织信息安全体系是否能够最终成功实施的决定性因素。据不完全统计，信息安全的威胁除了外部的（大约占20%），主要还是内部的（大约占80%）。在组织中，可以采用多种形式对员工开展信息安全教育，例如，可以通过培训、宣传等形式，采用适当的奖惩措施，强化技术人员对信息安全的重视，提升使用人员的安全观念；有针对性地开展安全意识宣传教育，同时对在安全方面存在问题的用户进行提醒并督促改进，逐渐提高用户的安全意识。

（2）建立完善的组织管理体系。完整的组织信息系统安全管理体系首先要建立完善的组织体系，即建立由行政领导、信息技术主管、信息安全主管、系统用户代表和安全顾问等组成的安全决策机构，完成制定并发布信息安全管理规范和建立信息安全管理组织等工作，从管理层面和执行层面上统一协调项目实施进程，克服实施过程中人为因素的干扰，保障信息安全措施的落实以及信息安全体系自身的不断完善。

（3）及时备份重要数据。在实际的运行环境中，数据备份与恢复是十分重要的。即使从预防、防护、加密、检测等方面加强了安全措施，但也无法保证系统不会出现安全故障，应该对重要数据进行备份，以保障数据的完整性。组织最好采用统一的备份系统和备份软件，将所有需要备份的数据按照备份策略进行增量和完全备份。要有专人负责和专人检查，保障数据备份的严格进行及可靠、完整性，并定期安排数据恢复测试，检验其可用性，及时调整数据备份和恢复策略。目前，虚拟存储技术已日趋成熟，可在异地安装一套存储设备进行异地备份,不具备该条件的,则必须保证备份介质异地存放,所有的备份介质必须有专人保管。

8.2.4 信息系统的业务持续性管理

2001年9月11日,美国世贸中心双子大厦遭受了谁也无法预料的恐怖打击。灾难发生前,约有350家组织在世贸大厦中工作。事故发生一年后,重返世贸大厦的组织变成了150家,有200家组织由于重要信息系统的破坏,关键数据的丢失而永远关闭、消失了。其中的一家公司称,自己要恢复到灾难前的状态需要50年的时间。

2003年,当AT&T无线试图对Siebel客户关系管理(CRM)软件进行升级的时候,原定一个周末就能完成的项目演变为一场历时6个星期的灾难。这次CRM软件的升级使AT&T无线损失了1亿多美元,仅增加的用户欠款、员工加班费和承包商的佣金就高达7500万美元。此外,技术故障也导致该公司2002年第四季度的新增用户数急降82%。而其损失并不仅限于这些,AT&T无线对分析师发布警告称"2004年上半年的用户退网率将进一步增加"。

这些灾难的发生或许是偶然而难以预料的,但是,对灾难的预防却绝不应该是一个偶然的话题。

业务持续计划(BCP)是一套用来降低组织的重要营运功能遭受未料的中断风险的作业程序,它可能是人工的或系统自动的。业务持续计划是高层管理人员的首要职责,因为他们被委任于保护公司的资产及公司的生存。业务持续计划的目的是使一个组织及其信息系统在灾难事件发生时仍可以继续运作。为了能对灾难事件有适当的对策,严密的计划及相关资源的投入是必需的。

业务持续性的基础是充分的数据备份和恢复,以及信息系统的灾难恢复计划。数据的恢复是信息系统恢复和持续的保障,而对于信息系统支持关键业务的组织来说,信息系统的恢复更是业务恢复和持续的前提。

1. 数据备份

无论任何时候,数据备份都是非常重要的,并要定期测试备份的可靠性。一种技术只能减少或防止某些类型的灾难影响。除了简单或一成不变的应用,在没有特别要求的情况下,尽量不要采用操作系统层面以上的数据复制技术。而没有文档化的流程就相当于没有流程,没有流程的系统能够在要求时间内恢复完全靠运气(通常不能)。

另外,在通常情况下,信息系统相关的灾难备份方案设计必须考虑五大因素:

① 灾难类型。需要考虑哪些灾难?怎样的灾难?会使业务中断多久?

② 恢复速度。灾难发生后需要多久来启动及运行系统?能否承受数天或数分钟的等待?

③ 恢复程度。需要恢复每条记录和交易吗?可以使用上星期或昨天的数据吗?需要恢复一切吗?有不相关的文件吗?什么是合法隐含的要求?有少数的一组人输入交易吗?他们可以重新输入灾难期间丢失的交易吗?这些交易十分重要而不容许丢失吗?

④ 可用的技术。必须结合考虑所选技术在本地区的适用性、实现条件以及在实施时是否受某些现有条件的制约。

⑤ 方案总体成本。实现灾难备份需要多少投资?不实现灾难备份会损失多少钱?

数据备份是容灾的基础,是指为防止系统出现操作失误或系统故障导致数据丢失,将全部或部分数据集合从应用主机的硬盘或阵列复制到其他的存储介质的过程。传统的数据备份主要是采用内置或外置的磁带机进行冷备份,但是这种方式只能防止操作失误等人为故障,而且其恢复时间也很长。随着技术的不断发展,数据的海量增加,不少的组织开始采用网络备份。网络备份一般通过专业的数据存储管理软件,结合相应的硬件和存储设备来实现。

常见的备份方式包括:

① 定期磁带备份数据。即将数据传送到备份中心制作完整的备份磁带或光盘。

② 远程数据库备份。就是在与主数据库所在生产机相分离的备份机上建立主数据库的一个备份。

③ 网络数据镜像。这种方式是对生产系统的数据库数据和所需跟踪的重要目标文件的更新进行监控与跟踪,并将更新日志实时通过网络传送给备份系统,备份系统则根据日志对磁盘进行更新。

④ 远程镜像磁盘。通过高速光纤通道线路和磁盘控制技术将镜像磁盘延伸到远离生产机的地方,镜像磁盘数据与主磁盘数据完全一致,更新方式为同步或异步。

数据备份必须要考虑到数据恢复的问题,包括采用双机热备、磁盘镜像或容错、备份磁带异地存放、关键部件冗余等多种灾难预防措施。这些措施能够在系统发生故障后进行系统恢复。但是这些措施一般只能处理计算机单点故障,对区域性、毁灭性灾难则束手无策,也不具备灾难恢复能力。

选择了存储备份软件、存储备份技术(包括存储备份硬件及存储备份介质)后,首先需要确定数据备份的策略。备份策略指确定需备份的内容、备份时间及备份方式。各个单位要根据自己的实际情况来制定不同的备份策略。目前被采用最多的备份策略主要有3种。

(1) 完全备份(full backup)。每天对自己的系统进行完全备份。例如,星期一用一盘磁带对整个系统进行备份,星期二再用另一盘磁带对整个系统进行备份,依此类推。这种备份策略的好处是当发生数据丢失的灾难时,只要用一盘磁带(即灾难发生前一天的备份磁带),就可以恢复丢失的数据。然而也有不足之处,首先,由于每天都要对整个系统进行完全备份,造成备份的数据大量重复。这些重复的数据占用了大量的磁带空间,这对用户来说就意味着增加成本。其次,由于需要备份的数据量较大,因此备份所需的时间也较长。对于那些业务繁忙、备份时间有限的单位来说,选择这种备份策略是不明智的。

(2) 增量备份(incremental backup)。星期天进行一次完全备份,然后在接下来的6天里只对当天新的或被修改过的数据进行备份。这种备份策略的优点是节省了磁带空间,缩短了备份时间。但缺点在于当灾难发生时,数据的恢复比较麻烦。例如,系统在星期三的早晨发生故障,丢失了大量的数据,那么现在就要将系统恢复到星期二晚上时的状态。这时系统管理员就要首先找出星期天那盘完全备份的磁带进行系统恢复,然后再找出星期一的磁带来恢复星期一的数据,然后找出星期二的磁带来恢复星期二的数据。很明显,这种方式很烦琐。另外,这种备份的可靠性也很差。在这种备份方式下,各盘磁带间的关系就像链子一样,一环套一环,其中任何一盘磁带出现问题都会导致整条链子脱节。例如在上例中,若星期二的磁带出了故障,那么管理员最多只能将系统恢复到星期一晚上时的状态。

(3) 差分备份(differential backup)。管理员先在星期天进行一次系统完全备份,然后在接下来的几天里,管理员再将当天所有与星期天不同的数据(新的或修改过的)备份到磁带上。差分备份策略在避免了以上两种策略的缺陷的同时,又具有了它们的所有优点。首先,无须每天都对系统做完全备份,因此备份所需时间短,节省了磁带空间;其次,它的灾难恢复也很方便。系统管理员只需两盘磁带,即星期一的磁带与灾难发生前一天的磁带,就可以将系统恢复。

在实际应用中,备份策略通常是以上3种的结合。例如,每周一至周六进行一次增量备份或差分备份,每周日进行全备份,每月月底进行一次全备份,每年年底进行一次全备份。

2. 恢复策略

恢复策略的选择首先要通过业务影响分析确定风险和重要性级别,然后通过比较恢复成本和停机成本来决定。对于大型主机系统和重要网络设施的运行而言,基于风险评价确定的恢复策略有如下类型。

(1) 热站(Hot Site)。热站提供从机房环境、网络、主机、操作系统、数据库、通信等各方面的全部配置,灾难发生后,一般几个小时内就可以使业务系统恢复运行。热站提供的硬件设施与系统软件必须与原有系统一致,启用时,只需操作人员到位并安装应用程序、数据与文件即可运行。如果要租用第三方服务提供商的热站,其成本是较高的,但是与组织重建一个冗余备份站点相比就便宜多了,从节约成本考虑,组织经常为一些重要的应用系统选择热站方式的恢复策略。经过认真计划,组织可以通过购买保险的方式来弥补租用热站的费用支出。热站的租用费用包括:基本的申请费、按月交纳的租金、测试费用、占用费(灾难发生时,激活启用该站点的费用)、按天或小时计算的实际使用费。不同的服务提供商可能有不同的收费标准,有的服务商提高占用费,以限制对热站的过度使用;有的服务商不收占用费,以提高非灾难期间站点的利用率。例如,在业务处理量突然增加时,有些组织可以利用热站均衡主系统的负载。组织与热站服务商签订的合同应当包括所需要的时间、使用频度和特定的测试时间等。

热站主要是为组织提供一个有限的时间内的应急手段,并不适合长期使用,如果长期使用可能要损害其他热站申请者的利益。所以热站应当看作是灾难或中断发生后,为保证重要业务连续运行所采取的一种临时性的方法,使用时间最多不要超过几周。在使用热站的同时,要做好下一步的计划,尽快恢复主系统的运行。主系统恢复后,服务商将把组织的恢复策略从热站转移到温站或冷站中,以空出热站供其他申请者使用。

组织在灾难恢复计划中要规定利用公共交换网与热站进行网络连接时需要满足的条件,如通过冗余线路提供流量保证;通过不同线路形成可靠的通信能力;在任何时间对各个中心站点保持连接;保证网络上不存在单点故障。

(2) 温站(Warm Site)。温站只配备了部分设备,通常没有主机,只提供网络连接和一些外部设备(如磁盘驱动器、UPS设备等)。使用温站是基于这样一个前提:计算机很容易获得,并可以快速安装使用。由于计算机是恢复设施中最昂贵的设备,平时不提供计算机是为了节约成本,降低温站的租用费用。安装计算机或其他所缺少的设备可能要花几天时间,但一旦所需组件安装完毕,温站可以在几个小时内提供服务。

(3) 冷站(Cold Site)。为降低成本,冷站只提供支持信息处理设施运行的基本环境(如电线、空调、场地等)。灾难发生时,所有设备都必须运送到站点上,要从基础设施开始安装,因此故障恢复时间可能会很长,如可能需要几周时间。

(4) 冗余信息处理设施。冗余信息处理设施是组织自己配备的、专用的恢复站点,用来对关键应用系统进行备份与恢复。主要形式有:一是建立可单独运行的备份站点的方式;

二是与其他组织签订互惠协议,使双方的应用系统互为备份。建立冗余的信息处理设施的两套系统的软件、硬件之间,不能存在兼容性与可用性的问题。不同组织之间签订互惠备份协议时,一般会遇到系统的不兼容、不容易协调的问题,在大型组织内部建立冗余的信息处理设施有时也有这样的问题,特别是这些设施分归不同的部门管理时。

思考题

1. 说明信息系统运行管理的必要性。
2. 简述信息系统的日常运行管理工作。
3. 信息系统运行管理制度主要有哪些?
4. 信息系统通常会受到哪些方面的安全威胁?
5. 简述信息系统安全管理措施。
6. 数据备份和恢复的方法有哪些? 分别适用于什么情况?

第 9 章　信息系统维护与评价

【学习目标】
- 了解系统维护的目的和原因。
- 掌握系统维护的内容和类型。
- 了解系统评价的目的。
- 熟悉系统评价的内容、系统评价的指标体系和评价方法。

9.1　信息系统维护

　　为了清除信息系统运行中发生的故障和错误,软、硬件维护人员要对系统进行必要的修改与完善;为了使系统适应用户环境的变化,满足新提出的需要,也要对原系统做些局部的更新,这些工作称为信息系统维护。信息系统维护的任务是改正软件系统在使用过程中发现的隐含错误,扩充在使用过程中用户提出的新的功能及性能要求,其目的是维护信息系统的正常运行。这阶段的文档是软件问题报告和软件修改报告,记录发现软件错误的情况以及修改软件的过程。

9.1.1　信息系统维护概述

　　系统维护是指保证系统正常工作,应付系统内外环境和其他因素的变化而采取的有关活动,包括纠正错误和改进功能两大方面的内容。

　　进行系统维护的原因是多方面的,包括国家有关政策和法规的改变;组织管理方法、方式的改变;信息系统业务处理过程的变化;用户需求的增加;运行平台的变化和升级;运行设计中存在的问题。

　　管理信息系统在完成系统实施、投入正常运行之后,就进入到系统运行与维护阶段。信息系统的使用寿命一般短则 4~5 年,长则可达 10 年以上,在信息系统的整个生命周期中,都将伴随着系统维护工作。系统维护的目的是要保证管理信息系统正常而可靠地运行,并能使系统不断得到改善和提高,以充分发挥其作用。因此,系统维护的任务就是要有计划、有组织地对系统进行必要的改动,以保证系统中的各个要素随着环境的变化始终处于最新的、正确的工作状态。

　　系统维护工作在整个系统生命周期中常常被忽视。人们往往热衷于系统开发,当开发工作完成以后,多数情况下开发队伍会被解散或撤走,而在系统开始运行后并没有配置适当的系统维护人员。这样一旦系统发生问题或环境发生变化,最终用户将无从下手,这就是为什么有些信息系统在运行环境中长期与旧系统并行运行而不能转换,甚至最后被废弃的原因。随着信息系统应用的深入,以及使用寿命的延长,系统维护的工作量将越来越大。系统维护的费用往往占整个系统生命周期总费用的60%以上,因此有人曾以浮在海面的冰山来比喻系统开发与维护的关系,系统开发工作如同冰山露出水面的部分,容易被人看到而得到重视,而系统维护工作如同冰山浸在水下的部分,体积远比露出水面的部分大得多,但由于不易被人看到而常被忽视。从另一方面来看,相对具有"开创性"的系统开发来讲,系统维护工作属于"继承性"工作,挑战性不强,成绩不显著,使很多技术人员不安心于系统维护工作,这也是造成人们重视开发而轻视维护的原因,但系统维护是信息系统可靠运行的重要技术保障,必须给予足够的重视。

9.1.2 信息系统维护的内容

系统维护是面向系统中的各个构成要素,按照维护对象不同,系统维护的内容可分为以下几类。

(1)系统应用程序维护。系统的业务处理过程是通过应用程序的运行而实现的,一旦程序发生问题或业务发生变化,就必然会引起程序的修改和调整,因此系统维护的主要活动是对程序进行维护。

(2)数据维护。业务处理对数据的需求是不断发生变化的,除了系统中主体业务数据的定期正常更新外,还有许多数据需要进行不定期地更新,或随环境或业务的变化而进行调整,以及数据内容的增加、数据结构的调整。此外,数据的备份与恢复等,都是数据维护的工作内容。

(3)代码维护。随着系统应用范围的扩大,应用环境的变化,系统中的各种代码都需要进行一定程度的增加、修改、删除,以及设置新的代码。

(4)硬件设备维护。主要就是指对主机及外设的日常维护和管理,如机器部件的清洗、润滑,设备故障的检修,易损部件的更换等,这些工作都应由专人负责,定期进行,以保证系统正常、有效地工作。

(5)机构和人员的变动。信息系统是人机系统,人工处理也占有重要地位,人的作用占主导地位。为了使信息系统的流程更加合理,有时涉及机构和人员的变动,这种变化往往也会影响对设备和程序的维护工作。

9.1.3 信息系统维护的类型

系统维护的重点是系统应用软件的维护工作,按照软件维护的不同性质划分为下述4种类型。

(1)纠错性维护。由于系统测试不可能揭露系统存在的所有错误,因此在系统投入运行后的实际应用过程中,就有可能暴露出系统内隐藏的错误。诊断和修正系统中遗留的错误,就是纠错性维护。纠错性维护是在系统运行中发生异常或故障时进行的,这种错误往往是遇到了从未用过的输入数据组合或是在与其他部分接口处产生的,因此只是在某些特定的情况下发生。有些系统运行多年后才暴露出在系统开发中遗留的问题,这是不足为奇的。

(2)适应性维护。适应性维护是为了使系统适应环境的变化而进行的维护工作。一方面计算机科学技术迅速发展,硬件的更新周期越来越短,新的操作系统和原来操作系统的新版本不断推出,外部设备和其他系统部件经常有所增加和修改,这就必然要求信息系统能够适应新的软硬件环境,以提高系统的性能和运行效率。另一方面,信息系统的使用寿命在延长,超过了最初开发这个系统时应用环境的寿命,即应用对象也在不断发生变化,机构的调整,管理体制的改变、数据与信息需求的变更等都将导致系统不能适应新的应用环境。例如,代码改变、数据结构变化、数据格式以及输入/输出方式的变化、数据存储介质的变化等,都将直接影响系统的正常工作。因此有必要对系统进行调整,使之适应应用对象的变化,满足用户的需求。

(3) 完善性维护。在系统的使用过程中,用户往往要求扩充原有系统的功能,增加一些在软件需求规范书中没有规定的功能与性能特征,以及对处理效率和编写程序的改进。例如,有时可将几个小程序合并成一个单一的、运行良好的程序,从而提高处理效率;增加数据输出的图形方式;增加联机在线帮助功能;调整用户界面等。尽管这些要求在原有系统开发的需求规格说明书中并没有,但用户要求在原有系统基础上进一步改善和提高;并且随着用户对系统的使用和熟悉,这种要求可能不断提出。为了满足这些要求而进行的系统维护工作就是完善性维护。

(4) 预防性维护。系统维护工作不应总是被动地等待用户提出要求后才进行,应进行主动的预防性维护,即选择那些还有较长使用寿命、目前尚能正常运行,但可能将要发生变化或调整的系统进行维护,目的是通过预防性维护为未来的修改与调整奠定更好的基础。例如,将目前能应用的报表功能改成通用报表生成功能,以应付以后报表内容和格式可能的变化,根据对各种维护工作分布情况的统计结果,一般纠错性维护占21%,适应性维护工作占25%,完善性维护达到50%,而预防性维护以及其他类型的维护仅占4%,由此可见系统维护工作中,一半以上的工作是完善性维护。

9.1.4 信息系统服务管理

在20世纪80年代末期,英国商务部(Office Government Commerce,OGC)发布了ITIL。OGC最初的目标是通过应用IT来提升政府业务的效率,目标是能够将不同IT职能之间缺乏沟通的状况降至最低。OGC意识到有必要管理不同的IT组件,如硬件、软件、基于计算机的通信来提高政府的效能和效率,这将确保IT使用达到最优,于是OGC获得了来自IT管理行业专家的帮助并开始将他们的经验文档化。

ITIL一开始作为政府IT部门的最佳实践指南,问世后不久便被推广到英国的私营企业,然后传遍欧洲,随后开始在美国兴起。自从1980年至今,ITIL经历了3个主要的版本。

(1) Version 1:1986~1999年原始版,主要是基于职能型的实践,开发了40多卷图书。

(2) Version 2:1999~2006年ITIL v2版,主要是基于流程型的实践,共有10本图书,包含7个体系:服务支持、服务提供、实施服务管理规划、应用管理、安全管理、基础架构管理及ITIL的业务前景。它已经成为了IT服务管理领域内全球广泛认可的最佳实践框架。

(3) Version 3:2004~2007年基于服务生命周期的ITIL v3整合了v1和v2的精华,并与时俱进地融入了IT服务管理领域当前的最佳实践。5本生命周期图书形成了ITIL v3的核心,它主要强调ITIL最佳实践的执行支持,以及在改善过程中需要注意的细节。

IT服务管理(Service Management)共分一个管理职能与10个管理流程,分别划分为两组服务提供与服务支持,如图9-1所示。

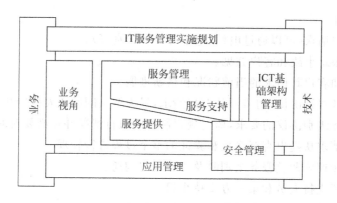

图 9-1 ITIL 整体构架

一个管理职能是指服务帮助台(Services Helpdesk)。

服务提供流程包括：服务级别管理(Service Level Management)、IT 服务财务管理(Financial Management for IT Services)、IT 服务持续性管理(IT Service Continuity Management)、可用性管理(Availability Management)、能力管理(Capacity Management)。

服务支持流程包括：事故管理(Incident management)、问题管理(Problem Management)、配置管理(Configuration Management)、变更管理(Change Management)、发布管理(Release Management)。

ITSM 管理职能与流程之间的关系如图 9-2 所示。

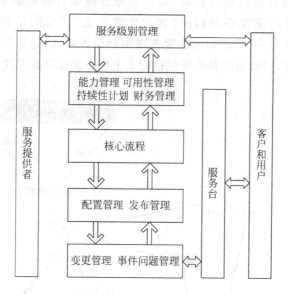

图 9-2 ITSM 管理职能与流程关系图

1. 服务台

主要目标：为用户提供单一的联系点；为实现业务目标提供高质量的支持服务；降低提供和使用 IT 服务的总体成本；提高用户的满意度；协助发现商业机会；优化支持服务的投资和管理；为业务、流程和技术的全面变革提供支持。

主要任务如下。

(1) 接收客户请求(可以通过电话、电子邮件和传真等)。

(2) 记录并跟踪事故和客户意见。

(3) 及时通知客户其请求的当前状况和最新进展。

(4) 根据服务级别协议,初步评估客户请求,尽力解决问题或安排给相关人员解决。

(5) 根据服务级别协议的要求,监督规章制度的执行情况并在必要时对其进行修改。

(6) 对客户请求从提出直至终止和验证的整个过程进行管理。

(7) 在需要短期内调整服务级别时及时与客户沟通。

(8) 协调二线支持人员和第三方支持小组。

(9) 提供管理方面的信息和建议以改进服务品质。

(10) 根据用户的反馈发现 IT 服务运作中产生的问题。

(11) 发现客户培训和教育方面的需求。

(12) 终止事故并与客户共同确认事故的解决情况。

2. 服务提供流程

服务提供流程最主要的任务在于考察组织的服务要求,同时根据这些需求设计合理的资源组合、服务级别目标以给客户提供满意的 IT 服务。服务提供流程主要面向服务的机构和个人客户。它的任务是根据组织的业务需求,对服务能力、持续性、可用性等服务级别目标进行规划和设计,同时还必须考虑到实现这些服务目标所需要耗费的成本。也就是说,在进行服务提供流程设计时,必须在服务级别目标和服务成本之间进行合理的权衡。由于这些管理流程必须解决"客户需求什么"、"为满足客户需求需要哪些资源"、"这些资源的成本是多少"、"如何在服务成本和服务效益(达到的服务级别)之间选择恰当的平衡点"等问题,因而服务提供所包括的 5 个核心流程均属于战术层次的服务管理流程,如图 9-3 所示。

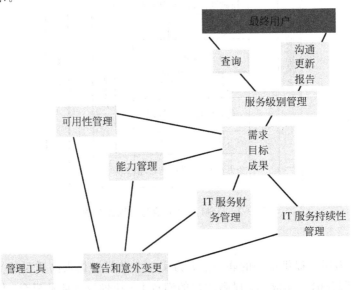

图 9-3 IT 服务提供流程关系图

（1）服务级别管理。服务级别管理是为签订服务级别协议而进行的计划、草拟、协商、监控和报告，以及签订服务级别协议后对服务品质的评价等一系列活动所组成的一个服务管理。主要目标是确保组织所需的 IT 服务质量按服务级别协议规定的质量提供，同时在成本范围内得以维持并持续提高。

主要任务：记录服务级别需求（SLR）；通过建立或更新服务质量计划（SQP）、与第三方服务商签订外包合同和运营级别协议（OLA），以确保按服务级别协议规定的质量提供；签署服务级别协议（SLA）；监控提供的服务水平；提高服务质量；建立和维护服务目录。

（2）IT 服务财务管理。IT 服务财务管理是负责对 IT 服务运作过程中所涉及的所有资源进行货币化管理的流程。主要目标是帮助 IT 部门在提供 IT 服务的同时加强成本效益核算，以合理利用 IT 资源、提高企业经济效益。

主要任务：IT 预算编制；会计核算；成本再分配。

（3）能力管理。能力管理主要关注组织业务和 IT 基础架构之间的关系，它不仅要评价和改进现有服务能力，而且还应分析和预测组织未来的业务需求，从而确定未来应当配置的服务能力的级别。主要目标是确保以合理的成本及时地提供有效的 IT 服务，以满足企业当前与将来的业务需求。

主要任务：定义、规划及管理业务需求；提供用于 IT 服务的资源；监控资源的性能，若有必要，对其调整；规划与实施提升能力计划；编制与维护能力计划。

（4）IT 服务持续性管理。IT 服务持续性管理是负责预防灾难、增强 IT 基础架构的恢复能力和容错能力的流程，在发生灾难后有足够的技术、财务和管理资源来确保 IT 服务的持续性运作。主要目标是在灾难发生的情况下，确保服务运营所需的 IT 基础架构和 IT 服务实施能够在要求与约定的时间内恢复正常，从而对组织的总体业务持续性管理提供支持。

主要任务：根据整个业务持续管理确定 IT 持续性计划的需求与战略；确定 IT 服务的持续性计划；管理持续性过程（培训、测试、评审、变更和持续提高过程）；紧急情况下业务持续管理与恢复。

（5）可用性管理。可用性管理是有关设计、实施、监控、评价和报告 IT 服务的可用性，以确保持续地满足业务的可用性需求的服务管理流程。主要目标是确保 IT 服务的设计符合业务所需的可用性级别。

主要任务：可用性需求分析；确定可用性预期目标；确定测量方法；编制可用性计划；确定实际的可用性计划；IT 服务可用性的持续改进。

3. 服务支持流程

IT 服务支持流程负责确保 IT 服务的稳定和灵活性，主要面向用户，用于确保用户得到适当的服务以支持组织的业务功能，确保 IT 服务提供方所提供的服务质量符合服务级别协议的要求。以下 5 个流程属于运营层次的服务管理流程，它们的关系如图 9-4 所示。

（1）事故管理。事故管理是负责记录、归类和安排专家处理事件并监督整个处理过程直至事故得到解决和终止的流程。主要目标是在尽可能小地影响组织及用户业务的情况下使 IT 系统尽快恢复到服务级别协议所定义的服务级别，以确保最好的服务质量和可用性级别。

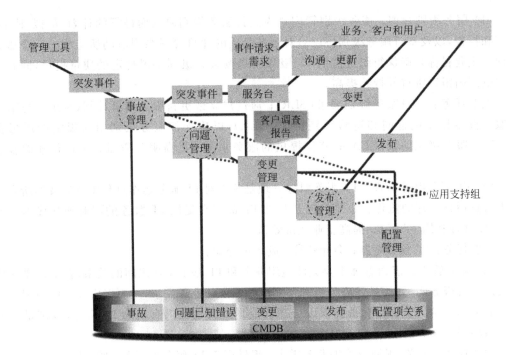

图 9-4　IT 服务支持流程关系图

主要任务：及时识别并跟踪发生的事故；对事故进行分类并提供初步支持；对事故进行调查与分析识别引发事故的潜在原因；解决事故并恢复服务；跟踪和监督所有事故的解决过程,随时与事故相关者进行沟通并反馈。

（2）问题管理。问题管理通过调查和分析 IT 基础架构的薄弱环节、查明事故产生的根本原因并制定解决事故的方案和防止事故再次发生的措施,将由于问题和事故对业务产生的负面影响减小到最低的服务管理流程。主要目标是寻找发生问题的根本原因,根据优先级定义首先解决关键性问题,并防止与这些事故相关的事故再次发生,增加支持人员解决问题的能力。

主要任务：识别和记录发生的问题；对问题归类,主要关注影响关键业务的问题；调查问题的根本原因；解决问题；终止问题。

（3）配置管理。配置管理是由识别和确认系统的配置项、记录和报告配置项状态和变更请求、检验配置项的正确性和完整性等活动构成的服务管理流程。主要目标是计量组织和服务中所使用的所有 IT 资产和配置项的价值；核实有关 IT 基础构架的配置记录的正确性并纠正发现的错误；提供准确的配置信息和相关文档以支持其他服务管理流程,如事故管理和问题管理等流程。

主要任务：识别相关信息的需求,如健全地配置管理的目的、范围、目标、策略、程序等；与配置项所有者一起识别和标识配置项,有效的文档、版本与相互关系；在中心配置管理数据库中记录配置项；建立程序和文档标准,以确保只有被授权和可辨别的配置项被记录以及可追溯的历史记录是有效的；确保数据的永久状态(配置状况报告)；对 CMDB 中记录的配置项进行审验。

（4）变更管理。变更管理是为在最短的中断时间内完成基础架构或服务的任一方面的变更,而对其进行控制的服务管理流程。主要目标是确保在变更实施的过程中使用标准的方法与步骤,以最快的速度实施变更,将由变更所导致的业务中断影响减少到最低。

主要任务:记录和筛选变更请求;对变更请求进行分类并划分优先级;评价变更请求对基础构架和其他服务的影响,及非IT流程与不实施变更请求的影响;实施变更请求所需要的资源;获得实施变更请求的正式批准;变更进度计划安排;实施变更请求;评审变更请求的实施效果。

(5)发布管理。发布管理是对经测试后导入实际应用的新增或修改后的配置项进行分发和宣传的管理流程。主要目标是确保只有正确的、被授权的和经过测试的系统组件(软件、硬件及相关文档)才能被正确、按时安装。

主要任务:制定发布计划;设计发布测试及执行测试的程序以鉴定是否合格;制定首次运行计划;通知并培训可能的客户;结束发布;实施前后对组件进行审计;安装与分发。

9.2 信息系统评价

任何一个评估体系都要解决"谁评估"、"评估什么"、"如何评估"的基本问题,"谁评估"实际是描述评估主体,即发起评估的人或组织。"评估什么"描述的是评估客体,即围绕什么进行评估,评估对象是什么。"如何评估"是一个较为复杂的问题,首先要在评估目标的指导下,形成一定的评估思路,沿着评估思路构建评估模型。评估模型又包括评估方法、评估基准、评估指标、评估数据,遵循一定的评估步骤,运用评估模型对评估的客体进行评估,最后得出评估结果,形成评估报告。

9.2.1 信息系统评价的目的

通过对新系统运行过程和绩效审查,来检查新系统是否达到了预期目的,是否充分利用了系统内的各种资源,系统的管理工作是否完善,以及指出系统改进和扩展的方向是什么等。

评价的关键是要定出评定质量的指标以及评定优劣标准。由于管理信息系统的评估指标(包括定性指标和定量指标)不仅数量多比较复杂,而且随着信息系统的发展,指标也在变化,因此建立价值评估体系是当务之急。有一个客观的、科学的价值评估模型,才能对信息系统进行全面综合评价。

9.2.2 信息系统评价的内容

评价内容应包括规划与组织、建设与实施、运行与支持以及监控过程评价4个主要方面。

1. 规划与组织的过程评价

信息化项目开始于规划和组织过程,该过程主要根据组织目标进行信息化战略规划、组织和流程的重新设计,以及从不同的角度对信息化项目进行计划、沟通和管理。项目不是在结束时失败,而是在开始时失败。

规划与组织的过程评价主要包括以下两项。

(1)战略需求评价。在分析战略需求时,可以借助成熟的工具使得战略需求分析更加精确和清晰。例如,诺兰模型可以帮助组织设计信息系统发展的蓝图,使组织能够评估其现在所处的 IT 发展阶段,并以此制定组织信息化下阶段的战略。

对信息需求的分析还可以采用战略网格理论,其中最著名的是 1983 年 McFarlan 开发的战略网络模型,从当前的信息系统应用对组织生存的重要性,以及未来新系统应用对组织发展和生存的重要性两个维度归纳出组织对信息系统的需求,包括支持型、关键运营型、高潜力型和战略型 4 种类型。

(2) 项目组织和建设能力评价。信息化项目最重要的是将先进的管理理念通过 IT 的方式实现,是否实施这些管理理念,关键是看组织能否吸收并通过 IT 固化这些理念,也就是组织信息化建设能力的高低。建设能力的评价一方面可以帮助组织确定是否有能力实施项目,另一方面可在项目正式启动前了解自身在能力方面的欠缺,可以有针对性地加强和培养,提高项目的成功率。

对于项目建设能力,可以借鉴美国两位学者 Pinto 和 Slevin,通过对美国 409 个项目进行调查分析归纳出的 10 类项目成败因素,根据重要性排序为:①定义明确的项目目标;②高层管理人员的行政支持;③明确界定项目组成员责任并制定详尽的实施计划;④充分了解客户对项目的要求;⑤项目成员的选择、任用和培训;⑥为达到技术要求所需要的技术基础和专家;⑦客户或委托人对最终产品和服务的认可;⑧上级组织定期的监督和反馈;⑨畅通的沟通渠道;⑩项目组解决冲突的能力。

进行项目建设能力评价时,可以借鉴这些因素设计调查问卷,对项目建设能力进行综合判断,对比同行业平均水平或成功实施因素,得出有实践意义的结果。

2. 建设与实施阶段评价

建设与实施阶段的总体目标是:为实现信息系统战略而进行的项目开发或者系统外包,确保所规划的系统得以实现,并进行资源的获取以及系统的开发和测试,实施和整合业务过程。建设与实施直接决定所产生的系统的质量。系统建设与实施的成本不断上升,将会消耗大量人力、物力、财力,如果开发不当,后期运行维护的费用通常会超过开发阶段的费用,并且影响信息系统交付的服务质量,从而影响绩效。在建设与实施过程,Hannu Kivijarvi 等(1995)的研究表明,系统开发的成熟度与组织高层财务绩效相关联,如果忽视开发阶段的质量,也会对系统后期的应用绩效产生负面影响。

总体而言,可以将该阶段的评价任务归结为以下两方面。

(1) 项目进程评价与控制。信息化项目实施过程是一项复杂的系统工程,不仅涉及技术,而且涉及管理业务、组织和行为,需要各方人员的协调与配合,不仅需要项目管理者和项目工作人员的协调,也需要用户的参与和合作。美国项目管理协会(PMI)于 1996 年完善了所谓的"项目管理知识体系",简称 PMBOK,将项目管理划分成 9 个知识领域,即综合管理、范围管理、时间管理、成本管理、质量管理、人力资源管理、沟通管理、项目风险管理、项目采购管理。由此可见,项目管理内容繁多,管理过程复杂。

无数经验教训告诉我们:项目管理不善将会造成很有前景的项目半路夭折,损失惨重,这绝非危言耸听。由于每个项目都有特定的目标和特征,最终产品和服务的独特性增加了管理者经验在不同的项目之间进行复制的难度;此外,项目的执行过程是动态的,即使是在项目计划制定得非常详尽的情况下,也会随时发生各种变化。因此,在项目实施过程中需要进行控制,通过设置控制点,根据项目的进展对项目计划进行必要的调整。

项目过程控制的目的在于检测项目实施状态与目标状态的偏差,分析其原因和可能的影响因素并及时反馈信息,做出决策并采取必要的管理措施来实现既定的目标。在计划实施过程中经常会随着需求的逐渐明确引起成本和进度的变更,如果不能及时维护更新计划和采取控制措施,则计划与实际的偏离会越来越大,导致局面失控。因此需要有具体的责任人和一套规范来对项目实施跟踪与控制。由于项目实施过程主要表现为项目计划与控制过程,而控制也是反馈的过程,除了采取管理措施纠正偏差外,在某些情况下,偏差是由于项目计划的制定而导致的,因此也可以进一步修正预期目标体系和计划,以使项目建设达到最优的效果。

时间、成本、质量是项目成功的基本要素,而这三者之间相互矛盾,不可能使三个控制目标同时达到最优。提高质量意味着投资增加或者延长进度,压缩进度就会出现盲目赶工,势必影响成本与质量。因此,合理地控制进度、成本和质量,对于项目的成败起着至关重要的作用。

(2)中止决策评价。对于开发者而言,其目标是按要求按期完成开发任务,如果在实施过程中因外部环境发生重大变化,如市场需求变化、竞争性技术或者更完美的替代系统出现,或者原有设计方案中存在重大失误等,那么需要对项目的方案进行重新评价,以决定继续执行还是中止项目方案。

项目中止是指项目的实质性工作已经停止,项目停滞不前,即项目不再有任何进展的可能性,具体表现在项目已经无限期拖延,项目资源已经转移到了其他项目中,项目团队已经解散。

项目中止决策是指对正在实施的项目,根据其进展及外部条件的变化,采取一定的方法对项目的前景进行推断,并决定项目是应该继续运行、中止,还是延期的一种决策行为。

项目被迫中止的原因有很多,有些情况是显而易见必须强迫中止的,主要有以下几种原因:①在项目建设过程中出现重大的修改意见,以至于需要全部推翻原方案,要求重新设计方案;②管理层或上级指示要求中止项目;③项目实施耗费远超出预期,出现严重预算危机,使得项目停滞不前;④外部环境变化导致组织流程变化,不需要项目继续进行下去;⑤项目组主力人员离职,导致项目无法继续;⑥项目由于资金无法近期到位并且无法确定可能到位的具体期限,出现"烂尾项目"。

还有一种情况需要进行理性、谨慎地决策,项目在进行过程中已经沉淀了一部分投入,中止项目会导致项目投入的损失,同时丧失机会;但如果继续进行下去,一旦失败则会造成更大的损失;如果暂缓项目,则可能由于已投入的资金不能够盘活,而且如果没有正确的解决思路,也会造成项目机会和投入资金的丧失。

项目中止决策评价的具体步骤是:首先确定影响项目中止的一系列因素,通过衡量这些因素作为决策基础,然后采用评分加权的方式,即对一些项目的相关因素进行评分,得出评价结果。具体的项目评价标准、分值的设定和标准权重通常是由公司的高层管理人员以及该领域专家用德尔菲方法进行制定。

3. 运行与支持阶段的评价

运行与支持过程的总体目标是保证系统交付运行后能够满足功能和性能要求,支持业务过程,满足业务目标的要求。该过程是系统绩效产生的主要阶段,一方面系统在实际工作环境中的运行能够产生满意的输出结果以及正确恰当的信息;另一方面通过信息系统对资源进行配置,改善流程,使组织的资源转换成商业价值,能够改善组织的管理、流程等方面的业务,从而对组织产生直接和间接的经济效益。总体而言,可以将该阶段的评价任务归纳为3项。

(1) 验收评价。在项目在开发完成交付使用之前,通常要进行项目验收。验收通常是在系统正式投入运行之后,根据新系统设计规格说明书的要求,对系统进行全面的综合测试、分析和检查,这一过程称为验收。通常由项目的投资方或者由投资方授权的代表,组织专门的专家验收组进行验收。验收主要是检查系统是否达到了设计的目标。验收通常标志着项目的结束,验收之后,系统进入正式运行和支持阶段。

项目文件是项目验收和质量保证的重要依据,也是项目交接、维护和后续评价的重要依据,在项目验收前,项目组必须向验收方出示项目各阶段成果的有关文档,主要包括:项目合同、项目计划、可行性研究报告、项目方案决策报告、项目进展报告、技术文件、项目变更文档、项目总结报告、项目成果鉴定、项目经费决算。

验收评价主要针对以下几个方面:

① 验收合同考核指标。验收的一项重要内容是检查项目合同考核指标的达标情况。验收工作的依据是立项合同中可测、可评、可比较的考核指标,包括工程进度和实施情况、财务执行情况等。

② 检查项目组织与管理。主要审核项目经费使用的合理性、项目实施调控的手段和效果。

③ 项目效果。对项目所获得的成果进行认真确认和评价,并对其产生的社会效果进行考察,包括项目的内容和建设规模、受益者的范围和反馈等。

在验收时要注意:需要有一套验收管理办法来对验收者的决策进行约束,要求验收小组在提交验收意见时能够按照上述指标明确给出肯定或者否定的意见。

(2) 项目运行管理的评价。评价是一个持续的过程,并不能随着项目的结束而结束,特别是信息化项目具有投资周期长、见效慢、间接价值和不可测价值高等特点,运行过程中的评价就可以起到补充、修正预期目标的作用,更加精确地理解信息化项目所产生的价值,为未来的信息化建设提供参考。

运行管理评价时间一般选在项目结束一段时间后进行,主要是对整个建设过程进行总结,以实际的数据资料为基础,重新衡量信息化建设的经济性,对投资行为及项目管理行为进行评论和分析,为以后相关的决策提供借鉴和反馈信息。评价的主要目的有3个。一是对已建成的信息系统进行评价,通常要从系统开发本身、系统性能以及系统应用等方面进行评价。例如,功能方面要评价完整性、可靠性、适应性、可操作性、可维护性、安全保密性等,从而为今后的维护活动奠定基础。二是检查确定投资项目或者活动达到理想效果的程度,包括一次性投资、软硬件比重、运行费用等,从而总结经验教训,为新项目的宏观导向、政策和管理提供信息。三是对系统所需要追加的投资进行评价,对追加投资活动的使用情况进行监督。四是对项目的可持续性进行评价,包括项目在长期运行方面是否存在重大问题,以及是否适应组织长期发展战略的需要等。

(3) 应用价值评价。在信息化项目应用价值方面的评价,不仅是狭隘的财务角度的评价,也不仅是只关注用户满意度或者系统质量的评价,而是要评价信息化项目对整个业务所带来的影响。信息系统已经成为一种越来越标准的基础架构,尤其是标准套装软件,可以购买,可以模仿,不能对组织的核心竞争力产生影响。真正产生差别的不是信息系统本身,关键是如何应用。因此,在考虑信息系统的绩效时,应用价值也是重要的评价因素。应用价值评价主要包括：①项目效益评价。项目效益评价主要是指经济效益评价，评价的主要分析指标与项目前期的成本收益评价指标基本相同，但是评价的性质有所不同。项目前期评价属于预测性评价，所采用的是预测值；而项目后期评价则对应已经发生的财务现金流量的实际值，按照统计学原理加以处理，对以后的流量进行新的预测。②项目应用效果评价。项目应用效果评价主要衡量系统的应用是否达到了管理效率提高、管理水平改善、管理人员劳动强度减轻等间接效果。除了信息系统的功能性、可用性之外，对项目的管理和对系统的使用也至关重要。善于利用信息系统的组织经常引进具有较好功能、更快、更系统化和更高效的信息系统，得以保持组织的竞争地位甚至能获得新的优势。相反，不善于利用信息系统的组织，即使在信息系统上投入大量资金，可能依然无法获得应有的回报。这说明，真正产生竞争力的不是信息系统本身，而是系统的应用，因此，应该把应用效果作为重要的评价因素。③项目影响评价。信息化项目的影响主要包括经济影响和社会影响。经济影响评价主要分析评价项目对所在地区、所属行业和国家所产生的经济方面的影响。经济影响评价要注意与项目效益评价中的经济分析区别开，避免重复计算。评价的内容主要包括直接和间接的经济效益、资源成本、技术进步等。由于经济影响评价的部分因素难以量化，只能做定性分析，通常将其纳入社会影响范围内。社会影响评价主要是指项目对社会发展的有形和无形的效益和结果的一种分析，重点评价对所在地区和社会的影响。

4. 监控过程评价

监控活动贯穿系统的整个生命周期，是进行信息化项目内部控制的较为有效的方式。监控活动具有动态性，由于在项目进展过程中不可避免出现环境与人员的变更，因此需要随时对项目的目标以及行动决策进行"微调"；此外，通过持续监控可以很容易发现各阶段存在的漏洞，从而及时校正，使每个阶段得到的评价结果可以集成到未来的活动中，避免进一步的损失。

监控过程评价通常采用形式化的评价方法。形式化评价起源于软件工程，也称为形式化走查，主要是指由一组成员轮流测试产品的不同方面，查看程序员是否存在疏漏的问题和缺点，从而及时改正。现在形式化评价的概念已经广泛用于评价中，内涵也有所拓展。

对于形式化评价而言，需要在整个生命周期设定特定的节点，以便提供及时有效改善项目的信息。通常，信息化项目的每个阶段都具有以下共性：

① 每个阶段有明确的目标和任务，以及预期要达到的阶段性成果。例如，定义用户需求，制定用户确认方法等。

② 每个阶段都有交付品，即活动的输出结果。例如，系统控制文件、需求说明书、交付的硬件、软件和文件、逻辑模型等，这些产品是各个控制关口的证据，用以确保项目满足阶段或者子阶段的目标。

③ 每个阶段的活动都对应相应的职责部门。

④ 每个阶段都要进行进度、成本与质量控制。

为保证及时动态地反馈每个阶段的进展情况，应针对每个阶段设立控制关口，即在进行到下一阶段活动前设定需要满足的决策检查点，并在控制关口处对各阶段的任务、交付品、责任落实等情况进行审查。针对某阶段的评价结果可以反馈与控制，从而保证对下一阶段的绩效影响减小。

采用形式化评价能够对各阶段的任务、进度和成本等进行跟踪和控制，从而能够及时进行项目调整。因此,在监控域采取的持续的形式化评价使得系统评价具有动态性。

9.2.3 信息系统评价的指标选取

对于信息系统评价指标的选取,我国国家信息化测评中心收集了国内外包括各部委、各省市、各研究部门具有代表性的企业信息化指标方案 48 套,并结合许多大型企业集团信息化评价优秀实务,在专家学者的指导下,建立了较为通用的信息化评价指标体系,包括《企业信息化基本指标构成方案》和《企业信息化效能指标构成方案》。

企业信息化基本指标是反映信息化基本情况的统计调查指标,可以形成信息化成果的标准化客观定量分析结论,用于自测、社会测评和政府监测。

为了反映企业信息化效益状况,在标准化的测评之外,应委托专门的第三方中介机构组织补充指标的评价。补充指标也称为效能指标,是在基本指标基础上,结合不同行业、不同对象的特点,以标准值或标杆库为参照,以信息化效益为评价目标的可选评价指标,可以形成信息化成果的评价性定量分析结论。企业信息化效能指标由适宜度和灵敏度两大类指标构成。适宜度指标包括:投资适宜度、战略适宜度、资源匹配度、组织文化适宜度和应用适宜度。灵敏度指标包括信息灵敏度、管理运行灵敏度和对外反应灵敏度。

1. 信息化基本指标的设计原则及体系介绍

(1)信息化基本指标的设计原则。

① 目的性。企业信息化指标体系的设计,从"以信息化带动工业化"的战略任务出发,旨在引导企业信息化建立在有效益、务实、统筹规划的基础上。指标体系为政府了解企业信息化应用情况和进行相关决策服务,为企业提高信息化水平服务,从领导、战略、应用、效益、人力资源、信息安全等多个方面,引导企业信息化健康发展。

② 简约性。尽量选取较少的指标反映较全面的情况,为此,所选指标要具有一定的综合性,指标之间的逻辑关联要强。

③ 可操作性。所选取的指标应该尽量与企业现有数据衔接,必要的新指标应定义明确,便于数据采集。

④ 可延续性。所设计的指标体系不仅可在时间上延续,而且可以在内容上拓展。

(2)企业信息化基本指标体系。基本指标适用于企业信息化状况的客观描述,主要用于社会统计调查和政府监测。企业自测时,可有助于了解自身信息化基本状况,进行初步的横向行为对比分析;基本指标不独立用于对企业信息化水平的全面评价和认证,如表 9-1 所示。

表 9-1 信息化基本指标构成

序号	一级指标	二级指标	指标解释	指标数据构成
1	战略地位	信息化重视度(分)	反映企业对信息化的重视程度和信息化战略落实情况	企业信息化工作最高领导者的地位;首席信息官(CIO)职位的级别设置;信息化规划和预算的制定情况

续表

序号	一级指标	二级指标	指标解释	指标数据构成
2	基础建设	信息化投入总额占固定资产投资比重(%)	反映企业对信息化的投入力度	软件、硬件、网络、信息化人力资源、通信设备等投入
3		每百人计算机拥有量(台)	反映信息化基础设施状况	大、中、小型机;服务器;工作站;PC
4		网络性能水平(分)	反映信息化基础设施状况	企业网络的出口带宽
5		计算机联网率(%)	反映信息化协同应用的条件	接入企业内部网的计算机的比例
6	应用状况	信息采集的信息化手段覆盖率(%)	反映企业有效获取外部信息的能力	采集政策法规、市场、销售、技术、管理、人力资源信息时信息化手段的应用状况
7		办公自动化系统应用程度(分)	反映企业在网络应用基础上办公自动化状况	是否实现了日程安排、发文管理、会议管理、信息发布、业务讨论、电子邮件、信息流程的跟踪与监控等
8		决策信息化水平(分)	信息技术对重大决策的支持水平	是否有数据分析处理系统,方案优选系统、人工智能专家系统等
9		核心业务流程信息化水平	核心业务流程信息化的深广度	主要业务流程的覆盖面及质量水平
10		企业门户网站建设水平(分)	反映企业资源整合状况	服务对象覆盖的范围;可提供的服务内容
11		网络营销应用率(%)	反映企业经营信息化水平	网上采购率;网上销售率
12		管理信息化的应用水平(分)	反映信息资源的管理与利用状况	管理信息化应用覆盖率及数据整合水平
13	人力资源	人力资源指数(分)	反映企业实现信息化的总体人力资源条件	大专学历以上的员工占员工总数的比例
14		信息化技能普及率(分)	反映人力资源的信息化应用能力	掌握专业IT应用技术的员工比例;非专业IT人员的信息化培训覆盖率
15		学习的电子化水平(分)	反映企业的学习能力和文化的转变	电子化学习的员工覆盖率;电子化学习中可供选择的学习领域
16	安全	用于信息安全的费用占全部信息化投入的比例(%)	反映企业信息化安全水平	用于信息安全的费用包含软件、硬件、培训、人力资源支出
17		信息化安全措施应用率(%)	反映企业信息化安全水平	信息备份、防非法侵入、防病毒、信息安全制度与安全意识培养等措施的应用状况
18	效益指数	库存资金占用率(%)	反映企业信息化效益状况	库存平均占用的资金与全部流动资金的比例
19		资金运转效率(次/年)	反映企业信息化效益状况	企业流动资金每年的周转次数
20		企业财务决算速度(日)	反映企业信息化响应水平	从决算指令的发出到完成一次完整的企业决算所需的最短时间
21		增长指数	反映企业绩效	销售收入增长率、利润增长率

2. 信息化效能指标的设计原则及体系介绍

(1) 信息化效能指标的设计原则。

① 功能性。企业信息化补充指标与企业信息化基本指标互相联系又相对独立,基本指标主要适用于政府、社会对企业信息化基本状况的普测、监测;补充指标是测量、评价企业信息化所达到的实际效果的评价系统,因而又称效能指标。补充指标与基本指标、评议指标一起,用于企业信息化水平的测定、评级、认证等。

② 目的性。把企业信息化引导到有效益、有竞争力和可持续发展的方向上;使企业信息化配合企业总体战略;使企业领导正确认识和正确实施所在企业的信息化工作,讲求实效,避免浪费。

③ 可操作性。易懂,易用,易推广。参考标杆值系统进行信息化水平评价。

(2) 企业信息化效能指标体系。企业信息化效能指标,是反映和评价企业信息化实效的一套评价指标体系,包含适宜度和灵敏度两大类指标。适宜度指标主要从"是否合理"的角度,考察企业在信息化过程中的行为和状况,主要计算方法是通过考察企业的实际情况与标杆值的相似度,判断其是否适宜。企业信息化效能指标的标杆值是一套"标杆值"体系,根据企业所处的行业、规模和发展阶段的不同,评价其信息化实效的标杆值也各不相同。中国企业信息化标杆企业库,是"标杆值"体系的一个重要参考系统。灵敏和有活力是企业信息化的最重要目标之一,灵敏度指标是通过考察其灵敏程度的水平及质量,判断其得分。效能指标总分是适宜度和灵敏度得分的综合。

上述两个指标体系是根据行业特点,结合专家、企业意见和数理分析结果,为相关具体指标设置相适应的权重基础上建立的,并根据不同行业、规模和发展阶段的企业,进行综合分析后生成"标杆值体系"。在企业信息化水平评价中,处于不同行业、规模、发展阶段的企业,能够选择与其相适应的"标杆值"进行对比分析。另外,还对影响企业信息化实效的特殊因素进行评价、判断,修正和完善对企业信息化实效的评价结果。因此,上述指标体系具有通用性,保证了企业信息化水平评价结果的可比性。

9.2.4 信息系统评价的方法

任何评价过程都离不开评价方法的指导。在评价中,不同的评价方法将对评价结果产生不同的影响,需要根据评价的目的和特征选取不同的评价方法。

评价时,权重会对评价结果产生较大的影响,根据权重的确定方法将评价方法大致分为两类:一类是主观赋权法,如层次分析法、德尔菲法、综合评价法等,多是采用综合咨询评分的定性方法,这类方法受到人为因素的影响,往往会夸大或降低某些指标的作用,致使排序的结果不能完全真实地反映事务间的现实关系。另一类是客观赋权法,即根据各指标间的相关关系或各项指标值的变异程度来确定权数,避免了人为因素带来的偏差,如主成分分析法、因子分析法、DEA 方法等。

1. 层次分析法

层次分析法是美国运筹学家 Thomas. L. Satty 教授在 20 世纪 70 年代初期提出的一种系统分析方法。层次分析法是一种定性和定量分析相结合的多目标决策分析方法,实现了将复杂系统的决策思维过程模型化和数量化。层次分析法的基本思路是把系统各因素间的隶属关系由高到低排成若干层次,建立不同层次元素之间的相互关系,根据对一定客观事实的判断,就每一层次的相对重要性给予定量表示,运用数学方法,确定表达每一层次的相对重要性次序的权重。层次分析法是主观赋权法中应用比较成熟的一种方法,在社会科学各个领域都得到了广泛的应用,如安全管理、竞争力评价、组织效益分析等。在信息技术领域也得到了一定的应用。

2. 模糊综合评价法

模糊综合评价法是建立在模糊集理论基础上的一种系统分析方法,该方法主要运用了模糊数学原理,分析和评价具有"模糊性"的事物。它的主要原理是利用模糊集和隶属度函数等概念,应用模糊变换原理,采用定性与定量相结合的方法,从多个方面对事物隶属等级状况进行整体的评价。

该方法在软件工程与软科学领域中得到广泛的应用。模糊综合评价法的主要步骤是:首先将评价对象分解成多个因素组成的模糊集合(因素集),再设定各因素的评价等级,组成评价的模糊集合(评价集),再分别求出各单一因素对评价等级的归属程度(模糊矩阵),最后根据各个因素在评价目标中的权重分配,通过计算求出评价值。

该方法较适用于需要考虑因素多的复杂的评价,即使用多层次的模糊评价,该方法的另一优势是能够比较合理地解决定性评价指标的量化问题。在使用此方法的过程中,可以考虑采用成熟度模型方法对定性指标进行无量纲化的处理。

3. 主成分分析法

主成分分析法主要是根据对被评价组织多个指标的实际观测值,通过数学坐标旋转的方法进行降维,形成完全独立的主成分指标,并通过主成分指标的方差比率,确定新的主成分指标权重,最后通过主成分指标和相应权重建立起综合评价函数,计算得到综合评价结果。

由于该方法采用了降维的处理方法,可消除评价指标之间的相关影响,也可减少指标选择的工作量,因此比较适合指标体系较大、指标个数较多、指标间的相互影响也较多的情况使用。

4. 数据包络分析法

数据包络分析法(Data Envelopment Analysis,DEA)是由著名科学家 A. Charnes 和 W. W. Coopter 以及 E. Rhodes 于 1978 年提出的。数据包络分析法是按照多指标投入和多指标产出,对同类型单位进行有效性评价的一种新方法。它的基本原理是使用数学规则模型比较指标之间的相对效率,对指标进行评价,其评价的依据是指标的输入数据和输出数据。输入数据是指标在某种活动中需要耗费的某些量,如投入的资金总额等;输出数据是指标经过一定的输入之后的产出,如产品的质量、经济效益等。

从数据包络分析法方法的原理可见,数据包络分析法是以输入、输出两个对应概念为基础的评价模型,比较适用于输入和输出都十分明确的系统评价。

9.2.5 信息系统评价案例

在管理信息系统(MIS)开发完成并投入运行后,需要对其进行评价。对 MIS 的综合评价是对其进行全面的检查、测试、分析和评价,以确定 MIS 是否达到了预期的目的。在实际工作中,有关领导部门需要对所建成的 MIS 系统进行评价,或是对可能推广应用的 MIS 系统进行评价和推荐(如财务软件、库存和企业管理 MIS 系统等),由于 MIS 的开发需要消耗大量的人力、财力、物力,需要很长的时间,所以 MIS 的评价和推荐意义重大。该案例将确定综合评价 MIS 的指标体系,并用层次分析法(AHP)对 MIS 系统进行综合评价。

MIS 的综合评价指标体系包括:系统建设评价、系统性能评价、系统应用评价共 3 大方面 16 项指标,各项指标之间并不是完全相互独立的,有些具有一定的相关性,必须综合考虑。

1. 系统建设评价

(1) 规划目标科学性(C11)。分析 MIS 系统规划目标的科学性,并要考虑到经济上的可行性,技术上的可行性和管理上的可行性。

(2) 规划目标实现程度(C12)。分析所建成的 MIS 系统现状真实值,是否达到或超过 MIS 系统分析阶段所提出的规划及设想的目标,它表明了信息系统对其预先确定的系统目标的实现程度。

(3) 先进性(C13)。MIS 是否满足了用户的需求、充分利用了资源、融合了先进的管理科学知识,使组织管理融于先进的信息系统中,系统的设计是否科学,是否有较强的适应性。

(4) 经济性(C14)。MIS 的投资与所实现的功能相适应的程度。

(5) 资源利用率(C15)。MIS 对计算机、外部设备、各种硬件和软件、信息系统资源的利用程度。

(6) 规范性(C16)。MIS 的建设应遵循相关的国际标准、国家标准和行业标准,有关文档资料应该齐全而且规范。规范化、标准化程度高的 MIS 将有较强的生命力,并易于使用、维护、扩充。

2. 系统性能评价

(1) 可靠性(C21)。MIS 可靠性是由其中的硬件系统的可靠性、软件系统的可靠性等因素所共同决定的。它通常是用户所关心的首要问题,特别是金融、交通、安全系统等。

(2) 系统效率(C22)。系统效率是指系统完成其各项功能所需要的计算资源,是系统对用户服务所表现出来的与时间有关的特性,并由 MIS 的软件、硬件所决定。常用的系统效率指标包括:周转时间、响应时间、吞吐量。

(3) 可维护性(C23)。系统的可维护性是指确定系统中的错误,并修正错误所需做出努力的大小,由系统自身的模块化程度、简明性及一致性等因素所决定。

(4) 可扩充性(C24)。MIS 的处理能力和系统功能的可扩充程度,可分为系统结构的可扩充性、硬件设备的可扩充性、软件功能的可扩充性等。

(5) 可移植性(C25)。系统的可移植性是指将 MIS 系统从一种软硬件配置或环境移植到另一种软硬件配置或环境下所需的努力。它取决于 MIS 中的软件和硬件特点、开发环境及通用性的考虑。

(6) 安全保密性(C26)。危及系统安全的原因有:系统软件或硬件的不可靠、用户无意的误操作、自然灾害及敌对者采取种种手段窃取秘密或破坏系统的正常运行,因此必须采取有效的对策及安全措施。

3. MIS 的系统应用评价

(1) 经济效益(C31)。MIS 所产生的经济效益,如降低成本、提高竞争能力、改进服务质量、获得更多的利润,通常把经济效益作为信息系统的主要目标。经济效益的评价可以采用成本-效益分析等方法。

(2) 社会效益(C32)。指对国家、地区和人类的共同利益所做的贡献,指那些不能用货币计算的非经济效益。通常 MIS 的社会效益远大于其所见的直接经济效益。它体现在促进社会经济协调发展、提高科技水平、实现决策科学化、提高生产水平、为公众提供信息、增进社会福利、科学合理地利用国家资源、保护生态环境等方面。

（3）用户满意度（C33）。用户满意度是指用户对 MIS 的功能、性能、用户界面等各方面的满意程度，并应考虑到人-机界面友好、操作方便、容错性强、系统易用、屏幕设计合理、有帮助等功能。MIS 的价值通过应用得到体现，只有通过用户的认可才能投入使用。

（4）系统功能应用程度（C34）。MIS 的目标和功能是在 MIS 方案设计时就确立了，系统建成后，评价 MIS 的目标和功能实现了多少，应用到什么程度，是否达到预期的目标和技术指标。

根据上面的分析，建立了管理信息系统综合评价的三大指标体系和 16 个具体评价指标。可以用层次分析法构造如图 9-5 所示的层次分析结构模型。

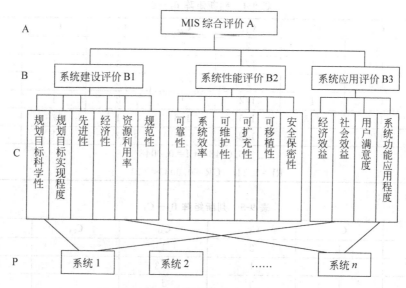

图 9-5　MIS 综合评价的层次分析结构模型

4. MIS 综合评价的层次分析结构模型应用

对图 9-5 所示的 MIS 综合评价的层次分析结构模型，不同的 MIS 系统（如电力系统、一般的行政管理系统等），其指标的权重可能有所不同，下面通过一个实例予以说明。

现有某上级主管部门准备对 3 个已经商品化的 MIS 系统（功能类同的系统 1、系统 2、系统 3）进行评价，以便择优进行推广应用。通过采用 Delphi 等调查方法，向 MIS 开发专家、管理人员、领导干部、用户进行比较全面的综合调查，对调查结果汇总分析后可以得到如下的判断矩阵，如表 9-2～表 9-5 所示，通过计算可以得到有关的一致性检验结果。

表 9-2　判断矩阵 A-B

A	B_1	B_2	B_3	W
B_1	1	1/2	1/3	0.162
B_2	2	1	1/2	0.309
B_3	3	2	1	0.529

$$\lambda_{max} = 3.0112 \quad CI = 0.0112$$
$$RI = 0.058 \quad CR = 0.0096 < 0.1$$

表 9-3　判断矩阵 B_1-C_1

B_1	C_{11}	C_{12}	C_{13}	C_{14}	C_{15}	C_{16}	W
C_{11}	1	1/2	1/2	1/3	2	1/2	0.101
C_{12}	2	1	1	1/2	3	1	0.177
C_{13}	2	1	1	1/2	3	1	0.177
C_{14}	3	2	2	1	5	2	0.312
C_{15}	1/2	1/3	1/4	1/5	1	1/3	0.056
C_{16}	2	1	1	1/2	3	1	0.177

$\lambda_{max}=6.0214$　$CI=0.0043$

$RI=1.32$　$CR=0.0032<0.1$

表 9-4　判断矩阵 B_2-C_2

B_2	C_{21}	C_{22}	C_{23}	C_{24}	C_{25}	C_{26}	W
C_{21}	1	3	2	3	7	3	0.35
C_{22}	1/3	1	1/2	1	3	1	0.126
C_{23}	1/2	2	1	2	5	2	0.23
C_{24}	1/3	1	1/2	1	3	1	0.126
C_{25}	1/7	1/3	1/5	1/3	1	1/3	0.043
C_{26}	1/3	1	1/2	1	3	1	0.126

$\lambda_{max}=6.0242$　$CI=0.0048$

$RI=1.24$　$CR=0.0039<0.1$

表 9-5　判断矩阵 B_3-C_3

B_3	C_{31}	C_{32}	C_{33}	C_{34}	W
C_{31}	1	2	1	4	0.336
C_{32}	1/2	1	1/3	2	0.161
C_{33}	1	3	1	5	0.42
C_{34}	1/4	1/2	1/5	1	0.082

$\lambda_{max}=4.0182$　$CI=0.0061$

$RI=0.9$　$CR=0.0069<1$

第三层的组合一致性检验为：$CI=0.0054,RI=1.06,CR=0.0147<0.1$。

判断矩阵 C-P 的数据予以省略,计算及一致性检验的结果如表 9-6 所示。

表 9-6　判断矩阵 C-P

判断矩阵	$C_{11}-P$	$C_{12}-P$	$C_{13}-P$	$C_{14}-P$	$C_{15}-P$	$C_{16}-P$	$C_{21}-P$	$C_{22}-P$
权重	0.016	0.029	0.029	0.051	0.009	0.029	0.108	0.039
W_1	0.462	0.344	0.462	0.162	0.535	0.462	0.333	0.462
W_2	0.369	0.535	0.369	0.309	0.344	0.369	0.476	0.369
W_3	0.169	0.121	0.169	0.529	0.121	0.169	0.190	0.169
λ_{max}	3.022	3.025	3.022	3.011	3.025	3.022	3.061	3.022
CI	0.0111	0.0127	0.0111	0.0056	0.0127	0.0111	0.0304	0.0111
RI	0.58	0.58	0.58	0.58	0.58	0.58	0.58	0.58
CR	0.0192	0.0220	0.0192	0.0096	0.0220	0.0192	0.0523	0.0192

续表

判断矩阵	$C_{23}-P$	$C_{24}-P$	$C_{25}-P$	$C_{26}-P$	$C_{31}-P$	$C_{32}-P$	$C_{33}-P$	$C_{34}-P$	层次P总排序结果
权重	0.071	0.039	0.013	0.039	0.178	0.085	0.223	0.043	排序结果
W_1	0.109	0.309	0.309	0.109	0.462	0.231	0.247	0.309	0.315
W_2	0.570	0.529	0.529	0.570	0.369	0.554	0.632	0.162	0.478
W_3	0.321	0.162	0.162	0.321	0.169	0.215	0.095	0.529	0.207
λ_{max}	3.005	3.011	3.011	3.005	3.022	3.021	3.027	3.011	
CI	0.0027	0.0056	0.0056	0.0027	0.0111	0.0103	0.0136	0.0056	
RI	0.58	0.58	0.58	0.58	0.58	0.58	0.58	0.58	
CR	0.0047	0.0096	0.0096	0.0047	0.0192	0.0178	0.0235	0.0096	

第四层的组合一致性检验：$CI=0.0124$，$RI=1.58$，$CR=0.0361<0.1$。

根据层次P总排序结果可知，系统2的综合权重最高，较好地达到了预期的目的，因此可以选择系统2进行推广应用。

思考题

1. 说明信息系统维护的重要性，给出信息系统维护的内容。
2. 简述信息系统中软件维护的主要类型。
3. 简述信息系统维护的过程。
4. 为什么要对信息系统进行评价？如何评价？
5. 简述信息系统评价的指标体系。
6. 常用的信息系统评价方法有哪些？

第 10 章　信息系统审计

【学习目标】

- 了解信息系统环境对传统审计的影响。
- 了解信息系统审计的产生与发展。
- 掌握信息系统审计的相关概念和信息系统审计的主要内容。
- 了解信息系统环境与传统环境下审计工作的异同。
- 掌握在实际工作中如何实施信息系统审计。

10.1　信息系统审计的产生与发展

　　1954 年,通用电气公司利用计算机进行工资计算成为基于计算机的企业信息系统应用的开端。这一时期,企业对计算机的作用有了初步的认识,并尝试着引进了少量的计算机数据处理系统,应用于财务、统计、库存等方面以替代人工进行计算工作。

　　由于第二代晶体管计算机的出现和信息技术的发展,到了 20 世纪 60 年代,计算机的应用开始蔓延到企业大多数部门,这些部门独立开发了简单的系统,用来改善部门事务处理的效率,这段时期出现了数据处理部门。企业的经营管理方式发生了显著的变化,尤其是企业会计信息处理实现了信息化即计算机化。纸质会计凭证的电子化使得审计人员在开展传统审计业务的过程中不得不关注电子数据的取得、分析、计算等数据处理业务。人们称这种审计为电子数据处理审计(EDP 审计)。

　　为了解决会计师在新环境中开展审计工作时所面临的问题,美国等发达国家的注册会计师职业组织,对电子数据处理环境下如何开展内部和外部审计进行了大量的研究并取得了引人注目的成果。1969 年,电子数据处理审计师协会(EDPAA)在美国洛杉矶成立。这个协会下设的电子数据处理审计师基金会(EDPAA)负责研究当时情况下一个胜任的信息系统(计算机)审计师应该具备哪些条件、什么水平的知识,并将其主要研究成果收录成书。总体来讲,这一时期社会对信息系统审计的认识不够,信息系统审计远未普及,审计人员本身也缺乏对信息系统的认识。

　　20 世纪 70 年代,随着计算机系统的发展,计算机在企业中得到了更广泛的应用,电子数据处理在企业间普及。企业开始关注计算机应用带来的成本和效益问题,并注意召集各部门人员共同对信息系统的建设和发展进行规划。数据库管理技术的逐渐成熟,使企业可以解决因各部门独立开发数据处理系统所带来的数据冗余和数据很难共享等问题。

　　20 世纪 60 年代末期发展起来的管理信息系统得以广泛应用于企业,使企业可以从整体目标出发,对各项管理信息进行系统和综合的处理,为企业的管理决策服务。计算机以及信息系统在企业的普及使得这一时期利用计算机进行欺诈舞弊的犯罪事件不断出现,例如1973年1月美国"产权基金公司"的保险经营商就利用计算机诈骗了数亿美元。这些事件让负责对实施欺诈的公司进行审计的注册会计师事务所在经济和信誉上都遭受了巨大的损失,美国审计界开始重视信息系统在企业的应用给审计工作带来的风险,并对电子数据处理审计的标准、计算机系统内部控制设置与评审、信息系统审计方法、计算机辅助审计技术和工具(CAATT)等问题进行了详细的研究。日本也派人到美国进行考察,以借鉴美国的经验,研究如何在日本开展信息系统审计工作。

进入20世纪80年代,网络和通信技术迅速发展。企业业务的发展使得企业必须把其本地的信息系统和外地分支机构的信息系统互联互通,以共享信息等资源;同时,企业更注重从战略目标出发,建立一个支持全企业的集成信息系统,实现管理控制上的统一和协调。闭环物料需求计划(闭环MRP)系统和制造资源计划(MRPⅡ)系统相继在企业中广泛应用,企业的物流和资金流实现了集成。这样,业务系统数据能够向财务会计信息系统自动转换和传送,企业可以随时控制和指导生产经营活动,使其与企业战略目标相符合。由于这段时期财务数据的采集是由整个信息系统实时完成的,因此在进行财务审计时,必须考虑信息系统的安全性、可靠性和效率性,以保证信息的真实和可靠。

随着社会对信息系统的依赖性普遍增强,利用计算机犯罪的案件也不断增多。例如,日本仅1982年一年利用磁卡欺诈犯罪的案件数量就相当于该年之前确认的所有计算机犯罪案件之和;在美国,仅1987年因公司之间间谍利用信息技术窃取公司系统中的信息所造成的损失就高达500多亿美元。这些都说明了信息系统的防范体系还很不充分。

越来越多的人认识到了信息系统审计的重要性。审计师们开始利用先进的工具和技术,研究与被审计信息系统相联系的有关开发、程序设计和计算机处理的具体过程和内容,以便更好地开展信息系统审计工作。1981年,美国电子数据处理审计师协会(EDPAA)开始举办注册信息系统审计师(CISA)认证考试。日本也在1985年发表了《系统审计标准》,并在全国软件水平考试中增加了"系统审计师"一级的考试。信息系统审计师成为一种专门的职业。

20世纪90年代以来,互联网技术和信息技术高速持续发展,网络向世界范围不断扩充。人类社会开发利用信息资源的方式和能力发生了很大的变化,信息系统变得越来越复杂化、大型化、多样化和网络化。企业开始注重外部信息的处理效率和利用效益,逐渐对自己价值链上的各类信息进行全面的管理和集成,以此来提高企业在市场中的竞争力。

企业外联网(Extranet)、企业资源计划(ERP)、供应链管理(SCM)以及客户关系管理(CRM)为企业实现目标提供了有力的保证。信息和信息技术对企业生存和保持可持续发展能力的影响越来越大,信息和信息系统已经成为企业的重要资产,像企业的其他资产那样对信息系统加以控制和审计变成企业必然的要求。

企业对外业务的自动化要求业务单证必须电子化,这就使得对企业的信息系统进行审计的同时,不得不考虑与之相关的企业外部的信息系统。况且,因特网在成为电子商务、金融证券的运作平台的同时,也成为犯罪分子危害地区、国家甚至全世界经济安全的场所。如何确保网络平台上的信息系统的安全、可靠和有效变得越来越重要。

世界各国的学者、审计机关和组织都积极对此进行研究与探索。1994年,电子数据处理审计师协会(EDPAA)更名为信息系统审计与控制协会(ISACA),从而成为从事信息系统审计的专业人员唯一的国际性组织,这个组织的注册信息系统审计师(CISA)资格认证也是信息系统审计领域唯一的职业资格认证组织。东南亚各国也开始制定电子商务法规,成立了专门的机构开展信息系统审计业务,并制定了技术标准。

可以看出,随着企业信息化过程中信息系统的发展,信息系统审计的对象从企业单个部门的数据处理系统发展到整个企业集成的信息系统,甚至企业外部的信息系统;审计的目标从对数据处理系统的效率和可靠性进行审查,发展到对整个信息系统的效率、可靠性、有效性和安全性的审查;审计的方法从手工审计发展到手工审计与计算机辅助审计工具和技术兼而有之;开展审计的人员从注册会计师发展到信息系统审计师;指导信息系统审计的组织从传统的审计机关和组织发展成为专业的信息系统审计组织。另外,信息系统审计的内容、依据、准则等也在随着信息技术和信息系统的发展而不断发展与完善。在这里,我们引用国际信息系统审计领域的权威专家 Ron Weber 对信息系统审计的定义,即信息系统审计就是"收集并评估证据,以判断一个计算机系统(信息系统)是否有效做到保护资产、维护数据完整、完成组织目标,同时最经济地使用资源"。

目前,一些国际大型会计公司中已经出现了没有注册会计师资格的合伙人,他们持有的职业资格是注册信息系统审计师(CISA)。很多大公司也高薪聘请注册信息系统审计师(CISA)为公司的发展出谋划策。尽管如此,注册会计师和会计师组织仍将在信息系统审计领域发挥重要的作用。

现代以风险为基础的审计模式,使注册会计师在对企业进行审计时必须考虑企业应用信息技术所带来的风险,而他们对企业财务会计和内部控制的深刻理解,有助于他们采取措施控制这些风险;同时,长期以来在企业信息化过程中积累的审计工作的经验和他们在风险控制方面的良好声誉,也有助于他们开展信息系统审计工作。

可以预见,随着信息技术以及供应链管理(SCM)、客户关系管理(CRM)的不断发展,企业将在网络的基础上实现其内部与外部的完全整合。当电子商务成为网络经济时代商务活动的核心后,企业的物流、资金流和信息流会更大程度地依靠基于网络的信息系统。

在这种环境下,信息系统审计的重点将是对网络系统的审计,这主要包括:对网络系统的开发进行审计;对企业内部网络和外部网络的功能与控制进行审计;对网上认证机构、网上银行等与电子商务活动相关的单位进行审计等。审计人员还会建立审计网络作为辅助手段对企业信息系统进行网上实时审计,以及建立审计专家系统和采用并行审计技术等。当然,这些必将需要所有审计机构和审计人员的共同努力与合作。

10.2 信息系统审计的步骤

信息系统审计的步骤与普通审计的审计步骤基本相同。审计过程一般可划分为准备阶段、实施阶段和终结阶段。这里着重介绍信息系统审计中各阶段的工作特点。

10.2.1 准备阶段

信息系统审计的准备阶段是整个审计程序的重要环节,这个阶段是整个审计过程的基础阶段;准备工作做得全面、具体、细致,就能为实施阶段创造一个良好的开端。根据信息系统审计的特点,准备阶段的工作主要有以下几方面。

1. 明确审计任务

首先要明确审计的目的和范围,审计什么问题,什么类型的审计,但最主要的是了解计算机将在这次审计任务的哪些方面发挥作用。

2. 组成信息系统审计小组

当审计任务确定以后,应根据任务的繁重程度,配备信息系统审计人员,成立信息系统审计小组。根据需要,审计小组中可配备计算机技术人员。应选择审计技术业务较强的审计人员担任主审或审计小组负责人,必要时可邀请被审单位的内部审计人员参加。

3. 了解被审系统的基本情况

信息系统审计小组成立后,应对被审系统的基本情况进行进一步的调查与了解,为拟定信息系统审计方案打好基础。对信息系统进行审计,应着重了解被审计系统的以下情况:

(1) 硬件设备,包括主机的机型、所配置的外围设备、辅助设备等。

(2) 系统软件,包括所选用的操作系统、数据库管理系统等。

(3) 应用软件,包括软件的取得方式,是购买的商品化软件,还是单位自行开发的软件,软件的主要功能和模块结构。

(4) 文档资料,包括系统的操作手册、维护手册、系统和程序的框图等。

根据了解的情况,决定需要测试的项目,是否需要聘请计算机专家参加系统的审计,准备采用哪些信息系统审计技术,是在被审计单位的计算机上进行审计,还是在审计人员自己的计算机上进行审计,被审计单位的计算机与审计人员的计算机是否兼容等。

4. 制定信息系统审计方案

通过调查了解,在熟悉和掌握被审计单位信息系统的基础上,确定信息系统审计的范围和重点,拟定信息系统审计方案。审计方案的内容包括以下几点。

(1) 被审计单位和被审计系统的名称和概况;

(2) 信息系统审计的范围和重点;

(3) 审计实施步骤和时间安排;

(4) 审计方式;

(5) 人员分工;

(6) 运用的信息系统审计方法;

(7) 审计实施注意事项等。

5. 发出审计通知书

审计通知书是审计机关对被审计单位进行审计的书面通知,也是信息系统审计小组进驻被审单位执行审计任务、行使审计监督权的依据和证件。审计通知书应写明被审单位的名称、审计范围、内容、时间和方式、审计组长及成员名单,以及对被审计单位配合工作的要求。

10.2.2　实施阶段

审计实施阶段是在上述各项准备工作就绪后,审计人员到达被审计单位进行具体工作的阶段。其主要任务是:按照信息系统审计方案所确定的审计内容、范围、重点和方式等要求,采用相应的审计方法,查明情况,对取得的各种证据,进行鉴别、分析,判明是非和问题的性质,做出客观公正的评价,并酝酿处理意见和改进建议,其主要工作环节包括以下几项。

1. 对被审计系统的内部控制制度进行健全性调查和符合性测试

对内部控制制度进行调查和测试,是现代审计区别于传统审计的重要特征之一,是对账表单证或数据文件进行审查的前提和基础。对内部控制制度的测试应在调查的基础上进行。审计人员一般可以通过与被审计单位有关的人员座谈、实地观察、查阅系统的文档资料,并跟踪若干业务处理的全过程,了解被审计单位的信息系统的处理过程和内部控制,然后描述出来。常用的对内部控制描述的方法有书面描述、内部控制问卷、流程图。这3种方法既适用于手工审计,也适用于信息系统审计。

在了解并描述了被审计系统的内部控制后,审计人员要对系统关键的控制功能进行测试,以证实系统的控制功能是否恰当、有效。对信息系统手工控制的测试,可采用手工测试方法,如询问、观察、调查、查阅有关文件等。对计算机信息系统程序控制测试,则需要利用计算机辅助审计技术。

通过调查与测试,最后对被审计系统的内部控制进行评价。评价主要考虑以下3个问题。

(1) 经过测试,被审计系统现行的内部控制制度中有哪些满意或比较满意的控制制度。

(2) 各项控制制度是否确实发挥作用,其符合程度如何。

(3) 各项控制措施是否可以依赖,其符合程度如何。

2. 对账表单证或数据文件的实质性审查

在信息系统审计中,实质性审查的目的与手工审计一致,都是通过审查证实被审计系统的会计与业务记录、报表的真实性、合法性。实质性审查的重点和范围由审计人员对被审计系统内部控制制度的审查和评价决定。如果被审计系统内部控制是健全有效的,则可减少实质性审查的范围和数量;反之,应扩大实质性审查的范围和数量。

在信息系统审计中,许多实质性的审查工作与手工审计相同,都要进行检查、取证、分析和评价。例如,进行账证、账账、账表、账实核对,复核各种计算,如折旧计算、成本计算、利息计算等,对财务报表进行分析等。所不同的是,上述工作主要是由计算机完成,审计人员可通过审计软件或被审计计算机信息系统的查询、分析等模块进行实质性审查。

10.2.3 终结阶段

(1) 整理归纳审计资料。

(2) 撰写审计报告。

(3) 发出审计结论和决定。

(4) 审计资料的归档和管理。

10.3 信息系统审计的内容

由于审计的具体目的不同,审计的内容也有所不同。总地来说,信息系统审计包括内部控制系统审计、系统开发审计、应用程序审计、数据文件审计等内容。

10.3.1 内部控制系统审计

信息系统的内部控制系统由两个子系统构成。一个子系统是一般控制系统,是系统运行环境方面的控制,为应用程序的正常运行提供外围保障。一般控制包含组织控制、系统开发控制、系统安全控制、硬件和系统软件控制等方面。另一个子系统是应用控制系统,是针对具体的应用系统和程序而设置的各种控制措施。由于各应用系统有着不同的目的、任务和运行规律,因此,需要根据特定的应用系统设置相应的控制措施。尽管各应用系统所需要的控制措施不同,但每个应用系统均由输入、处理和输出 3 个部分构成,因此,可以把应用控制分为输入控制、处理控制和输出控制。

对信息系统的内部控制系统进行审计有两个目的:一是为了在内部控制审计的基础上对信息系统的处理结果进行审计;二是为了加强内部控制,完善内部控制系统。

10.3.2　系统开发审计

系统开发审计是指对信息系统开发过程所进行的审计。这是一种事前审计,具有积极的意义。内部审计人员最适合进行这种审计,因为他们在地理、人事关系、被审计单位的地位等方面都有很多有利的条件。

系统开发审计实际上是审计人员参与系统分析、设计和调试。它的积极意义表现在:①审计人员可借此熟悉系统的结构、功能、控制措施;②审计人员可借此了解系统控制的强弱;③通过加入审计人员的建议,使系统更可靠、更具有可审性;④可以让审计人员嵌入审计程序段,便于今后开展审计工作。

系统开发审计一方面要检查开发活动是否受到恰当的控制,以及系统开发的方法是否科学、先进、合理,另一方面还要检查系统开发过程中是否产生了必要的系统文档资料,以及这些文档资料是否符合规范。

10.3.3　应用程序审计

应用程序决定了数据处理的合规性、正确性。对应用程序的审计,可以对程序直接进行审查,也可以通过数据在程序上的运行进行间接测试。对程序进行直接检查,可借助流程图作为工具,用标准的图形、符号等来反映程序的处理逻辑。在对程序进行间接测试时,往往需要设计测试数据。这种测试数据可以是真实的数据,也可以是模拟的数据。

审查应用程序有两个目的:一是测试应用控制系统的符合性;二是通过检查程序运算和逻辑的正确性达到实质性测试目的。测试应用控制的符合性是指对嵌入应用程序中的控制措施进行测试,看它们是否按设计要求那样运行和起作用。

10.3.4　数据文件审计

在信息系统中,各种凭证、账簿及报表中的数据均以数据文件的形式存储在硬盘或软盘中。对数据文件进行审计,可以将该文件打印出来进行检查,也可以在计算机内直接进行审查。数据文件审计有两个目的:一是对数据文件进行实质性测试;二是通过数据文件的审计,测试一般控制或应用控制的符合性,但数据文件审计主要是为了实质性测试。

10.4　信息系统审计案例

通过××银行信息系统审计和联合国××基金会总部信息系统审计两个案例,有助于理解信息系统审计的内容、程序和方法等相关内容。

10.4.1 ××银行信息系统审计

××银行的信息系统审计工作开始于 2005 年,同年,该银行设置了相应的职能机构,负责信息系统审计工作的组织和开展。为了能够有效开展信息系统内部审计工作,规范信息系统审计行为,根据××银行内审工作制度,内审部门先后制定了《××银行计算机信息系统监督检查工作暂行规定》、《××银行关于加强计算机信息系统内部审计工作的指导意见》和《××银行计算机信息系统内部审计规程》等制度条例。这三项制度已成为××银行信息系统审计工作的重要指南,是××银行开展信息系统审计工作的重要保障。

1. 审计项目的开展状况

审计工作初期,根据内审人员队伍的状况,确定了以下基本工作方针,即以审计计算机业务应用系统的操作运行管理情况为突破口,不断探索信息系统审计方法和内容,逐步扩大审计范围,通过审计,培养人才,锻炼队伍。6 年多来,先后对"××银行会计核算系统"、"金融统计监测管理信息系统"、"银行信贷登记咨询系统"、"大额支付系统"等 8 个重要业务应用系统的使用和运行管理情况,及其系统内部控制功能进行了审计。同时,开展了对计算机网络及个人办公计算机联网运行管理情况、计算机软件开发管理情况、电子化设备管理情况、计算机机房运行管理情况及有关业务应用系统运行管理情况的审计。

上述审计项目的审计范围涉及了××银行计算机系统、网络系统、重要业务应用系统、数据中心(计算机机房)、软件开发、科技管理等方面。在审计过程中,内审部门通过"以查代训"的方式,锻炼、培养了一支专业的信息系统审计队伍。审计人员一方面来自于原内审人员,这些人员通过努力学习信息技术方面的知识和审计实践,逐渐掌握了信息系统审计本领。另一方面来自于科技部门或具备一定计算机信息系统方面知识的人员,这些人员通过学习、补充审计理论知识,参加审计实践,学会了用审慎的目光,从管理控制的角度思考问题。

2. 信息系统审计的对象、目标与要求

××银行信息系统审计的对象,包括下级行以及有关直属企事业单位开发和使用的计算机系统、网络系统、信息技术基础设施和系统运行环境。审计的目标是通过实施审计,促进、增强和维护××银行计算机信息系统合规性、安全性、可靠性、有效性。信息系统审计的总体要求一是要及时、全面地介入信息系统开发建设和内部控制机制建立过程,对这一过程发挥持续监督作用;二是要实行风险导向型审计,在对系统所固有的风险和系统内部控制机制进行评估和分析的基础上,对系统高风险和控制环节进行重点检查和检测;三是要充分利用计算机辅助审计技术,提高内审工作的技术装备水平,增强内审人员的信息技术应用能力。四是要在发挥审计工作查错防弊保证作用的同时,充分发挥内审管理咨询作用,使审计工作有效地服务于××银行信息化总体目标的实现。

3. 信息系统审计的内容

信息系统审计包括计算机信息系统开发审计、计算机信息系统内部控制功能审计、计算机信息系统运行管理审计、计算机基础设施管理审计、科技综合管理审计 5 个方面。

计算机信息系统开发审计,主要是软件开发项目的组织管理和开发过程控制等情况。计算机信息系统运行管理审计,内容包括有关制度建设、系统运行环境、系统软件和硬件管理、网络和通信管理、数据输入和输出管理、病毒防范、防灾和应急管理、系统维护、系统升级和废止管理。计算机信息系统内部控制功能审计,主要是系统和数据的安全控制和对它们的操作控制、审计管理功能设置等情况。计算机基础设施管理审计,内容主要包括计算机机房管理、网络管理和个人办公计算机管理情况。对计算机机房管理审计主要包括机房的门禁系统、供电系统、空调系统、防灾措施和防灾监控系统的运行和管理情况,机房管理制度的建立、健全和执行情况,相关设备的运行维护管理情况;对个人办公计算机使用和管理审计的主要内容是配置、使用、维护和管理等情况。科技综合管理情况审计,内容主要包括电子化计划管理、资金管理、设备管理、外包服务管理、计算机安全管理等情况。

4. 信息系统审计的程序和方法

在开展信息系统内部审计工作时,除了充分运用审计的一般性方法和技术手段以外,还应根据信息系统审计工作的特殊性,结合实际情况,在审计的各个阶段,探索并综合运用一系列特有方法与技术手段。

在审前准备阶段,充分运用审前调查方法,了解和掌握审计信息系统的基本情况;在此基础上,对拟审计的信息系统固有风险进行初步分析,并对其内部控制机制进行初步评估,以确定审计的重点;拟订详细、具体、可操作的审计实施方案。

在审计实施阶段,对于信息系统开发审计,主要是通过同步、适时介入开发过程并对各个关键控制环节进行监督,或者事后查阅有关审批文件、业务需求书、开发文档及测试、验收报告等资料进行审计;对于系统运行管理审计,主要是采取现场观察、上机查看、查阅系统日志、运行维护记录以及有关业务文档资料等方法进行审计。

对于系统内部控制功能审计,主要是通过搭建系统模拟运行环境或利用系统备机,采取平行模拟操作、试探性操作等方法,对系统的内部控制功能进行审计检测;对于计算机基础设施管理和科技综合管理审计,主要是采取现场观察或工具测试、文档和记录检查等方法进行审计。

在评估和分析阶段,对于安全性评估,主要包括物理安全、逻辑安全和数据安全,分析存在的安全隐患和控制薄弱环节;对于可靠性评估,主要包括软件可靠性和硬件可靠性以及系统可靠性;对于有效性评估,主要包括效益性和效率性,如投资的合理性、性能的高效性、利用的充分性等。

在拟定审计报告时,对于审计发现的问题,应做出详尽的描述和恰当的评价,并与被审计部门进行充分的交流和沟通;内审部门在审计报告中准确描述发现问题的同时,对已经或可能导致的后果或隐患进行分析,并指出其严重程度;针对发现的问题,既提出具体的纠正和改进意见,也提出进一步完善和提高的建议。

5. 信息系统审计初显成效

通过审计,××银行各级机构充分认识到了计算机信息系统审计的重要性,各分行设置了相应机构,配备了必要的人员和设备,把信息系统的开发应用与管理、监督和审计工作放在同等重要的位置,提高了总行有关部门和分支行对加强信息化建设的管理,以及保障计算机信息系统安全、稳定运行必要性的认识。

通过审计,××银行在计算机机房安全管理方面,计算机、网络系统运行维护和安全管理方面,业务应用系统的使用、操作和内部控制功能方面,软件开发管理方面,以及应急措施、文档管理等相关科技综合管理方面,发现了一些问题、安全漏洞和风险隐患,有关部门根据审计意见和建议,进行了认真整改。

通过审计,进一步加强了××银行计算机信息系统的内部控制和风险管理,推动了××银行信息化工作管理规章制度的建设,建立健全了信息化建设过程关键控制环节的管理办法,为实施信息化管理提供了制度保障;建立监督检查机制,提高了落实和执行规章制度的自觉性;进一步增强了机房、网络等信息技术基础设施的可靠运行和安全防护能力,降低了信息技术带来的风险隐患,减少了系统运行、管理方面的安全漏洞;规范了计算机信息系统的运行、维护、使用、操作管理,加强了对软件开发项目管理和软件开发过程的控制,为保障××银行计算机信息系统的稳定运行和信息资产的安全发挥了作用,促进了××银行信息化建设的健康发展。

10.4.2　联合国××基金会总部信息系统审计

1. 项目摘要

联合国审计委员会(The United Nations Board of Auditors,UNBOA)成立于1946年,是联合国的重要专家机构之一,主要负责对联合国近30个账户、基金和项目进行外部审计,并通过联合国行政预算咨询委员会向联合国大会报告审计结果及建议。

2007年11月,中国审计署审计长李金华当选为联合国审计委员会委员之一。根据审计委员会的分工,中国审计署承担了对联合国维和行动、联合国××基金、联合国(伊拉克)账户等多个项目的审计工作。

2010年4月,审计署境外审计司派出审计组,在2008年和2009年实施的审计计划、期中审计的基础上,对联合国××基金会总部进行期中审计,对其2008至2009财年的财务报表总体是否真实公允、各项交易业务是否符合联合国和联合国××基金会的财务规定、联合国××基金会管理的绩效,以及以前年度审计建议的执行情况发表意见,通过审计揭示联合国××基金会在治理、管理和控制方面存在的突出问题,提出改进建议。审计工作围绕财务报告编制、筹资及预算管理、方案管理、人力资源管理、信息系统等领域展开。

2. 被审计单位信息系统基本情况

联合国××基金会的信息技术部门负责信息技术整体架构的设计和管理,以及机构内各种信息系统的运营维护。

联合国××基金会于1999年开始在其总部使用SAP的ERP(企业资源计划)系统,主要使用的是财务和后勤模块,并于1998年开始在其他国家和地区办事处使用自行开发的ProMS(项目管理)系统,包含财务和项目管理等功能。2008年,联合国××基金会开始启动了One ERP项目,目标是把总部和各国家办事处不同的ERP系统予以整合,以便在所有总部部门和国家办事处使用同一个ERP系统,该工作于2011年底完成。

联合国××基金会还开发了Rover报告系统,该系统从SAP和ProMS系统中获取有关数据,分为Briefing Book和Business Information Reports两个软件,基于Cognos 8开发,分别为国家办事处和总部部门提供服务。

此外,联合国××基金会还有资产管理系统、人事管理系统、门户网站和邮件系统等信息系统,用于支持其办公和业务处理。

3. 被审计单位信息系统控制情况

联合国××基金会总部的信息系统控制主要由信息技术部门负责,其办公地址分为两个部分,办公场所通过光纤相连,各有一个数据中心,主要的业务数据互相进行备份。

联合国××基金会总部的主要信息系统可以分为生产系统和开发中的系统两大类。生产系统的服务器在数据中心运行,支持日常业务,如当前使用的SAP-FLS和SAP-HR、邮件系统以及网站等;开发中的系统是未完成的系统,或者处于测试阶段未投入使用的系统,如One ERP的部分模块等。联合国××基金会总部有独立的SAP二次开发部门,开发环境、测试环境与生产环境相互独立。

(1)一般控制。联合国××基金会的信息系统,具有较好的总体控制环境和合理的组织结构,管理政策比较完备并不断更新,数据中心的物理环境控制基本符合要求,软硬件的采购有正式完整的采购和审批制度,系统开发、测试、投入运行分别在不同的环境下完成,变更控制具有完整正式的授权和审批程序,并颁布了相关政策,信息安全控制和运营维护控制都有专门的部门负责。

(2)应用控制。联合国××基金会的业务流程中的信息系统应用控制主要是通过SAP系统中预定义的规则完成,通过管理部门对用户和权限进行分组,合理地管理用户授权。对于异常情况,IT部门有专人进行监督,随时查看并能够解决异常情况,对业务授权、数据处理过程进行有效的管理和控制,减少了异常事件和风险的发生。用户在SAP系统使用非授权的指令,会被系统终止并进行记录。但由于当前SAP与ProMS等多个业务系统并存,存在不同系统之间数据交换的问题,有些领域还需要手工录入某些信息,因此在数据输入、处理、输出和审批授权等方面,还存在一些不完善之处。

4. 信息系统审计总体目标

鉴于联合国××基金会的日常业务管理和财务核算高度依赖信息系统,为实现对其财务报表及管理绩效发表审计师意见的总体审计目标,将本次信息系统审计的目标确定为:一方面通过检查信息系统的安全性控制和业务流程控制,发现影响财务记录和业务管理记录真实性、完整性的问题,为财务收支审计和绩效管理审计提供技术支持;另一方面,结合联合国××基金会系统开发的现状,检查信息系统生命周期的管理与控制,为确保信息系统的顺利研发和应用提出恰当的审计建议。

5. 审计重点内容

本次信息系统审计的重点,一是在开展一般控制审计的基础上,对被审计单位的主要的财务和业务系统(SAP系统等)开展应用控制审计,验证系统数据真实性和准确性,并尝试发现利用信息系统提高管理效益的途径,提出适当的审计建议;二是对照项目计划,检查被审计单位One ERP项目的实际进展情况,特别是为适应国际公共部门会计准则(IPSAS)而对信息系统进行改造的实施情况,提出恰当的审计建议。

6. 审计过程和测试方法

SAP系统是联合国××基金会总部的核心信息系统,也是本次信系统审计的重点。

(1)主要审计事项,如表10-1所示。

表10-1 主要审计事项

审计事项类别	审计事项子类	审计事项名称
一般控制审计	信息系统生命周期控制审计	系统开发控制审计
	信息安全控制审计	逻辑访问控制审计
应用控制审计	业务流程控制审计	交易数据输入控制审计
		数据处理逻辑审计

（2）主要采用的技术和方法如下。

① 通过收集调查问卷的方法，掌握信息系统的基本情况，收集信息系统管理政策，了解信息系统控制、运行和安全等环节。

② 通过访谈的方法，召集主要管理和业务人员，讨论信息系统的操作流程，了解信息系统的具体情况。

③ 检查文档，翻阅相关政策文档，确定政策和业务过程；检查执行过程文档，确定控制的实际执行情况。

④ 实地观察，查看设备和工作现场，获取实地环境和实际业务执行情况的信息。

⑤ 数据分析，利用数据分析技术，检查重要业务控制的实际执行情况。

（3）审计过程。

① 系统开发控制审计。通过调查问卷，审计人员了解到被审计单位正在开发新的基于SAP 的 One ERP 系统，用于整合总部与各地办事处的业务应用。该系统是被审计单位最重要的核心信息系统，为满足国际公共部门会计准则要求而设计建设，按计划应于 2012 年初正式运行。

审计人员与被审计单位的技术部门相关人员访谈后，根据收集到的工作进度表和工作进展中存在的问题等信息，了解到系统开发计划的一些工作进度滞后，如针对国际公共部门会计准则的要求，对信息系统的改造需求意见未及时提交；项目实施进度表更新不及时；有关开发子项目未及时完成等问题。审计人员检查了相关文档，确定系统开发存在不能及时完成的风险，并提出了相应的审计建议。审计组建议，联合国××基金会应及时完成有关准备工作，确保 One ERP 项目按计划如期运行。

② 逻辑访问控制审计。通过查阅法规，审计人员了解到被审计单位制定了专门的信息安全管理指南，要求超过一年未登录使用系统的用户账号应及时关闭。

审计人员与有关技术人员访谈，了解技术人员在日常处理中对信息系统账号的处理流程，初步判断信息系统账号关闭的工作没有遵守规定的要求。然后，审计人员下载了主要信息系统 SAP 系统的账号登录数据，并进行数据分析发现，截至审计日，32 个用户账号自创建后从未启用，57 个账号已超过一年未经登录使用，应予关闭而没有关闭。通过访谈，审计人员发现产生上述问题的主要原因是 SAP 系统的账号管理和人事部门人员信息更新之间存在脱节的情况，导致系统存在被非授权人员登录的风险。审计组建议，联合国××基金会应严格遵守相关规定，完善信息系统的账户管理工作。

③ 交易数据输入控制审计。其主要包括捐赠报告数据输入控制审计和服务终了负债数据输入控制审计。

捐赠报告数据输入控制审计：捐赠报告是联合国××基金会用以向捐赠人/机构报告捐赠资金使用情况与效果的重要工具。按照规定，联合国××基金会总部或地方办事处应按照捐赠协议确定的报告日期和要求及时向捐款人/机构提交捐赠报告。SAP 系统有专门模块用以记录相关信息。审计人员比对 SAP 系统输入的数据和最终上报的手工数据发现，SAP 系统的相关模块数据输入控制存在问题，数据项定义不严格，数据输入不准确，从而导致系统不能真实统计捐赠报告的及时提交率，导致总部工作人员在年底总结工作时不得不手工汇总各国家办事处手工汇总的数据信息。审计组建议，联合国××基金会应及时修改相应系统模块，确保准确输入数据，以便有效追踪捐赠报告的提交情况。

服务终了负债数据输入控制审计：服务终了负债是指联合国××基金会针对工作人员退休时未使用的带薪休假、员工遣返费用等计提的负债。截至 2009 年年底,联合国××基金会计提的服务终了负债金额为 5.78 亿美元。此金额为精算师事务所根据××基金会提供的统计数据精算而来。审计人员发现,××基金会的 2009 年报表披露的员工服务终了负债,实际上是基于信息系统中的 2008 年年末的人员统计数据而计算的,而非 2009 年年末的统计数据。审计人员将两年的全部职员统计数据,经过计算机逐项比对数据分析发现,两年的数据存在一定差异,职员人数差异为 103 人(1%),未使用的带薪假差异为 27 156 天(8%),可能对报表产生的影响金额约为 1179 万～1719 万美元。审计人员认为,信息系统的人力资源数据输入控制不足,录入人员没有及时、准确地录入全部职员的带薪休假数据,导致精算师不能准确地计算负债金额,进而影响财务报表披露信息不准确。为此,审计组建议联合国××基金会调整对相关事项的信息披露。

④ 数据处理逻辑审计。联合国××基金会财务规定要求,捐赠资金应按照捐赠协议确定的资金用途使用。如果捐赠资金未使用完,而且没有延期,所剩款项应予退还。

审计人员发现 SAP 系统现有模块可以反映捐赠资金的使用状况,但相应的预警机制不能准确地提示到期而未延期的捐赠资金金额。经检查分析发现,2009 年年末此类资金的总金额约为 1320 万美元。审计人员认为,如果联合国××基金会不能及时有效地使用捐赠机构提供的捐赠资金,结余资金过多,会不利于其未来的筹资活动,如所剩款项确实不能使用完毕,资金应及时退回来源渠道。审计组建议,联合国××基金会应完善相应的捐赠资金退款程序,以便更好地管理、使用捐赠资金。

7. 初步审计成果

本次信息系统审计是对联合国××基金会信息系统的初步审计尝试,审计人员从信息系统开发、逻辑访问控制、数据输入和数据处理等方面,对被审计单位的主要信息系统 SAP 系统进行了现场审计,提出了上述几条审计建议,以促进其信息系统发挥效益,更好地为业务工作提供保障支持。

8. 本项目的局限性

本次联合国××基金会信息系统审计的局限性在于审计人员对 SAP 系统的研究不足,审计不甚全面,仅从若干点对 SAP 系统进行了局部审计,未能整体分析 SAP 信息系统审计的重点和精确提炼出 SAP 信息系统审计的关键环节。

联合国××基金会目前已经在总部使用了 SAP 系统有关模块,而且将在全球全面使用 SAP 系统作为其主要财务系统和管理系统。联合国的其他机构也有相当数量已经使用和准备使用 SAP 系统。作为一个全球市场占有率很高的信息系统,SAP 系统标准化程度很高,这十分有利于审计人员更加全面地深入对其了解和分析。而且,进一步研究如何针对 SAP 系统等 ERP 系统开展信息系统审计,不仅是联合国审计的重要经验总结,也会为国内 ERP 审计积累有益经验。

10.5 注册信息系统审计师简介

注册信息系统审计师(Certified Information System Auditor,CISA),也称 IT 审计师,是指一批专家级的人士,既通晓信息系统的软件、硬件、开发、运营、维护、管理和安全,又熟悉经济管理的核心要义,能够利用规范和先进的审计技术,对信息系统的安全性、稳定性和有效性进行审计、检查、评价和改造。CISA 资格由 ISACA 授予,是信息系统审计领域的唯一的职业资格,受到全世界的广泛认可。

10.5.1 什么是注册信息系统审计师认证

信息系统审计与控制协会 ISACA(Information System Audit and Control Association)是从事计算机审计人员(IT 审计师)组成的国际性专业组织,是唯一有权授予注册信息系统审计师资格的跨国界、跨行业的专业机构。该协会成立于 1969 年,总部在美国芝加哥,在世界上 100 多个国家设有 160 多个分会,现有会员两万多人。

凡通过 CISA 考试,在信息系统审计、控制或安全领域有 5 年的工作经验(在校生考试后 5 年内完成以上领域相关工作经验亦可申请:本科毕业折算为 2 年工作经验,研究生毕业折算为 6 年工作经验),遵守 ISACA 的职业道德,提出 CISA 资格申请并得到批准后,即可取得 CISA 资格。

10.5.2 CISA 的作用

注册信息系统审计师在信息化社会中,为各单位筑起了一道信息安全的壁垒,他们关注的问题主要有以下几点。

(1) 信息安全。没有安全就没有一切,信息系统审计师会采用各种方法测试系统的安全性,并对来自内部和外部的安全隐患提出相应对策。

(2) 信息系统的稳定性。没有长期稳定性,信息系统就无法承担激烈竞争的压力,信息系统审计师会提出一系列对策保证客户信息系统的万无一失。

(3) 鉴别信息系统的有效性。最安全和最稳定的系统不一定是最有效的系统,而效率不高的系统会消耗企业大量的资源,信息系统审计师的优势就是对财经管理和信息技术融会贯通,为企业信息系统的改造提供建议。

10.5.3 CISA 考核要点和涉及知识

CISA 考试要求应试者具有扎实的审计理论和审计实践经验,具有较丰富的企业运营及管理知识和经验,同时更要具有全面的、有一定深度的计算机信息系统方面的理论和实践经验。CISA 考试分为信息系统审计和信息系统相关知识两个方面的 7 项内容。

1. 信息系统审计程序

(1) 考核要点。实施信息系统审计要与一般公认的信息系统审计标准和准则相一致,以确保对组织采用的信息技术和业务系统进行充分的控制、监控和评价。主要包括:审计计划和审计战略及目标;一般公认的审计标准;信息的收集和分析;风险管理和控制等。

(2) 涉及知识。这部分考试涉及的主要知识有:有关信息系统审计的标准和准则;审计实务和技术;风险分析方法、原则和标准;战略和计划过程;信息系统及技术发展趋势;质量管理、财务管理和业务管理等。

考生必须具备现代审计理论和实务、企业管理、项目管理和信息系统及信息技术发展脉络方面的知识。

2. 信息系统的管理计划和组织

(1) 考核要点。评价有关信息系统管理、计划和组织的战略、政策、标准、过程及有关实务。主要包括：评价信息系统战略和过程；评价信息系统政策、标准和过程的开发、部署和维护；评价信息系统组织和结构等。

（2）涉及知识。这部分考试涉及的主要知识有：有关信息系统战略、政策、标准和过程的主要实践；信息系统战略开发、部署和维护的方法和步骤；信息系统项目管理、风险管理、变动管理、质量管理、安全管理；信息系统组织结构和设计原则；软件质量管理等。

考生必须具备信息系统开发与管理、项目管理及软件工程方面的知识。

3. 技术基础和操作实务

（1）考核要点。评价组织技术和操作基础的实施及正在进行的管理的功效和效率，确保它们充分地支持组织的业务目标。主要包括：评价硬件的取得、安装和维护；评价系统软件和应用软件的获取、实施及维护；评价网络基础设施的获得、安装和维护；评价信息系统操作实务；评价系统执行和监控过程、工具和技术等。

（2）涉及知识。这部分考试涉及的主要知识有：有关硬件平台、系统软件和实用软件以及网络基础设施和信息系统操作实务的风险和控制；系统运行和监控过程、工具和技术；IT 基础设施的获取、开发、实施和维护的过程；网络拓扑等知识。

考生必须具备一定的计算机硬件和软件、计算机网络（尤其是互联网等）基础和运行管理等方面的知识。

4. 信息资产的保护

（1）考核要点。评价逻辑的、环境的和 IT 基础设施的安全，确保系统满足组织的业务需求，保护信息资产以防非授权使用、泄露、修改、破坏和损失。主要包括：评价逻辑访问控制的设计、实施和监控；评价网络基础设施的安全；评价环境控制的设计、实施和监控；评价物理访问控制的设计、实施和监控等。

（2）涉及知识。这部分考试涉及的主要知识有：计算机访问控制原理和技术；物理安全控制；密码技术；网络安全概念；安全体系结构；安全评估工具；病毒及探测、预防和反应机制；黑客攻击方法和技术等。

考生必须具备扎实的计算机网络理论知识和实践经验、计算机加密解密技术、计算机病毒及网络黑客技术、计算机及网络安全体系结构方面的知识等。

5. 灾难恢复和业务持续计划

（1）考核要点。评价在系统发生不测时，为使业务运转和信息系统处理能正常进行，而采取的备份和恢复等措施。主要包括：文件及数据的备份和恢复机制；不测发生后保证组织业务持续进行和继续提供信息系统处理的能力等。

（2）涉及知识。这部分考试涉及的主要知识有：关于灾难恢复和业务持续的概念和方法、灾难恢复和业务持续技术等。

考生必须具备数据库理论中关于数据恢复技术和灾难应对措施方面的知识。

6. 业务应用系统的开发、取得、实施和维护

（1）考核要点。通过业务应用系统的开发、取得、实施和维护来评价采用的方法和过程，以确保与组织的业务目标一致。主要内容包括对应用系统的开发、取得、实施和维护中采用的技术和方法进行评价。

（2）涉及知识。这部分考试涉及的主要知识有：系统开发方法和工具；软件质量保证方法；程序设计原理和技术；系统实施后的评价技术等。

考生必须具备软件工程的理论及实务、各种程序设计技术、信息系统实施和评价等方面的知识。

7. 业务过程的评价和风险管理

(1) 考核要点。评价业务系统和过程,确保风险被控制且与组织业务目标相一致。主要内容包括:通过诸如用基准测试程序测试、最优方法分析、业务流程重组(BPR),评价信息系统支持业务过程的效率和效力,确保业务结果最优;评价自动化和手工控制的设计和实施;评价组织的风险管理和控制的实施等。

(2) 涉及知识。这部分考试涉及的主要知识有:最优方法业务过程;业务过程控制;业务设计机构、管理和控制实务;业务流程设计、重组和改进的方法等。

考生必须具备企业管理、企业生产经营和电子商务方面的理论及实务知识。

思考题

1. 你认为我国信息系统审计的主要困难是什么?
2. 简述信息系统审计的内容。
3. 你认为信息系统审计人员应具备哪些基本知识和技能?
4. 信息系统控制包括哪些基本内容?
5. 注册信息系统审计师可从事哪些工作?

第11章 企业资源计划

【学习目标】

- 了解 ERP 系统产生的背景。
- 掌握 ERP 相关概念。
- 了解 ERP 的发展历史及明确各阶段的区别与联系。
- 掌握 ERP 的管理思想和特点。
- 熟悉 ERP 的实施过程。
- 了解供应链管理的实质、客户关系管理的功能以及供应链管理、客户关系管理与企业资源计划的关系。

11.1 ERP 概述

企业资源计划(Enterprise Resource Planning,ERP)系统是美国 Gartner Group 公司于1990 年提出的,是 MRP Ⅱ(企业制造资源计划)下一代的制造业系统和资源计划软件。本质上 ERP 仍然是以 MRP Ⅱ 为核心,但在功能和技术上却超越了传统的 MRP Ⅱ,它是以顾客驱动的、基于时间、面向整个供应链管理的企业资源计划。它集信息技术与先进的管理思想于一身,核心目标是实现对整个供应链的有效管理,满足企业合理调配资源、最大化地创造社会财富的要求,成为企业在信息时代生存、发展的有力保障,为企业"运筹帷幄、决胜千里"提供有效的服务。

11.1.1 为什么要引入 ERP

全球经济一体化进程的不断加快,信息技术的飞速发展,Internet/Intranet 技术和电子商务的广泛应用,使人类从工业经济时代跨入了知识经济时代,企业所处的商业环境已经发生了根本性变化。顾客需求瞬息万变、技术创新不断加速、产品生命周期不断缩短、市场竞争日趋激烈,这些构成了影响现代企业生产与发展的三大力量:顾客、竞争和变化(3C)。这3 大力量要求企业要在竞争激烈的市场中能快速反应、准时交货。

在企业内部,无论是流程式制造业还是离散式制造业,无论是从事单件生产、多品种小批量生产、少品种重复生产还是从事标准产品大批量生产,制造业内部管理都可能遇到以下一些问题:企业拥有卓越的销售人员推销产品,但是生产线上的工人却没有办法如期交货;车间管理人员抱怨说采购部门没有及时供应他们所需要的原料,实际上采购部门的效率过高,仓库里囤积的某些材料 10 年都用不完,仓库库位饱和,资金周转很慢;许多公司要用

6~13个星期的时间才能计算出所需要的物料量,所以订货周期只能为6~13个星期;订货单和采购单上的日期和缺料单上的日期都不相同,没有一个是肯定的;财务部门不信赖仓库部门的数据,不以它来计算制造成本……以上这些情况正是大多数企业目前所面临的一个严峻的问题。20世纪90年代以来,随着企业信息处理量不断加大,企业资源管理的复杂化也不断加大,这要求信息的处理有更高的效率,传统的人工管理方式难以适应这些要求,必须要依赖于计算机信息系统来实现。近几年来,大多数企业使用了多种形式的计算机辅助管理系统,各个部门的工作效率有了显著的提升,如财务会计、人事工资、库存管理、档案管理等。然而,这些仅仅是企业部门孤立的信息化,普遍存在业务数据信息重复、混乱、不准确、不畅通、不能共享,历史数据不易查找、信息反馈不及时等弊端。例如,生产计划人员在安排生产时,无法通过孤立的信息系统获知生产车间的产能现状,导致生产能力不均、产品积压;采购人员无法通过系统,获知各生产物料的库存量和需用量,所以库存难以控制;生产管理人员无法及时获知生产订单在各个工序上的完工状态,所以产品成本和质量难以控制;企业销售人员无法获得产品和市场的状态信息,所以也难以做出准确的预测。

企业是一个有机的整体,企业中的各个部门的工作是彼此联系、相互影响的,都是不可忽视的环节,不论哪个环节失误都会引起一连串的麻烦和问题。如果把企业的这些环节环环相扣,互有影响的工作都按照一定的规律、方法和手段管理好,对企业的所有资源进行科学的调配和计划,并得到充分地利用,以上所出现的问题就能得到有效的控制和解决。ERP正是专门为解决企业信息集成而产生的系统解决方案。基于信息技术的基础,利用现代企业的先进管理思想,把企业的设计、采购、生产、财务、营销等各个环节有效集成起来,为企业提供决策、计划、控制与管理的系统化的平台,实现信息技术和管理技术的协调统一,使企业的决策科学性、计划准确性和作业有效性得到有机统一。

11.1.2 什么是ERP

ERP,意为企业资源计划系统,是美国计算机技术咨询和评估集团Gartner Group咨询公司于20世纪90年代初期根据当时计算机信息技术的发展及企业对供应链管理的需求,预测在信息时代企业管理信息系统的发展趋势和即将发生变革而提出的概念。它是建立在信息技术基础上,利用先进的管理思想,对企业所拥有的人力、资金、材料、设备等所有资源进行综合平衡和充分考虑,为企业提供决策、计划、控制与经营业绩评估的全方位和系统化的管理平台。它代表了当前在全球范围内最广泛、最有效的一种企业管理方法,这种管理方法通过计算机软件得到体现,因此ERP也代表一类企业管理软件系统。对于ERP系统的概念,可以从管理思想、软硬件产品以及管理系统3个层次进行理解,如图11-1所示描述了ERP系统的概念层次。

第一层次:ERP是20世纪90年代美国Gartner Group咨询公司提出的一整套企业管理系统体系标准,其实质是在MRPⅡ(Manufacturing Resource Planning,制造资源计划)基础上进一步发展而成的面向供应链(Supply Chain)的管理思想。

第二层次:ERP是综合应用了客户机/服务器体系、关系数据库结构、面向对象技术、图形用户界面、第四代语言(4GL)、网络通信等信息产业成果,以ERP管理思想为灵魂的软件产品。

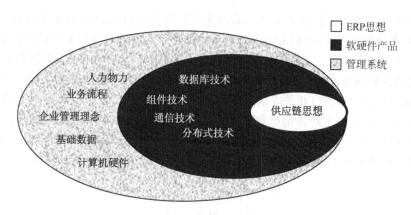

图 11-1　ERP 系统概念层次图

第三层次：ERP 是整合了企业管理理念、业务流程、基础数据、人力、物力、计算机硬件和软件于一体的企业资源管理系统。

11.1.3　ERP 能做什么

随着 ERP 的推广和应用，许多公司正在慢慢地接受并实施 ERP 解决方案，用 ERP 来集成系统的业务信息，实现企业内部资源和企业外部资源的信息共享，使企业的更多资源（包括人、财、物、产、供、销、时间、客户以及信息等资源）得到充分地利用。多数企业认为，ERP 最为显著的作用是直接提高了经济效益，其次是管理的标准化、规范化，然后是行业竞争力的提高。另外，它还对企业形象改善、管理思维提升、员工积极性的激励方面都有所帮助。作为先进的计算工具，ERP 有很高的运算能力、固定的程式与规则，对于企业提高管理水平具有重要意义。

11.2　ERP 发展历程

随着计算机软硬件技术的发展，企业管理信息系统不断地吸收新的管理理念，扩大管理的范围并逐步发展强大起来。ERP 系统的发展大致经历了：时段式 MRP、闭环式 MRP、MRP Ⅱ、ERP 等发展阶段，目前正向新一代 ERP Ⅱ 协同商务发展。

11.2.1　时段式 MRP

企业管理者经常头痛的事件之一就是"产供销严重脱节"，销售部门好不容易签下了销售合同，生产部门说计划排不下去；一旦生产计划能安排了，供应部门又说材料来不及采购；在仓库里，生产要用到的物料经常出现短缺，而没有用的物料却又长期大量积压。时段式 MRP（Material Requirement Planning，物料需求计划）是 20 世纪 60 年代为解决企业"产供销严重脱节"而提出的，它首先将物料需求区分为独立需求和相关需求并分别加以处理，独立需求是指需求量和需求时间由企业外部的需求来决定，如客户订购的产品、售后维修需要的备品备件等；相关需求是指根据物料之间的结构组成关系由独立需求的物料所产生的需求，如零部件、原材料等的需求。其次在库存状态数据中引入了时间分段的概念。所谓时间分段，就是给库存状态数据加上时间坐标，即按具体的日期或计划时区记录和存储状态数据，从而解决何时订货以及订货数量的问题。

MRP 的基本思想是:首先从最终产品的生产计划(独立需求)导出相关物料(原材料、零部件等)的需求量和需求时间(相关需求),然后根据物料的需求时间和生产(订货)周期来确定其开始生产(订货)的时间。实现了企业三个核心业务(销售、生产和采购)的信息集成,打破了这 3 个部门的分割和各自为政的状态,只要销售件(独立需求)的期量信息(交货日期和交付数量)有了变化,相应的采购件(相关需求)和加工件的期量信息(需用数量和需用日期)会立即发生相应的变化,从而解决了产供销严重脱节的矛盾,又解决了快速响应和应变的问题。

基本 MRP 的依据是:主生产计划(Master Production Schedule,MPS);产品结构与物料清单(Bill Of Material,BOM);库存信息。它们之间的逻辑流程关系如图 11-2 所示。

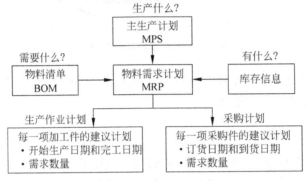

图 11-2   时段式 MRP 逻辑流程图

(1) 主生产计划 MPS。主生产计划是确定每个具体的最终产品在每个具体时间段内生产数量的计划。主生产计划详细规定生产什么、什么时段应该产出,是独立需求计划。主生产计划根据客户合同和市场预测,把经营计划或生产大纲中的产品系列具体化,使之成为展开物料需求计划的主要依据,起到了从综合计划向具体计划过渡的承上启下作用。

(2) 产品结构与物料清单 BOM。MRP 系统要正确计算出相关需求物料的数量和时间,首先要知道企业所制造的产品结构和所有要使用到的物料。BOM 是产品结构的技术性描述文件,表明了产品组件、子件、零件直到原材料之间的结构关系,以及每个组装件所需要的各下属部件的数量。物料清单通常采用树形结构表示,称为产品结构树,如图 11-3 所示。

图 11-3 是一个简单的产品结构图,大致反映了产品的构成。为了便于计算机识别,必须把产品结构图转换成规范的数据格式,这种用规范的数据格式来描述产品结构的文件就是物料清单。它必须说明组件(部件)中各种物料需求的数量和相互之间的组成结构关系。如表 11-1 所示为一张简单的与产品结构相对应的物料清单。

表 11-1   产品物料清单

层次	物料号	物料名称	计量单位	数量
1	11000	A	件	1
.2	11100	C	件	1
..3	11110	O	M^2	1
.2	11200	D	件	4
..3	11210	P	M^3	0.2
1	12000	B	件	4
.2	12100	R	M^3	0.2
1	13000	E	套	1

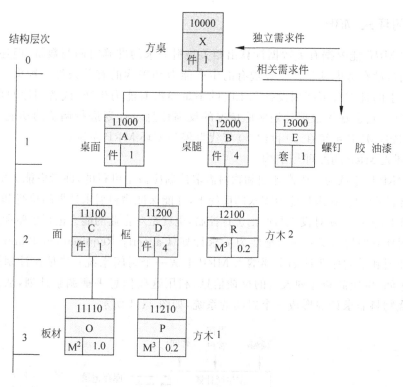

图 11-3　产品结构图

（3）库存信息。库存信息是保存企业所有产品、零部件、在制品、原材料等存在状态的数据库。在 MRP 系统中，将产品、零部件、在制品、原材料甚至工装工具等统称为"物料"。为便于计算机识别，必须对物料进行编码。物料编码是 MRP 系统识别物料的唯一标识。

① 现有库存量：在企业仓库中实际存放的物料的可用库存数量。

② 计划收到量（在途量）：根据正在执行中的采购订单或生产订单，在未来某个时段物料将要入库或将要完成的数量。

③ 已分配量：尚保存在仓库中但已被分配的物料数量。

④ 提前期：执行某项任务由开始到完成所消耗的时间。

⑤ 订购（生产）批量：在某个时段内向供应商订购或要求生产部门生产某种物料的数量。

⑥ 安全库存量：为了预防需求或供应方面不可预测的波动，在仓库中应经常保持最低库存数量作为安全库存量。

根据以上的各个数值，可以计算出某项物料的净需求量：净需求量＝毛需求量＋已分配量－计划收到量－现有库存量。

从逻辑流程图看，时段式 MRP 回答以下 4 个问题：①要生产什么？指的是出厂产品，是独立需求件，由主生产计划来确定。②要用到什么？指的是有关产品期量方面的信息，由物料清单来回答。③已经有了什么？指的是库存里可以参与需求计算的物料可用量。④还缺什么？什么时候下达计划？

11.2.2 闭环式 MRP

时段式 MRP 能根据有关数据计算出相关物料需求的准确时间与数量,但还不够完善,其主要缺陷是没有考虑到生产企业现有的生产能力和采购的有关条件的约束。因此,计算出的物料需求的日期有可能因设备和工时的不足而没有能力生产,或者因原料的不足而无法生产。同时,它也缺乏根据计划实施情况的反馈信息对计划进行调整的功能。正是为了解决以上问题,MRP 系统在 20 世纪 70 年代发展为闭环 MRP 系统。

1. 闭环式 MRP 的原理与结构

闭环 MRP 理论认为主生产计划和物料需求计划应该是可行的,即考虑能力的约束,或者对能力提出需求计划,在满足能力需求的前提下,才能保证物料需求计划的执行和实现。在这种思想要求下,企业必须对投入与产出进行控制,也就是对企业的能力进行校验和执行控制。

所谓闭环有两层含义:一是把能力需求计划(Capacity Requirement Planning,CRP)、车间作业计划和采购作业计划全部纳入 MRP 形成一个封闭系统;二是在计划执行过程中加入来自车间、供应商和计划人员的反馈信息,利用这些信息平衡调整计划,从而使生产的全过程围绕物料需求计划形成一个封闭的系统,如图 11-4 所示。

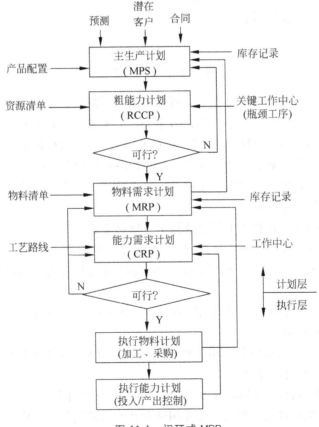

图 11-4 闭环式 MRP

闭环式 MRP 的基本原理是企业根据发展的需要与市场需求来制定企业生产规划;根据生产规划制定主生产计划,同时进行生产能力与负荷的分析,主要是针对关键资源的能力与负荷的分析过程,只有通过对该过程的分析,才能达到主生产计划基本可靠的要求,再根据主生产计划、企业的物料库存信息、产品结构清单等信息来制定物料需求计划;由物料需求计划、产品生产工艺路线和车间各加工工序能力数据(即工作中心能力)生成对能力的需求计划,通过对各加工工序的能力平衡,调整物料需求计划。如果这个阶段无法平衡能力,还有可能修改主生产计划;采购与车间作业按照平衡能力后的物料需求计划执行,并进行能力的控制,即输入、输出控制,并根据作业执行结果反馈到计划层。因此,闭环 MRP 能较好地解决生产计划与控制的问题(如何时何地需要何种物料、需要多少、何时下单等),大大降低了企业延期交货的现象,并提高了用户服务水平。闭环 MRP 的主要缺陷在于由 MRP 处理物流,由财务系统处理资金流将造成数据录入的重复和不一致;没有充分考虑到资金流与物流数据的同步集成。

2. 能力需求计划 CRP

(1) 物料需求计划与能力需求计划。能力需求计划即确定为完成生产任务具体需要多少劳力和机器资源的过程,主要用来检验物料需求计划是否可行,以及平衡各工序的能力与负荷。

在闭环 MRP 系统中,把关键工作中心的负荷平衡称为物料需求计划,或称为粗能力计划,它的计划对象为独立需求件,主要面向的是主生产计划;把全部工作中心的负荷平衡称为能力需求计划,或称为详细能力计划,而它的计划对象为相关需求件,主要面向的是车间。由于 MRP 和 MPS 之间存在内在的联系,所以资源需求计划与能力需求计划之间也是一脉相承的,而后者正是在前者的基础上进行计算的。

(2) 能力需求计划的依据。

① 工作中心:用于生产产品的生产资源,包括机器、人和设备,是各种生产或能力加工单元的总称。它主要是计划与控制范畴,而不是固定资产或设备管理范畴。

② 工作日历:也称生产日历,说明企业各部门、车间或工作中心在一年中可以工作或生产的所有日期。

③ 工艺路线:是说明零部件加工或装配过程的文件,是一种计划文件。它不说明加工条件和操作要求,主要说明加工过程中的工作顺序和生产资源等计划信息。

④ 由 MRP 输出的零部件作业计划。

(3) 能力需求计划的计算逻辑。闭环 MRP 的基本目标是满足客户和市场的需求,因此在编制计划时,总是先不考虑能力约束而优先保证计划需求,然后再进行能力计划。经过多次反复运算,调整核实,才转入下一个阶段。能力需求计划的运算过程就是把物料需求计划订单换算成能力需求数量,生成能力需求报表。这个过程可用图 11-5 来表示。

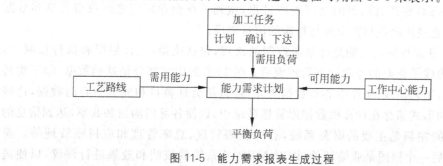

图 11-5 能力需求报表生成过程

当然,在计划时段中也有可能出现能力需求超负荷或低负荷的情况。闭环 MRP 能力计划通常是通过报表的形式(直方图是常用工具)向计划人员报告,但是并不进行能力负荷的自动平衡,这个工作由计划人员人工完成。

3. 现场作业控制

各工作中心能力与负荷需求基本平衡后,下一步就要集中解决如何具体地组织生产活动,使各种资源既能合理利用又能按期完成各项订单任务,并将客观生产活动进行的状况及时反馈到系统中,以便根据实际情况进行调整与控制,这就是现场作业控制。它的工作内容一般包括以下 4 个方面。

(1) 车间订单下达:订单下达是核实 MRP 生成的计划订单,并转换为下达订单。

(2) 作业排序:从工作中心的角度控制加工工件的作业顺序或作业优先级。

(3) 投入产出控制:是一种监控作业流(正在作业的车间订单)通过工作中心的技术方法。利用投入/产出报告,可以分析生产中存在的问题,采取相应的措施。

(4) 作业信息反馈:跟踪作业订单在制造过程中的运动,收集各种资源消耗的实际数据,更新库存余额并完成 MRP 的闭环。

11.2.3 MRP Ⅱ 系统

闭环 MRP 系统的出现,使生产活动方面的各种子系统得到了统一。但这还不够,因为在企业管理中,生产管理只是一个方面,所涉及的是物流,而与物流密切相关的还有资金流。这在许多企业中是由财会人员另行管理的,这样就造成了"财务数据和生产数据总是对不上号",财务报表在时间上严重滞后,不能及时地暴露经营生产中的问题,等到发现了问题再处理,已经给企业造成了损失。于是人们想到应该建立一个一体化的管理系统,实现资金流与物流的统一管理,把财务子系统与生产子系统结合到一起,形成一个系统整体。20 世纪 80 年代所提出的 MRP Ⅱ 就是为解决财务和业务脱节管理问题的信息化管理系统,是在 MRP 的基础上,将 MRP 的信息共享程度扩大,使生产、财务、销售、工程技术、采购等紧密结合在一起,共享有关数据,集成为一个全面管理生产的一体化系统。

MRP Ⅱ 实质是以 MRP 为核心的闭环生产计划与控制系统。MRP Ⅱ 中的资源包括人力、物料、设备、能源、资金、空间和时间。MRP Ⅱ 第一次真正地把财务子系统与生产子系统结合到一起,使制造、财务、销售、财务、采购及工程技术等信息得到了统一集成,形成了以生产计划为主线,通过运用科学方法对企业各种制造资源和产、供、销、财各个环节进行有效的计划、组织和控制,使企业的物流、信息流、资金流畅通流动,如图 11-6 所示。同时,MRP Ⅱ 能动态监察产、供、销的全部生产过程,做到了在企业部门之间数据共享和数据统一,实现了企业整体效益和资金流与物流的信息集成。

在 MRP Ⅱ 流程图的右侧是计划与控制的流程,包括决策层、计划层和执行控制层,这些功能系统构成了企业的经营计划管理流程;图 11-6 的中间部分是基础数据,除了物料清单、库存信息、工艺路线、工作中心等数据之外,还包括会计科目和成本中心的数据,这些数据以数据库的形式储存在计算机数据库管理系统中,以便各部门沟通和共享,达到信息的集成;图 11-6 的左侧是主要的财务系统,有应收账管理、总账管理和应付账管理等。流程图 11-6 的最后一个框图是业绩评价,即对 MRP Ⅱ 系统的成绩和效果进行评议,以便进一步改进和提高。

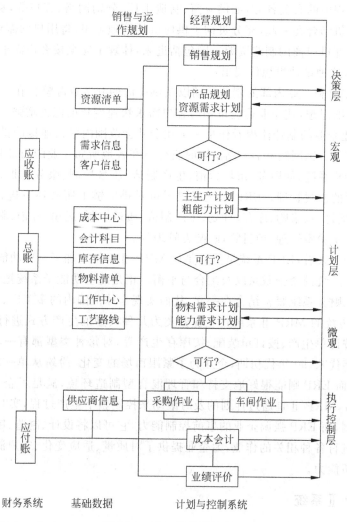

图 11-6 MRP Ⅱ流程结构

11.2.4 ERP 系统

20 世纪 90 年代,由于经济全球化和市场国际化的发展趋势,制造业所面临的竞争更加激烈,以客户为中心、基于时间、面向整个供应链成为新的形势下制造业发展的基本动向,实施以客户为中心的经营战略是企业在经营战略方面的重大转变,这种需求变化 MRP Ⅱ 难以满足。而面向对象的技术、计算机辅助软件工程以及开放的客户机/服务器计算环境又为实现这种战略转变提供了技术基础。MRP Ⅱ 逐步吸收和融合其他先进思想来完善和发展自身理论进入了一个新的阶段——ERP。

ERP 体现了先进的企业管理模式,并提供了企业信息化建设的最佳方案,目的是将企业各方面的资源(包括人、财、物、产、供、销等因素)合理配置,以使之充分发挥效能,使企业在激烈的市场竞争中全方位地发挥能量,从而取得最佳经济效益。ERP 系统在 MRP Ⅱ 的基础上扩展了管理范围,提出了新的管理体系结构,在设计中不仅考虑了企业自己的资源,还考虑了经营过程中的有关各方,如供应商、制造工厂、分销网络、客户等,从而把企业的内部和外部资源有机结合在一起,充分贯彻了供应链的管理思想,将用户的需求和企业内部的制造活动以及外部供应商的制造资源一同包括进来,体现了完全按客户需求制造的思想。

ERP 系统的这种设计思想体现出:

① 把客户需求和企业内部的制造活动以及供应商的制造资源整合在一起,体现了完全按用户需求制造的思想,使企业适应市场与客户需求快速变化的能力增强。

② 将制造业企业的制造流程看作是一个在全社会范围内紧密连接的供应链,其中包括供应商、制造工厂、分销网络和客户等;同时将分布在各地所属企业的内部划分成几个相互协同作业的支持子系统,如财务、市场营销、生产制造、质量控制、服务维护、工程技术等,还包括对竞争对手的监视管理。ERP 系统提供了可对供应链上所有环节进行有效管理的功能,这些环节包括订单、采购、库存、计划、生产制造、质量控制、运输、分销、服务与维护、财务管理、人事管理、实验室管理、项目管理、配方管理等。

从系统功能上来看,ERP 系统虽然只是比 MRP Ⅱ 系统增加了一些功能子系统,但更为重要的是这些子系统的紧密联系以及配合与平衡。正是这些功能子系统把企业所有的制造场所、营销系统、财务系统紧密结合在一起,从而实现全球范围内的多工厂、多地点的跨国经营运作;其次,传统的 MRP Ⅱ 系统把企业归类为几种典型的生产方式进行管理,如重复制造、批量生产、按订单生产、按订单装配、按库存生产等,对每种类型都有一套管理标准。而在 20 世纪 80 年代末、90 年代初期,企业为了紧跟市场的变化,纷纷从单一的生产方式向混合型生产发展,而 ERP 则能很好地支持和管理混合型制造环境,满足了企业的这种多角化经营需求;最后,MRP Ⅱ 是通过计划的及时滚动来控制整个生产过程,实时性较差,一般只能实现事中控制,而 ERP 强调企业的事前控制能力,它可以将设计、制造、销售、运输等通过集成来并行地进行各种相关的作业,为企业提供了对质量、适应变化、客户满意、效绩等关键问题的实时分析能力。

11.2.5 ERP Ⅱ 系统

根据 Gartner 公司预测,ERP 的快速演变,已经带来了企业必须采取的一种新的系统,于是 2000 年 Gartner 公司再次提出了一个全新的概念——ERP Ⅱ 系统。Gartner 公司给 ERP Ⅱ 的定义是:ERP Ⅱ 是通过支持和优化企业内部及企业之间的协同运作和财务过程,以创造客户及股东价值的一种商务战略和一套面向具体行业领域的应用系统。为了区别于 ERP 对企业内部管理的关注,Gartner 公司在描述 ERP Ⅱ 时,引入了"协同商务"的概念。协同商务(Collaborative Commerce 或 C-Commerce),是指企业内部人员、企业与业务伙伴、企业与客户之间基于电子商务的形式进行企业业务的交互过程。为了使 ERP 流程和系统适应这种改变,企业对 ERP 的流程以及外部的因素提出了更多的要求,这就是 ERP Ⅱ,ERP Ⅱ 有助于企业在未来获取更大的竞争优势。

通过采用 ERP Ⅱ 系统,ERP 系统的作用被扩展了,从重点在于优化企业的资源变成了重点在于共同利益群体中企业和企业之间可以共享资源的信息。从初始的业务领域来看,ERP 系统是从制造和分销业开始的,而 ERP Ⅱ 系统则是涉及了所有的业务领域。而且重要的是体系架构上的差别,ERP Ⅱ 系统是完全面向 Internet 集成的,而 ERP 系统是面向企业业务系统集成的客户机/服务器体系架构。ERP Ⅱ 系统可以完全满足交易群体的需要而不是像 ERP 系统那样只能满足单个企业的需要,当然这一特点的完全实现将是一个长期的过程,不是短短几年时间就可以达到的。

ERP Ⅱ 与 ERP 的主要区别是它强调了协同商务的作用。下面从 ERP Ⅱ 的特点来说明其对于 ERP 的优势。ERP Ⅱ 系统包含如下 6 个基本特征,分别从业务、应用和技术方面定义了其战略取向,如图 11-7 所示。

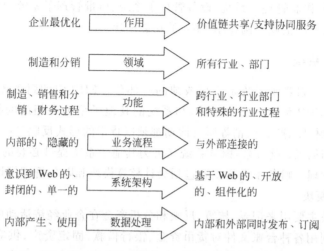

图 11-7 ERP 系统与 ERP Ⅱ 系统的比较示意图

（1）ERP Ⅱ 的作用:从传统 ERP 的资源优化和业务处理,扩展到利用企业间协作运营的资源信息,并且不仅是电子商务模式的销售和采购。

（2）ERP Ⅱ 的领域:ERP Ⅱ 的领域不仅支持制造和分销行业,而是向所有的行业扩展。

（3）ERP Ⅱ 的功能性:超越传统通用的制造、分销和财务部分,扩展到那些针对特定行业或行业段业务。

（4）ERP Ⅱ 的业务流程:处理的业务流程从注重企业内部流程管理发展到外部连接。

（5）ERP Ⅱ 的系统架构:与单调的 ERP 系统结构不同,ERP Ⅱ 系统结构是面向 Web 和集成设计的,同时是开放的、组件化的。

（6）ERP Ⅱ 的数据处理方式:与 ERP 系统将所有数据存储在企业内部不同,ERP Ⅱ 面向分布在整个商业社区的业务数据进行处理。

可以看出,除了系统架构不同外,ERP Ⅱ 的这些特征代表了传统的 ERP 的扩展,体现了新一代 ERP 的发展趋势。

11.3 ERP 系统的主要功能模块

由于各个 ERP 厂商的产品风格与侧重点不尽相同,因而其 ERP 产品的模块结构也相差较大,所以应撇开实际的产品,从企业的角度来描述 ERP 系统的功能结构,即 ERP 能够为企业做什么,它的模块功能到底包含哪些内容。

从管理职能来看,ERP 主要涉及企业的人、财、物、信息资源的管理和对产、供、销过程的管理,同时这些管理职能将会涉及业务处理、运行控制、管理控制和战略计划等 4 个层次。总之,ERP 是将企业所有资源进行整合集成管理,简单地说是将企业的三大流:物流、资金流、信息流进行全面一体化管理的管理信息系统。ERP 系统的功能模块不同于以往的 MRP 或 MRP Ⅱ 的功能结构模块,不仅可用于生产企业的管理,而且在许多其他类型的企业如一些非生产、公益事业的企业也可导入 ERP 系统进行资源计划和管理,它应该包括 4 个层次的资源管理和过程管理职能,至少应包括财务子系统、成本管理子系统、生产计划与控制子系统、市场销售子系统、采购管理子系统、库存管理子系统、人力资源子系统、生产数据管理子系统、车间作业管理子系统、设备管理子系统、质量管理子系统、高层战略管理子系统。本节以典型的生产企业为例介绍 ERP 的功能模块。

11.3.1 财务子系统

在 ERP 系统中,财务子系统是不可或缺的一部分。ERP 中的财务子系统与普通的财务软件不同,作为 ERP 系统中的一部分,和系统的其他子系统有相应的接口,能够相互集成。企业中的人、财、物、产、供、销等所有活动都须以货币的形式反映到财务系统中,留待财务子系统的处理和加工;反过来,财务系统又可为其他子系统提供必要的信息,以影响和促进其他子系统的管理。财务子系统主要包括会计核算模块和财务管理模块。

1. 会计核算模块

会计核算模块主要用来记录、核算、反映和分析资金在企业经济活动中的变动过程及其结果。具体包括利用各种台账文件对货币资金、银行借款、固定资产、供应过程、生产过程、销售过程等发生的经济活动进行业务处理,由总账、应收账、应付账、现金、固定资产、多币制等部分构成。

(1) 总账模块。总账模块是会计核算模块的核心,也是 ERP 系统的核心子模块。它的功能是处理记账凭证输入、登记,输出日记账、一般明细账及总账分类,编制主要会计报表。应收账、应付账、固定资产核算、现金管理、工资核算、多币制等各模块都以总账为中心互相传递信息。

(2) 应收账模块。指企业应收的由于商品赊欠而产生的正常客户欠款,包括发票管理、客户管理、付款管理、账龄分析等功能。它和客户订单、发票处理业务相联系,同时将各项事件自动生成记账凭证,导入总账。

(3) 应付账模块。会计里的应付账是企业应付购货款等账,包括发票管理、供应商管理、支票管理、账龄分析等。它能够和采购模块、库存模块完全集成以替代过去烦琐的手工操作。

(4) 现金管理模块。主要是对现金流入、流出的控制以及零用现金及银行存款的核算,包括对硬币、纸币、支票、汇票和银行存款的管理。在 ERP 中提供了票据维护、票据打印、付款维护、银行清单打印、付款查询、银行查询和支票查询等和现金有关的功能。

此外,它还和应收账、应付账、总账等模块集成,自动产生凭证,导入总账。

(5) 固定资产核算模块。完成对固定资产的增减变动以及折旧有关的计提和分配的核算工作。它能够帮助管理者对目前固定资产的现状有所了解,并能通过该模块提供的各种方法来管理资产,以及进行相应的会计处理。

具体功能有:登录固定资产卡片和明细,计算折旧,编制报表以及自动编制凭证并转入总账。它和应付账、成本、总账模块集成。

(6) 多币制模块。这是为了适应企业的国际化经营,对外币结算业务的要求增多而产生的。多币制将企业整个财务系统的各项功能以各种币制来表示和结算,且客户订单、库存管理及采购管理等也能使用多币制进行交易管理。

多币制和应收账、应付账、总账、客户订单、采购等各模块都有接口,可自动生成所需的数据。

(7)工资核算模块。自动进行企业员工的工资结算、分配、核算以及各项相关经费的计提。它能够登录工资、打印工资清单及各类汇总报表,计算、计提各项与工资有关的费用,自动做出凭证,导入总账。这一模块是和总账、成本模块集成的。

2. 财务管理模块

财务管理模块的功能主要是基于会计核算的数据,再加以分析,从而进行相应的预测、管理和控制活动,侧重于财务计划、控制、分析和预测。具体包括根据前期财务分析做出下期的财务计划、预算;利用会计核算提供的数据实施各项财务分析;做出相应的财务决策(如投资决策、融资决策、股利决策等)。

11.3.2 成本管理子系统

成本管理子系统主要承担制定计划成本、核算成本、分析成本及控制成本的任务,满足会计成本核算的事前预测、事后核算分析的需要,是整个生产系统实现闭环控制的重要环节。在企业生产经营活动中,成本管理的作用是有组织地、系统地运用预测、计划、控制、核算、分析、考核等方法,对构成产品成本的各种因素及影响产品成本的各个经营环节实施管理,以达到降低成本,提高经济效益的目的。成本管理子系统与财务、生产、库存、销售等系统全面集成,利用该系统可以更准确、快速地进行成本费用的归集和分配,提高成本计算的及时性和正确性。同时通过定额成本的管理、成本模拟、成本计划,能够更为有效地进行成本预测、计划、分析和考核,提高企业对成本的管理水平。工业企业成本管理工作的内容大致包括:成本核算、成本计划、成本预测、成本控制、成本分析等几个环节。

1. 成本核算功能

通过用户对成本核算对象的定义,对成本核算方法及各种费用分配方法的选择,自动对从其他系统传递的数据或手工录入的数据进行汇总计算,输出用户需要的成本核算结果或其他统计资料。

2. 成本计划功能

成本计划是以统一的货币形式,产生企业规定计划期内的产品生产耗费和各种产品的成本水平计划方案。主要由产品单位成本计划、生产费用预算、产品销售收入计划及毛利等构成。

3. 成本预测功能

运用移动平均、年度平均增长率,对部门总成本和任意产量的产品成本进行预测,满足企业经营决策的需要。

4. 成本控制功能

企业的生产制造过程是动态的,成本的产生过程也是动态的。随着生产制造过程的进行,各种成本数据也随之产生,这样企业可以在掌握生产计划的同时也掌握有关的成本与会计数据,并可随时根据成本中心执行的情况,加以必要的控制和调整。

5. 成本分析功能

可以对分批核算的产品进行追踪分析,计算部门的内部利润,对历史数据对比分析,分析计划成本与实际成本的差异。

11.3.3　生产计划与控制子系统

生产计划与控制子系统是 ERP 系统的核心所在,它将企业的整个生产过程有机地结合在一起,使企业能够有效地降低库存,提高效率。同时各个原本分散的生产流程自动连接,也使生产流程能够前后连贯地进行,而不会出现生产脱节,耽误生产交货时间。

生产计划与控制子系统是一个以各类计划为导向的先进的生产、管理方法的集合。这些计划构成一个多层次的阶梯结构。生产计划与控制子系统将综合分析各类计划及相关信息(关键设备等),制定月度生产计划和月度生产准备计划;生产处则根据单产品综合日程计划、厂年度、季度生产计划和生产准备及生产完成情况进行处理,综合生产厂月度计划,切实保证节点。ERP 系统中生产计划部分中最典型的是主生产计划、物料需求计划、能力需求计划 3 种计划。

11.3.4　市场销售子系统

市场销售管理子系统是从产品的销售计划开始,对其销售产品、销售地区、销售客户各种信息的管理和统计,并可对销售数量、金额、利润、绩效、客户服务做出全面的分析,帮助企业的销售人员完成客户档案及信用管理、产品销售价格管理、销售合同管理等一系列销售事务,为企业的销售人员提供客户的信用信息、产品的订货情况以及产品的销售情况和获得情况,指导企业的经营活动顺利进行,提高企业的客户服务水平,使企业的市场适应能力加强,始终能在竞争中保持优势地位。市场销售子系统与库存管理、成本管理、生产等子系统有着紧密的联系。市场销售子系统一般包括销售计划管理功能模块、销售合同管理模块以及客户档案管理等功能模块。

销售计划管理功能模块主要用以编制建议排产计划和编制销售计划。建议排产计划是全厂安排活动的重要依据,制定时应综合考虑市场预测情况、指令性计划、历年生产统计数据、合同汇总数据等参数。

销售合同管理模块是 ERP 的入口,所有的生产计划都是根据它下达并进行排产的,而销售合同的管理是贯穿了产品生产的整个流程。销售合同管理模块主要包括合同的登记、合同执行情况的维护和跟踪、销售合同的统计与分析等内容。

客户档案管理功能模块能对客户相关信息实现查询和统计分析功能,可用来实时掌握客户需求情况的动态,并对其进行分类管理,进而对其进行针对性的客户服务,以达到最高效率地保留老客户、争取新客户。

11.3.5　采购管理子系统

采购管理子系统是对采购业务过程进行组织、实施与控制的管理过程,可以帮助采购人员控制并完成采购物料从请购计划、采购下达、采购到货处理以及到货接收检验入库的全过程,可有效地监控采购计划的实施、采购成本的变动及供应商交货履约情况,为采购部门和财务部门提供准确及时的信息,并辅助管理决策。采购管理子系统能够随时提供采购、验收的信息,跟踪和催促对外购或委外加工的物料,保证货物及时到达,从而帮助采购人员选择最佳的供应商和采购策略,确保采购工作高质量、高效率、低成本地执行。采购管理子系统应支持多币种采购,与生产、库存、应付管理及成本等子系统均有良好的接口。

借助采购管理子系统,采购需求信息可由生产等其他部门直接下达,无须手工录入采购订单,只要将请购项目合并下达即可自动生成采购单,方便、灵活。采购物品收货检验后可按已分配的库存货位自动入库,并及时更新库存,同时由成本与应付子系统完成结转采购成本及应付款的工作,无须财务人员手工填制凭证。

11.3.6 库存管理子系统

仓库在整个生产企业中是连接生产、采购、销售的中转站,是生产过程必备的周转场所。库存管理子系统用来控制存储物料的数量,帮助企业的仓库管理人员对库存物品的入库、出库、移动和盘点等操作进行全面的控制和管理,以达到降低库存、最小限度地占用资金,杜绝物料积压与短缺的现象,提高客户服务水平,保证生产经营活动顺利进行。

库存管理子系统是一个多层次、动态的、真实的库存控制管理系统,可以从多种角度管理库存物品的库存数量、库存成本和资金占用情况,如从级别、类别、货位、ABC 分类等角度,以便用户可以及时了解和控制库存业务各方面的准确情况和数据。库存管理子系统与采购、生产、销售、成本等子系统之间有着密切的联系,如采购物料通过库存接收入库,生产所需原材料和零部件通过仓库发放,产品由成品仓库发货,库存物料成本及占用资金由成本管理来核算等。

11.3.7 人力资源子系统

以往的 ERP 系统基本上都是以生产制造及销售过程(供应链)为中心,因此,长期以来一直把与制造资源有关的资源作为企业的核心资源进行管理。近年来,企业内部的人力资源开始越来越受到企业的关注,被视为企业的资源之本。在这种情况下,人力资源管理作为一个独立的模块,被加入到 ERP 系统中,和 ERP 中的财务、生产系统组成了一个高效的、具有高度集成性的企业资源系统,与传统方式下的人事管理有着根本的区别。

人力资源子系统一般由招聘管理、档案管理、薪资管理、考勤管理、差旅核算、辅助决策等几个模块组成。人力资源子系统通过强大的招聘管理实现对人才频繁流动的人力资源进行互动管理;通过档案管理记录员工各方面的变化,查询员工的历史资料;通过薪资管理实现企业的薪酬体系的标准化、规范化管理以及工资的核算与发放等工作;通过考勤管理、差旅核算等模块实现对每位员工在企业的出勤情况、差旅情况进行管理;通过辅助决策模块,可以使企业发现人才、选拔人才、留住人才,从而优化人力资源。

招聘管理模块主要对招聘过程、招聘的成本进行科学管理,从而优化招聘过程,降低招聘成本,为选择聘用人员的岗位提供辅助信息,并有效地帮助企业进行人才资源的挖掘。招聘管理包括招聘需求申请、审批、发布招聘信息、建立测评试题库、测试成绩管理、录取与招聘评估等活动。

档案管理模块主要记录和管理人员的各种信息以及相关的信息变动情况,并提供多角度的统计分析功能。在档案管理模块中,建立起人员的各种信息中心,包括人员的培训信息、人员的考勤信息、人员的职位信息、人员的业绩管理信息等。

薪资管理模块主要提供工资核算、工资发放、经费计提、统计分析等功能。能根据公司跨地区、跨部门、跨工种的不同薪资结构及处理流程,制定与之相适应的薪资核算方法;能够支持工资的多次或分次发放、代扣税或代缴税以及银行代发工资或现金发放工资等功能;经费计提的内容和计提的比率可以进行设置。

考勤管理模块主要提供员工出勤情况的管理,帮助企业完善作业制度。主要包括各种假期的设置、班别的设置、相关考勤项目的设置,以及请假单的管理,加班、迟到、早退的统计,出勤情况的统计等。提供与各类考勤机系统的接口,并为薪资管理模块提供相关数据。

差旅核算模块能够自动控制从差旅申请、差旅批准到差旅报销整个流程,并且通过集成环境将核算数据导入财务成本核算模块中。

辅助决策模块能对企业人员、组织结构编制的多种方案,进行模拟比较和运行分析,并辅之以图形的直观评估,辅助管理者做出最终决策;制定职务模型,包括职位要求、升迁路径和培训计划,根据担任该职位员工的资格和条件,系统会提出针对本员工的一系列培训建议,一旦机构改组或职位变动,系统会提出一系列的职位变动或升迁建议;进行人员成本分析,可以对过去、现在、将来的人员成本做出分析及预测,并通过 ERP 集成环境,为分析企业成本提供依据。

11.3.8　设备管理子系统

设备管理子系统通过对企业的设备与仪器台账的基本信息、运行情况、保养情况、故障和事故情况处理、设备使用部门的变动情况及有关备件管理等信息的管理,使各级部门能及时地了解设备从安装、使用、变动到报废等过程的信息。

设备管理子系统主要包括设备台账管理、设备统计、备件库存管理、编制设备大修计划等功能。其中设备台账是设备管理的基础,包括设备的一般特性、设备的状态数据和设备的能力数据等部分;在设备台账的基础上,建立设备统计台账文件,并根据此文件按时做出各种统计报表;根据备件库的出/入库单据,登记备件的库存流水文件和累计台账文件,对备件库的收、支、存进行统计,实现备件库存管理;根据设备的完好状态、修理周期和年度生产大纲对设备能力的要求,编制较为合理的重点设备大修计划,并依据大修任务的负荷和维修车间的维修能力进行能力测算和平衡。

11.3.9　质量管理子系统

质量管理子系统也是 ERP 系统的一个重要组成部分。因为它的好坏直接关系到企业的生存与发展。在日益强化保护消费者权益的今天,质量管理尤为重要,质量管理的活动覆盖企业生产经营活动的全过程,从供应商的开发、原材料的采购、产品的制造到产品的销售、售后服务等都贯穿了质量管理活动。

质量管理子系统主要通过对原材料质检信息、半成品质检信息、产成品质检信息以及产品售后质量反馈信息的收集、统计、分析,向企业的各级管理人员提供企业各环节的质量分析报告,使他们能及时了解质量信息及存在的问题,及早采取措施,避免不必要的损失,提高产品的信誉。质量管理子系统与采购管理子系统、车间作业管理子系统、销售管理子系统是高度集成的,并且有着灵活的接口,企业可以根据各自的具体特点进行接口的设置。

11.3.10 高层战略管理子系统

每个组织均有一个最高领导层,如公司总经理和各职能领域的副总经理组成的委员会,这个子系统主要为他们服务。该系统主要提供信息查询、决策支持、日常公文处理、会议安排、内部指令发送、外部信息交流及制定竞争策略和融资战略等辅助支持功能。

11.4 ERP 实施

在引入 ERP 系统的过程中,系统的实施是一个极其关键也是最容易被忽视的环节。项目实施的成败最终决定着 ERP 效益的充分发挥。通常,ERP 项目的实施应当包括企业内、外信息集成两个方面,大致包括 ERP 实施前期准备、系统实施以及系统实施后评价等几个阶段。

11.4.1 ERP 实施前期准备

软件购买安装之前,称为前期工作阶段。这个阶段非常重要,关系到项目的成败,但往往为实际操作所忽视。这个阶段的工作主要包括以下几项。

1. 总体规划,分步实施

在实施 ERP 项目之前,企业要根据实际需求和技术经济能力,规划企业是先上 MRP Ⅱ 还是直接上 ERP,是以资金流为核心还是以物流为核心,是分阶段分步实施还是全面实施,哪一部分先上哪一部分后上,每一个子系统或模块的功能和要实现的具体目标,各类信息的分类、编码,数据的来源与去向、共享关系等。总之,首先要对 ERP 项目做统筹规划,在科学规划基础上再按管理上的急需程度、实施中的难易程度等确定优先次序,在效益驱动、重点突破的指导下,分阶段、分步骤实施。科学的实施方法可以起到事半功倍的作用,保证 ERP 项目的顺利推行。

2. 设立专门的项目组织

ERP 的实施是一个大型的系统工程,管理改革要配合进行。为了保证项目按计划进度顺利实施,需要组织上的保证,如果项目的组成人选不当、协调配合不好,将会直接影响项目的实施周期和成败。为此通常要成立三级项目组织,即项目领导小组、项目实施小组和业务组,如图 11-8 所示。

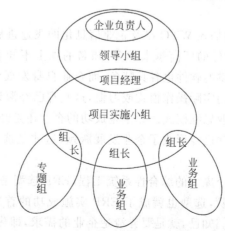

图 11-8 ERP 项目组织图

（1）项目领导小组。ERP系统不仅是一个软件系统，更多的是先进管理思想的体现，关系到企业内部管理模式的调整、业务流程的变化及相关人员的变动，所以必须坚持"一把手原则"。因此，项目领导小组由企业的一把手牵头，并与系统相关的副总一起组成项目领导小组，负责制定计划的优先级、资源的合理配置、重大问题的改变及政策等。

（2）项目实施小组。ERP项目实施工作主要由项目实施小组来推动、完成，项目实施小组非常重要，主要负责制定实施计划并监督执行；负责指导、组织和推动职能组的工作，积极提出并参与业务改革；负责组织原型测试，模拟运行ERP系统并提出有关意见；负责把ERP培训贯彻落实到企业的各个层次；负责按要求收集、录入数据，并编制企业的ERP数据规范；负责制定岗位工作准则以及提交各阶段的工作报告等。项目实施小组的组长，也就是该项目的项目经理，要有足够的权威、较强的组织能力和项目管理能力，同时要对企业的管理情况、产品、工艺流程非常熟悉，有丰富的项目管理和实施经验。项目实施小组其他的成员一般由企业主要业务部门的主管、业务骨干、计算机系统维护人员等构成。

（3）业务组。业务组是指各个具体业务的执行人员，是实施ERP系统的核心，一般由各个部门的主要业务操作人员组成，完成部门的ERP项目实施工作任务或进行ERP项目专题讨论，这部分工作的好坏是ERP实施能不能贯彻到基层的关键所在。每个业务组必须有固定的人员，在项目实施小组的领导下，根据部门工作的特点，制定出本部门的ERP项目实施方法与步骤，熟练掌握与本部门各业务工作点有关的软件功能，提出具体意见，包括业务改革的执行意见。

3. 教育与培训

培训是成功实施ERP系统的重要因素，ERP培训有两个重要目的：一是增加人们对ERP相关知识的了解；二是规范管理人员的行为方式。通过培训要使企业的各级管理人员理解什么是ERP，企业需要什么样的ERP软件，它的实施将给企业带来哪些变化，并明确实施ERP后各个岗位的人员如何进行新的工作。对企业高层领导和ERP项目涉及的人员分不同层次、不同程度进行软件具体功能的培训，使他们掌握ERP的基本原理、相关管理理论和具体的ERP实施方法，同时，对企业高层领导和ERP项目人员进行的培训要贯穿于ERP的整个实施过程中，定期和不定期地召开研讨会，了解系统实施的最新成果。培训的类型有理论培训、实施方法培训、项目管理培训、系统操作应用培训、计算机系统维护等。

4. 软件选型

伴随着中国成功加入WTO以及企业信息化的飞速进展，ERP在中国也进入了广泛普及阶段，ERP管理软件的厂商越来越多，知名的加上不知名的少则几十家，多则成百上千家，不同的厂商所提供的软件也各具特色，而企业自身发展到一定规模，也会形成一定的企业特色，也就是企业的实际操作模式或习惯，这些都已经深刻地存在于企业员工的意识形态中，形成了一定的企业思维模式。无论是成功的企业还是经营欠佳的企业，都要了解需要解决的问题有哪些，哪些已经形成了企业发展瓶颈，这才是选择ERP管理软件时需要考虑的根本问题。

实施ERP是一个庞大的综合性系统工程，ERP选型是很多企业都很头痛的问题，毕竟"三分软件、七分选型"，选型也就成了ERP实施成功的首要关键因素。因此，在选型过程中，首先要知己知彼。知己，就是要弄清楚企业的需求，即先对企业本身的需求进行细致的分析和充分调研，做好需求分析的工作，了解企业自身的需求、问题所在、发展瓶颈；知彼，就是需要了解候选厂商软件的实效,要弄清软件的管理思想和功能是否满足企业的需求,多走访同行业,了解 ERP 管理软件实施情况。这两者是相互交织进行的,可以通过软件的先进管理思想找出企业现有的管理问题,特定的软件则可能由于自身的原因,不能够满足企业一定的特殊需求,也需要一定的补充开发。此外,还要了解实施的环境。这里的环境包括两方面:国情(像财务会计法则等一些法令法规,还包括汉化等)、行业或企业的特殊要求,根据这些来运行流程和功能,从"用户化"和"本地化"的角度为 ERP 选型。

11.4.2 ERP 实施

ERP 系统实施主要包括数据准备、系统安装调试、软件原型测试、原型模拟运行、新系统的切换运行、ERP 实施评价和企业业务流程重组等几方面。

1. 数据准备

ERP 系统的运行依赖数据的准确、及时和完备。可以说数据准确工作是整个系统实施过程中头绪最多、工作量最大、耗时最长、涉及面最广的一项工作。因此,在运行 ERP 系统之前,要准备和录入一系列基础数据,重视基础数据的整理、修改和完善。基础数据量大,涉及面广,主要分为初始静态数据、业务输入数据、业务输出数据,初始静态数据如物品代码、物品工艺路线、库存数据、工作中心数据等;业务输入数据如物品入库数据、出库数据与销售订单数等;相应的业务输出数据有物品库存数据、可用库存量与物品的计划需求量等,数据整理要满足 ERP 系统的格式要求,并确保其正确性、完整性和规范性。

2. 系统安装调试

在人员、基础数据已经准备好的基础上,可以将系统软件安装到企业中,并进行一系列的调试活动。系统安装调试包括软件、硬件的安装与调试,硬件的规划要考虑企业的现有资源,做较全面的考虑,包括考虑各种数据业务的采集,可通过与硬件供应商合作,制定与建立企业的硬件系统建设方案。在未详细规划企业的 ERP 应用工作点前,必须优先考虑在计划中心或一些主要的业务部门建立初步的系统安装与调试工作点,等到建立后续的应用工作点时,再安装相应的软件。

3. 软件原型测试

这是对软件功能的原型测试(prototyping),也称计算机模拟。根据收集的数据,录入 ERP 软件,进行系统的测试,由于 ERP 系统是信息集成系统,所以在测试时,应当是全系统的测试,这一阶段,企业的测试人员应在实施顾问的指导下,系统地进行测试工作,因为 ERP 的业务数据、处理流程相关性很强,不按系统的处理逻辑进行,则录入的数据无法处理,或根本无法录入。例如,要录入物品的入库单,则必须先录入物品代码、库存的初始数据等。

4. 用户化及模拟运行

这一阶段的目标和相关的任务有以下几点。

(1) 用户化与二次开发。由于不同的企业在生产规模、生产类型、管理机制、人员素质、企业的外部环境等方面都不一样,即使是同一个企业,随着科技进步和市场需求的变化,它的产品组合、工艺技术、生产规模、供应协作关系等也在发展和变化,企业的管理方式和方法也必须随之做相应的变化。因此,对每个企业都完全适用的商品化软件是不存在的。因此,不论企业采用国外的软件还是国内的软件,都面临着系统的用户化和二次开发的任务。一般地,对界面的二次开发应尽量减少,重点放在报表与特殊的业务需求功能上。用户化一般指不涉及流程程序代码改动的工作,这种工作可以由实施顾问对系统维护人员进行培训,以后长期的维护工作就由这些人员完成。

(2) 实战性模拟运行。在完成了用户化和二次开发后,就可以用企业实际的业务数据进行模拟运行,检查数据的准确性与合理性,确定系统运行通道的各种参数,调整和确定各种凭证及报表。这时可以选择一部分比较成熟的业务进行试运行,以实现以点带面、由粗到细,保证新系统进行平稳过渡。进行了一段时间的测试和模拟运行之后,针对实施中出现的问题,项目小组会提出一些相应的解决方案,编制实施 ERP 的工作准则与工作规程,制定企业管理改革措施,并在以后的实践中不断完善。

5. 新系统的切换运行

在成功经历实战及模拟运行之后,即可进入 ERP 系统的切换阶段了。企业可根据其产品及生产组织的特点、原有基础及计算机应用的普及程度,确定具体的过渡方案,决定停止原手工作业方式、停止原单一系统的运行,相关业务完全转入 ERP 系统的处理。系统切换要分模块、分步骤、分业务与分部门地逐步扩展。在这个阶段,所有最终用户必须在自己的工作岗位上使用终端或客户机操作,处于真正应用状态,而不是集中于机房。

6. 新系统运行及 ERP 实施评价

在 ERP 系统成功投入企业运行后,实施的工作其实并没有完全结束,而是将转入到实施 ERP 后的工作成绩及效益评议与考核以及下一步的后期支持阶段。这一阶段有必要对 ERP 系统实施的结果做一个评价,以判断是否达到了最初的目标,从而在此基础上制定下一步的工作方向;另一方面,由于市场竞争形势的发展,将不断有新的需求提出,同时系统的更新换代,主机技术的进步都会对原有系统构成新的挑战,因此,必须在系统运行的基础上,通过自我应用评价,制定下个目标,不断地巩固和提高 ERP 实施效果。

ERP 系统的评价与其他工程系统的评价相比,有自己的特点。系统中包含了信息技术、设备、人和环境等诸多因素。系统的效能是通过信息的作用和方式表现出来的,而信息的作用又要通过人在一定的环境中,借助以计算机技术为主体的工具进行决策和行动表现出来。因此,系统的效能既是有形的也是无形的;既是直接的又是间接的;既是固定的也是变动的。所以 ERP 系统的评价是一项难度较大的工作,属于多目标评价问题,通常 ERP 系统项目主要从技术和经济两个方面评价,即功能性评价和经济效益评价。同时,由于管理信息系统是一个应用于社会组织的人-机应用系统,系统评价还包括社会效益的评价。

7. 业务流程重组

企业在实施 ERP 后,企业的管理流程会发生一些变化。一方面,ERP 的推行、实施,企业的业务数据可以共享,业务处理的速度明显加快,可以处理的业务工作量加大了,再者,由于企业的业务数据在网络中传递,使用 ERP 的业务模块已经不是原来的业务职能部门,如此的业务变化,为管理的变革创造了条件。另一方面,企业原来的业务管理模式又是与 ERP 管理思路、信息流程不符的管理模式,ERP 带来信息短路的同时也要求管理流程短路,即对管理的高效变革,这样实施 ERP 系统也就同时使管理的变革具有必要性。企业应用 ERP 必须要开展管理创新,如何在 ERP 实施过程中进行业务流程重组是企业必须要面对的一个问题。信息系统实施后,必须由相应的新的企业业务流程与其相适应。但是,企业业务流程的重新设计不能在系统实施之后才开始,因为这样做的后果有两个。一是信息系统的开发过程并没有充分考虑到新的业务流程,因而可能只是现有业务流程的模仿;另外,管理信息系统的生命周期将会因为等待新流程的设计和实施而大大缩短。

基于以上原因,在规划和实施信息系统时,必须在规范企业现有流程的基础上,结合新系统对信息处理的特点和优势,重新设计企业业务流程。设计企业业务流程,首先要找出现有业务流程中存在的问题,以及评估新系统实施后对业务处理方式的改变。前者主要依靠业务支持人员发现问题,后者则需要系统开发人员与业务支持人员共同分析现有的业务流程,直接找出问题,分析哪个环节在将来信息系统应用以后是多余的或者是缺少的。

以上就 ERP 的实施过程进行了简要的介绍。当然,这些阶段是密切相关的,一个阶段没有做好,绝不可操之过急进入下一个阶段,否则,只能是事倍功半。值得注意的是,在整个实施进程中,培训工作是贯彻始终的。除了开始阶段的领导层培训和 ERP 原理培训外,那些贯穿于实施准备、用户化及模拟运行、切换运行、新系统运行过程中的有关培训,如软件产品培训、硬件及系统员培训、程序员培训和持续扩大培训也是至关重要的。

11.4.3 卡莱公司 ERP 项目实施案例

1. 项目背景

(1)企业简介。卡莱(梅州)橡胶制品有限公司是一家美国大型上市公司独资子公司,主要生产橡胶轮胎、半实心胎等,现有职工近 1700 多人,注册资本 4500 万美元,主要面向欧美等地区供应,年均销售额约 1.5 亿美元,是梅州地区最大的出口企业和纳税百强单位。

(2)企业的管理需求。尽管卡莱公司是美资企业,但公司施行的仍是 20 世纪 90 年代末开发的 MRP 系统,信息化建设尚处在一个较低的水平。虽然当时处在供需链岗位上,可是想要了解的订单信息、整个原材料供应信息、生产计划信息、成品库存信息等都无法及时得到,企业在信息化方面的积弊太多。例如,原材料供应出现脱节,不能保证生产需要;原材料、辅助材料的浪费;资金使用效率低;销售计划与生产计划有延滞;市场和客户的需求变化不能及时反馈等。

随着企业经营规模的逐步扩大,市场和客户的需求日趋个性化、多样化,对企业的管理提出了更高的要求,卡莱公司的决策层清醒地认识到企业管理信息流通不畅是管理的瓶颈所在。只有加快企业的信息化进程才能提高企业的核心竞争力,企业才能在激烈的市场竞争中求得生存和发展。因此,卡莱公司决定推进 ERP 系统上线。通过 ERP 项目的实施,建立企业先进的管理信息化网络,实现各管理部门信息的集成,实行企业内外物流、资金流和信息流的一体化管理。

2. 实施过程

ERP 项目是一个系统工程,实施周期比较长,因此卡莱公司在 ERP 项目的实施过程中,严格控制项目实施的质量,抓重点,重过程细节,主要进行了以下几项工作。

(1)总体规划,分步实施。根据总体规划,分步实施的要求,卡莱公司在认真进行系统调研的基础上,根据企业的管理需求,把整个 ERP 系统的实施分为两个阶段。第一个阶段运行财务管理系统中的总账系统、报表系统、应收应付系统、工资系统、固定资产系统及供需链管理系统中的采购管理系统、销售管理系统、仓存管理系统和存货核算系统,实现进、存、销有效地衔接起来。第二阶段运行办公自动化系统以及生产管理中的生产计划系统、车间管理系统和成本核算系统,实现对生产过程的控制。

(2) 建立项目实施机构。卡莱公司为 ERP 项目实施成立了三级实施组织体系,即项目领导小组、项目办公室和各子系统业务组。

ERP 领导小组由公司领导亲自挂帅,由部门负责人和管理专家组成,负责对 ERP 系统的实施目标、项目投资、公司内部业务流程重组方案等工作做出决策,对系统开发过程进行监督、控制;项目办公室由有关部门负责人、金蝶公司项目实施部负责人和企业信息部门负责人组成,负责项目的组织实施,包括研究系统的总体结构,制定项目实施计划,制定系统开发的程序和工作标准,协调各部门工作进程,解决开发过程中可能出现的问题;各子系统业务组由金蝶公司项目实施部人员和有关部门的业务骨干组成,按开发工作的分工,分别进行各子系统的实施及二次开发工作。

(3) 软件选型。ERP 软件选型是企业在决定实施 ERP 后遇到的第一个现实问题,属于整个 ERP 项目的前期项目规划阶段,是降低整个 ERP 系统实施风险的起点和关键。因此,ERP 软件的正确选择是 ERP 系统成功的核心因素。卡莱公司组织了专门的技术人员对 ERP 市场进行了认真的调查研究,对国内外 ERP 产品,从技术先进性、功能全面性、系统的客户化程度、客户的成功案例、软件供应商的信誉和稳定性、性能价格比等方面进行了分析和比较。经过认真的筛选,最终选择了金蝶 ERP 系统。

(4) 抓好三个层次的培训。ERP 实施关键是人的因素,为提高人员素质,在实施中进行了三个层次的培训,分别是企业领导、实施队伍和员工的培训。三个层次培训的侧重点各有不同。企业领导的培训主要内容是 ERP 先进管理思想和方法;实施队伍培训的主要内容是 ERP 的实现方法和系统运行的原理和维护方法;对员工培训则主要侧重于系统的使用。

在 ERP 实施过程中,培训始终是作为一条主线,培训工作不仅是教会被培训人员操作和使用方法,更重要的是不断地灌输 ERP 的管理思想和理念,使 ERP 在企业内扎根。特别是企业领导的培训是第一位的,通过培训,取得企业领导对 ERP 的理解和支持,是项目成功实施的关键一步。

(5) 业务流程重组。业务流程再造是在深入调研、广泛讨论的基础上,按照"科学、合理、高效"的原则,继承企业传统管理的先进经验,改进不合理的工作流程,充分利用计算机程序化的特点,对科学的业务流程进行固化和强化。对业务流程再造时,要深入调查研究,结合软件的功能,反复讨论,既不能脱离企业的实际,又不能离开软件的功能去搞业务流程重组。

(6) 数据规范。数据的准确和规范是信息化管理系统可靠运行的基础。只有系统中的数据准确,系统产生的结果才有价值。在实施过程中应从三个方面加强对数据的规范化管理。一是基础数据和控制数据,包括产品数据、客户资料、设备代码、人员编码、各种消耗定额等;二是各子系统建立时需要的初始化数据,如库存数量的初始化、各会计科目的初始余额等;三是从程序控制和管理制度上保证业务操作数据的规范性、可靠性。

(7) 系统测试。在此阶段,卡莱公司的测试数据几乎接近公司的真实数据,以便提前发现问题,及时解决,避免上线时出现问题,做到事前控制。在测试结束时,要求操作人员写出系统的操作手册。

(8)期初数据的整理与系统上线。期初数据是动态的,所以整理期初数据工作时间紧、要求高,在系统上线前,进行了二次练兵,为正式上线整理期初数据打下基础,保证了账套数据的连贯性、准确性。

3. 经验和体会

卡莱公司以成本领先、提高产品质量为企业发展战略,利用信息化技术融合到企业管理中,实现了产供销协调,促进了产品升级,加强了安全管理,取得了良好的经济效益和社会效益。

(1)公司领导重视,组织有力。年初ERP项目纳入了本年预算,公司领导非常重视,专门成立了ERP项目小组,由总经理任组长,各部门负责人为成员,由信息中心负责项目的具体推进。整个项目的实施过程由总经理进行调度,是名副其实的"一把手"工程,为项目的顺利实施提供了强有力的组织保障,减少了项目实施中遇到的阻力。

(2)规划完备。ERP项目采用的是金蝶产品。许多实施项目由于一开始没有制定明确、可行的实施计划,最终造成项目半途而废或系统上线严重延迟。因此,在选型时由用友公司资深顾问对项目实施做了具体、可行的实施方案,经项目小组一起讨论研究,最后确定把项目计划分为3个阶段,分别是项目咨询梳理阶段、实施阶段、项目结案阶段。

(3)准备工作充分。在硬件建设方面,年初公司投资数百万元组建局域网,新购了3台服务器,分别用于文件服务器、应用服务器、数据服务器。局域网内所有终端通过光缆连接,外网开通了100MB流量的宽带,保障了ERP系统的安全、稳定、高速畅通运行,同时,采用双机热备、硬件防火墙、VPN、远程数据备份等技术,为ERP项目的成功实施打下了坚实的基础。

在完善管理体系方面,ERP项目成功实施的基础是业务管理流程的规范化和标准化,公司聘请了用友高级管理顾问进行项目咨询梳理,在ISO 9000管理体系的基础上,对企业管理进行了完善,由信息中心和企管部牵头,涉及公司的所有管理部门,结合金蝶标准产品的流程,对公司所有业务流程进行梳理并对存货名称及流程中用到的单据进行了标准化,最后以红头文件的形式下发到各部门进行落实,大大改变了公司管理模式,由原来的职能管理模式向流程管理模式转变。

(4)制定严格执行新流程的工作准则与规程。实施ERP系统是一场深刻的管理革命,变革的成果必须用新的"法律"来巩固。没有这样的"宪法",迟早会倒退到老路上去,功亏一篑,前功尽弃。

(5)加强基础数据的管理。准确和规范是信息化管理系统可靠运行的基础。如果系统中输入的数据准确,产生的结果就很有价值,如果输入的数据不准确,计算机系统就会变成信息垃圾。

卡莱公司按照ERP系统的要求制定了各种基础数据的规范,把基础数据和各种初始化数据按部门的管理职能分类,分别列入各部门的考核内容,每类数据指定专人负责收集、录入和校对,保证系统需要的各种数据按时、按质、按量录入系统。

4. 效益分析

卡莱公司的ERP系统从2007年投入使用以来,实现了进销存和财务的一体化管理,从整体上提高了企业对市场的快速反应能力,公司的管理水平和管理手段都有了跨越式的发展。

(1) 经济效益。ERP系统投入使用后,实现了产、供、销平衡,降低了库存资金占用,提高了资金利用率,提高了生产效率,降低了生产成本。在质量控制环节,使用前由于多数管理工作靠手工完成,造成执行过程中偏差大,导致资源的重复配置,无法保证产品的合格率,使用ERP系统后,杜绝了上述现象的发生,大大提高了产品质量,保障了数据的准确性。

(2) 社会效益。ERP系统使用后,提高了产品质量,增加了产品的附加值,促进了产品升级,提高了企业管理水平。卡莱公司ERP的成功实施,为其他企业起到了很好的示范、表率作用。

11.5　ERP的应用

ERP代表了当代的先进企业管理模式与技术,并能够解决企业提高整体管理效率和市场竞争力问题,近年来ERP系统在国内外得到了广泛的推广应用。随着信息技术、先进制造技术的不断发展,企业对于ERP的需求日益增加,进一步促进了ERP技术的发展,大量客户关系管理和供应链管理系统在企业日常运营中发挥着日益重要的作用。

11.5.1　客户关系管理

当越来越多的企业开始应用ERP软件进行业务流程重组之后,其内部管理的效率提高了,内部管理的优化工作完成了。此时,顾客驱动的理念被越来越多的企业所接受。企业从以产品为中心转向以客户为中心,注意力从内部管理转向外部客户,从ERP软件的销售管理转向突出销售、营销、客户服务和支持的客户关系管理(Customer Relationship Management,CRM)。

1. CRM的概念

客户关系管理的概念最早是由Gartner Group提出的,认为所谓的客户关系管理就是为企业提供全方位的管理视角,赋予企业更完善的客户交流能力,最大化客户的收益率。目前,对客户关系管理的概念不同的研究机构有不同的表述。综合现有的CRM概念,大致可以分为3类。

第一类概念概括为:客户关系管理是遵循客户导向的战略,对客户进行系统化的研究,通过改进对客户的服务,提高客户的忠诚度,不断争取新客户和商机;同时以强大的信息处理和技术力量确保企业业务行为的实时进行,力争为企业带来长期稳定的利润。这类概念的主要特征是从战略和理念的宏观层面对客户关系管理进行界定,但这种概念往往缺少实施方案的思考和揭示。

第二类概念概括为:客户关系管理是一种旨在改善企业与客户之间关系的新型的管理机制,实施于企业的市场营销、销售、服务与技术等与客户相关的领域,一方面通过对业务流程的全面管理来优化资源配置,降低成本,另一方面通过提供优质的服务吸引和保持更多的客户,增加市场份额。这类概念的主要特征是从企业管理模式、经营机制的角度对客户关系管理进行定义。

第三类概念概括为:CRM是企业通过技术投资,建立能搜集、跟踪和分析客户信息的系统,或增加客户联系渠道、客户互动以及对客户渠道和企业后台整合的功能模块。这类概念主要从微观的信息技术、软件及其应用层面对客户关系管理进行定义,但这种定义与企业的实际发展情况往往存在偏差。

　　根据以上对客户关系管理的定义,可以将其理解为理念、机制、技术三个层面。正确的理念、机制是客户关系管理实施的指导,信息技术是客户关系管理系统成功实施的手段和方法。三者构成客户关系管理稳固的"铁三角",如图 11-9所示。

图 11-9　客户关系管理"铁三角"

　　(1) 客户关系管理体现为新态企业管理的指导思想和理念。客户关系管理以客户为中心,视客户为企业最重要的资源,通过深入的客户分析,不断发现客户需求,并通过企业完善的服务,使客户的需求得到最充分的满足,以此来建立和巩固企业与客户长期的关系,确保企业的可持续发展等,这些都是该理念的核心所在。

　　(2) 客户关系管理是创新的企业管理模式和运营机制,旨在改善企业与客户之间关系的新兴管理机制,主要集中在市场营销、销售实现、客户服务和决策分析等企业与客户发生关系的业务领域。

　　(3) 客户关系管理是企业管理中信息技术、软硬件系统集成的管理方法和应用解决方案的总和,集合了很多当今最新的科技发展,包括 Internet 和电子商务、多媒体技术、数据仓库和数据挖掘、专家系统和人工智能、呼叫中心等。

2. CRM 的内容

　　CRM 的主要内容有销售自动化、营销自动化、客户服务与支持 3 个部分。CRM 可以通过电话、Fax、E-mail、Web 或通过合作伙伴等多种渠道,以互动的方式加以实现。因此,CRM 是一个融合了多种功能,使用多种渠道的管理方法。

　　(1) 销售自动化。销售自动化(Sales Force Automation ,SFA)是以自动化方法替代原有的销售过程,主要包括:现场销售、电话销售、网络销售、客户管理、奖金管理、日历日程表等功能。

　　(2) 营销自动化。营销自动化是销售自动化的补充,通过营销计划的编制、执行和结果分析、清单的产生和管理、预算和预测、资料管理、建立产品定价和竞争等信息的知识库、提供营销的百科全书(通常是产品、定价和竞争对手信息的汇总)、进行客户跟踪、分销管理,以达到营销活动的设计目的。

　　(3) 客户服务与支持。客户服务与支持(Customer Service & Support Applications ,CSS)是 CRM 的重要内容,通过呼叫中心和互联网来实现。典型的 CSS 应用软件包括客户关怀、纠纷、次品和订单跟踪、现场服务管理、记录发生过的问题及其解决方案的数据库、维修行为日程安排及调度、服务协议及合同,以及服务请求管理等。

3. CRM 系统组成及其功能结构

　　(1) CRM 系统的组成。CRM 系统一般由市场管理、销售管理和服务管理 3 个部分组成。它们之间的相互关系是以客户为中心,把企业市场、销售和服务等活动连接起来,形成一个网链。先从市场寻找机会开始,然后从营销中找到商机,最后促成销售,在销售的过程中以及销售完成之后都会有相应的服务,服务的信息又将反馈给市场,以达到留住老客户、吸引新客户,提高客户利润贡献度的目的。CRM 系统的组成如图 11-10 所示。

图 11-10　CRM 系统的组成

市场管理能为市场人员识别和确定潜在顾客和目标顾客群,通过对人口、地理区域、收入水平、以往的购买行为等信息的分析,更科学、更有效、更精确地制定出产品和市场策略,同时还可以提供企业业务为何出现盈亏的分析依据。

销售管理能为销售人员有效地跟踪所有销售过程,用自动化的处理过程代替原有的人工整理分析过程,将销售信息集成为数据库,使所有销售人员可以共享客户资料,最大限度避免了因销售人员的离职而损失客户的现象发生。同时,CRM 还集成了每个时段的产品、定价、货量、出货等重要信息,缩短了销售周期,减少了销售过程中的错误和重复性的工作。

服务管理能通过强大的客户数据库把销售过程、营销宣传、客户关怀、售后服务等环节有机地结合起来,为企业提供了更多的机会,向企业的客户销售更多的产品。客户服务的主要内容包括:客户关怀、纠纷处理、订单跟踪、现场服务、问题及解决办法的数据库、维修行为安排和调度、服务协议、服务请求管理等。

当然,要完成以客户为中心的 3 个系统各部分的顺畅衔接和运作,客户管理本身的建立和完善是必不可少的,只有建立在完整的客户数据库管理的基础上,协调 3 个部分进行统一的客户关系管理才能顺利实现。

(2) CRM 系统的功能模块。CRM 系统由市场管理、销售管理、服务管理及客户管理和系统初始设置等功能模块构成,如图 11-11 所示。

图 11-11　CRM 系统基本功能图

① 市场管理模块。市场管理模块主要是通过市场营销活动的开展和市场计划的实施来完成市场的开发与客户的挖掘,帮助市场专家对客户、市场、产品和地理区域信息进行全面的分析,从而对市场进行细分,产生高质量的市场策划活动,指导销售队伍更有效地工作。市场管理模块可与其他的应用模块相集成,确保新的市场活动资料自动地发布给合适的销售、服务人员,使活动快速地执行。其一般包括营销活动管理、市场计划管理、市场情况管理、市场分析等功能模块。

② 销售管理模块。在 CRM 系统中销售管理模块主要是从市场管理模块中获取销售线索信息并转化商机后,提出销售报价、签订销售合同、结算佣金、开出销售订单、收回销售货款、编制销售计划、进行销售分析等,实现企业的所有销售环节有机地组合起来。这样在企业销售部门之间、异地销售部门之间以及销售与市场之间建立一条以客户为引导的流畅的工作流程,确保企业的每一个销售代表能及时地获得企业当前的最新信息,包括企业的最新

动态、客户信息、账号信息、产品和价格信息以及同行业竞争对手的信息等。同时为下一环节提供销售服务需求,形成服务管理模块的数据来源。销售管理模块通常包括销售报价、销售合同、收款、销售计划、销售分析等功能模块。

③ 服务管理模块。服务管理模块可以使客户服务代表能够有效地提高服务效率,增强服务能力,从而更加容易捕捉和跟踪服务中出现的问题,迅速准确地根据客户需求解决调研、销售扩展、销售提升各个步骤中的问题,延长每一个客户在企业中的生命周期。服务专家通过分解客户服务的需求,并向客户建议其他的产品和服务来增强和完善每一个专门的客户解决方案。服务管理模块应设置的功能有服务请求、服务合同、产品维修、装箱单、商品服务、产品缺陷等。

④ 客户管理模块。客户管理模块将企业所有的客户资源进行集中全面的管理,帮助企业建立全方位的客户视图,从而延长客户生命周期,更深地挖掘客户潜力,提升客户价值。客户管理模块包括客户基本信息、客户信息查询、客户关怀、客户分析等功能模块。

⑤ 系统初始设置模块。系统初始设置模块主要完成系统初始化和系统初始设置,以及系统的登录等功能,主要包括系统参数设置、部门员工设置、权限管理和产品管理等功能模块。

11.5.2　供应链管理

计算机网络的发展进一步推动了制造业的全球化、网络化过程,虚拟制造、动态联盟等制造模式的出现,更加迫切需要新的管理模式与之相适应。传统的企业组织中的采购(物资供应)、加工制造(生产)、销售等看似整体,但却缺乏系统性和综合性的企业运作模式,已经无法适应新的制造模式发展的需要,而那种大而全或小而全的企业自我封闭的管理体制,更无法适应网络化竞争的社会发展需要。因此,供应链的概念和传统的销售链是不同的,它已跨越了企业界限,从建立合作制造或战略伙伴关系的新思维出发,从产品生命线的"源头"开始,到产品消费市场,从全局和整体的角度考虑产品的竞争力,使供应链从一种运作性的竞争工具上升为一种管理性的方法体系,这就是供应链管理(Supply Chain Management,SCM)提出的实际背景。

1. 供应链管理的概念

供应链是指商品到达消费者手中之前各相关者的连接或业务的衔接,是围绕核心企业,通过对信息流、物流、资金流的控制,从采购原材料开始,制成中间产品以及最终产品,最后由销售网络把产品送到消费者手中,将供应商、制造商、分销商、零售商直到最终用户连成一个整体的功能网链结构模式,如图 11-12 所示。它是一个范围更广的企业结构模式,包含所有加盟的节点企业,从原材料的供应开始,经过链中不同企业的制造加工、组装、分销等过程直到最终用户。供应链不仅是一条连接供应商到用户的物料链、信息链、资金链,而且是一条增值链,物料在供应链上因加工、包装、运输等过程而增加其价值,给相关企业都带来收益。

供应链上的供应商、制造商、批发商、零售商和销售商之间,伴随着物流的发生而形成了大量复杂的信息流和必要的资金流。企业之间又建立起了利益共享的合作伙伴关系,它们各自所建立的计划将纳入供应链的计划中。供应链形成了包含制造企业在内的更高层的大系统,无论是供应商还是制造商、批发商、零售商和消费者,从整体上看都是供应链大系统中

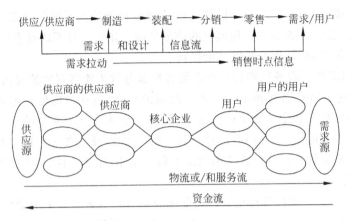

图 11-12 供应链的网链结构模型

的一个子系统。这些子系统之间关系密切,利益相连,优势互补,形成了增值的供应链。企业内部、企业与供应商、企业与客户之间通过三层体系结构的紧密结合,以提供快速的信息交流,快速地响应企业内部的运作变化和客户需求的变化,加强资源和成本的控制。

供应链管理是一种集成的管理思想和方法,执行供应链中从供应商到最终用户的物流计划和控制等职能。具体来说,供应链管理是围绕核心企业,通过信息手段,对供应链各个环节中的物料、资金、信息等资源进行计划、调度、调配、控制与利用,通过改善上、下游供应链关系,整合和优化供应链中的信息流、物流、资金流,以获得企业的竞争优势。

全球供应链论坛(Global Supply Chain Forum,GSCF)的供应链管理定义是为消费者带来有价值的产品、服务以及信息,从源头供应商到最终消费者的集成业务流程。

供应链管理是指对整个供应链系统(从供货商、制造商、分销商到消费者)上的诸多环节,进行计划、协调、操作、控制和优化的各种活动和过程,减少供应链的成本,促进物流和信息流的交换,其目标是将顾客所需的正确的产品(Right Product)能够在正确的时间(Right Time)、按照正确的数量(Right Quantity)、正确的质量(Right Quality)和正确的状态(Right Status)送到正确的地点(Right Place),并使总成本达到最佳化,提高企业的总体效益。

供应链管理通过多级环节提高整体效益,每个环节都不是孤立存在,这些环节之间存在着错综复杂的关系形成网络系统。同时这个系统也不是静止不变的,不但网络间传输的数据不断变化,而且网络的构成模式也在实时进行调整。供应链管理与传统的物料管理和控制有着明显的区别,主要体现在以下几方面。

(1)供应链管理把供应链中的所有节点企业看作一个整体,供应链管理涵盖整个物流、从供应商到最终用户的采购、制造、分销和零售等职能领域的过程。

(2)供应链管理强调和依赖战略管理。"供应"是整个供应链中节点企业之间事实上共享的一个概念(任两节点之间都是供应与需求关系),同时又是一个有重要战略意义的概念,因为它影响或者决定了整个供应链的成本和市场占有份额。

(3)供应链管理最关键的是需要采用集成的思想和方法,而不仅是节点企业、技术方法等资源简单的连接。

(4)供应链管理具有更高的目标,通过管理库存和合作关系达到高水平的服务,而不是仅完成一定的市场目标。

2. 供应链管理涉及的内容

供应链管理主要涉及 4 个领域：供应（Supply）、生产计划（Schedule Plan）、物流（Logistics）、需求（Demand），如图 11-13 所示。供应链管理是以同步化、集成化生产计划为指导，以各种技术为支持，尤其以 Internet/Intranet 为依托，围绕供应、生产作业、物流（主要指制造过程）、满足需求来实施的。供应链管理主要包括计划、合作、控制从供应商到用户的物料（零部件和成品等）和信息。供应链管理的目标在于提高用户服务水平和降低总的交易成本，并且寻求两个目标之间的平衡（这两个目标往往有冲突）。

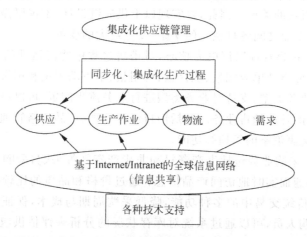

图 11-13 供应链管理涉及的领域

在以上 4 个领域的基础上，可以将供应链管理细分为职能领域和辅助领域。职能领域主要包括产品工程、产品技术保证、采购、生产控制、库存控制、仓储管理、分销管理。辅助领域主要包括客户服务、制造、设计工程、会计核算、人力资源、市场营销。由此可见，供应链管理关心的不仅是物料实体在供应链中的流动，除了企业内部与企业之间的运输问题和实物分销以外，供应链管理还包括以下主要内容。

（1）战略性供应商和用户合作伙伴关系管理。

（2）供应链的设计（全球节点企业、资源、设备等的评价、选择和定位）。

（3）企业内部与企业之间的物料供应与需求管理。

（4）基于供应链管理的产品设计与制造管理、生产集成化计划、跟踪和控制。

（5）基于供应链的用户服务和物流（运输、库存、包装等）管理。

（6）企业间资金流管理（汇率、成本等问题）。

（7）基于 Internet/Intranet 的供应链交互信息管理等。

供应链管理注重总的物流成本（从原材料到最终产成品的费用）与用户服务水平之间的关系，为此要把供应链各个职能部门有机地结合在一起，从而最大限度地发挥出供应链整体的力量，达到供应链企业群体获益的目的。

3. 供应链管理系统的功能

和 ERP 系统相比，SCM 系统侧重于计划的制定与管理，而 ERP 系统更加注重具体业务的处理。一般供应链管理可以从供应链关系管理、销售管理、采购管理、库存管理、运输计划管理、高级计划排程管理等几方面进行。

（1）供应链关系管理。供应链管理中首要的是进行供应链的设计。基于网络节点数据库,选择并搭建供应链,包括供应商位置、工厂、分销中心、仓库、客户位置、运输路线及供需关系。通常,供应链管理软件中利用图形界面建立网络节点对象,表示来自内部和外部的资源信息,并建立链接关系,然后用户可以浏览整个供应链的任何细节,如分销中心的工厂和仓库中的产品、客户订单、供应商的计划生产线状况等。

供应链中的多个节点间有供需关系,前一个链接点为供应点,后一个链接点为需求点,供应点和需求点通过网络相连接。供应链设计是实现企业目标由成本最低或利润最大转向客户最满意和服务新颖的关键。因此,要实现以上供应链设计,不仅要挣脱企业内部传统管理的束缚,更要打破企业之间各自独立的堡垒,发生巨大的变革。

（2）销售管理。销售管理以订单为核心,对销售过程中物流运动的各个环节及状态进行跟踪和管理,可区分出订单分配量、现存量、可用量、不可动用量和销售在途量等。销售管理支持用户自定义业务类型,支持对业务类型进行业务流程配置,可以灵活地支持包括委托代销、直运销售在内的各种销售业务。包括销售流程管理、产品价格管理、销售统计、客户信用额度的管理以及优惠策略的管理等功能。

（3）采购管理。采购业务包括生产资料和非生产资料等采购,采购企业可以通过虚拟的在线产品目录,迅速而实时地访问产品信息;通过价格和品质的比较,选定产品供应商;通过在线交易实现传统交易中的多种功能,降低采购周期与成本,保证自身业务高效地进行。对于专业的采购人员,可以通过系统对库存状况的分析来评估供应商的实力;实时而迅速地了解供应商的信息,避免传统交易中的种种障碍。采购管理通常包括:产品及供应商目录管理、采购订单管理、请购管理等功能。

（4）库存管理。库存管理完成出入库管理、分仓管理(仓库档案增删改)、存量查询(一览表、汇总、明细)、盘点结存、移库调拨、残损管理、退换货管理、安全库存管理等库存业务管理的基本过程。库存管理可以准确地得出未来某个时点上的预计库存及相应的资金占用情况。

（5）运输计划管理。运输计划侧重于短期和战术的目标,利用成组技术进行交付计划安排并充分利用运输能力,以最经济的方式将产品送达客户。

（6）高级计划排程管理。基于企业自身和供应商生产中心及供应能力的约束,编制满足物料和能力约束的生产进度计划,并根据不同条件进行优化。同时,提供一套高级预测和计划工具,生成能对供应和需求的快速变化作出反应的优化的实施计划。

高级计划排程是一种先进的计划间的无缝集成,包括在供应商、客户代理商和企业后勤管理方面的无缝结合。企业可以发展包括合作伙伴在内的生产计划和分销需求计划等,以提供包括企业本身、客户、供应商和合作伙伴在内的一个虚拟企业新貌。

4. 供应链管理的商业价值

在从原材料供应商到为客户交付成品的整个供应链中,供应链管理软件能帮助企业完成快速的信息交流,以快速地响应企业内部运作和需求的变化,有效地管理内部和外部资源,改善对客户的服务,减少库存,降低成本,以便提高企业的市场竞争能力。

研究表明,有效的供应链管理总是能够使供应链上的企业获得并保持稳定持久的竞争优势,进而提高供应链的整体竞争力。统计数据显示,供应链管理的有效实施可以使企业总成本下降20%左右,供应链上的节点企业按时交货率提高15%以上,订货到生产的周期时间缩短 20%～30%，供应链上的节点企业生产率增值提高 15% 以上。越来越多的企业已经认识到实施供应链管理所带来的巨大好处，比如 HP、IBM、DELL 等公司在供应链管理实践中取得的显著成绩就是证明。

当然，实施供应链管理的公司也有些失败的情形，其原因是仍然根据以往的观念来定义供应链，没有把供应链范围扩大，同时没有协调因变更引起的各职能部门之间的矛盾，缺少一份真正能够执行的供应链运作计划。

11.5.3 国内外 ERP 软件产品简介

1. SAP

（1）公司简介。SAP 公司成立于 1972 年，总部位于德国沃尔多夫市，是全球最大的企业管理和协同化商务解决方案供应商、全球第三大独立软件供应商。目前，全球有 120 多个国家超过 21 600 家用户正在运行着 69 700 多套 SAP 软件。《财富》500 强 80% 以上的企业都在从 SAP 的管理方案中获益。SAP 在全球 50 多个国家拥有分支机构，并在多家交易所上市，包括法兰克福交易所和纽约证券交易所。

SAP 早在 20 世纪 80 年代就同中国的国营企业合作并取得了成功经验。1994 年年底，SAP 在北京建立了代表机构，1995 年正式成立 SAP 中国公司，1996 年、1997 年陆续设立上海和广州分公司。作为中国 ERP 市场的绝对领导者，SAP 的市场份额已经达到 30%，年度业绩以 50% 以上的速度递增。

（2）ERP 软件简介。SAP ERP 系统能够快速适应不断变化的行业要求，满足各种行业领域大部分大中型企业对核心业务软件的需求。

据 Gartner 公布的最新调查结果显示，SAP 财务管理解决方案、人力资源管理解决方案和制造解决方案的市场占有率分别达到 30%、24% 和 34%，SAP 全面超过了市场增长速度并以 12% 的速度增长，而市场整体增长率仅为 5%。无疑，越来越多的企业采用 SAP 软件后成为了优异的运营组织。

SAP ERP 是世界上最完整的可升级高效 ERP 软件。与灵活的开放技术平台 SAP NetWeaver 相结合，该平台可充分利用 SAP 和非 SAP 系统并对两者进行集成。因此，可以提高生产效率、增强业务认识并适应加速业务战略实施的需要。所有这些都使 SAP ERP 成为对企业当前运营活动进行严格控制的最佳选择。同时，它们还对影响企业运营与增长的市场或技术变化作出计划和响应。

SAP ERP 包括 4 种独立解决方案，可为主要部门的企业资源规划提供支持，分别是 SAP ERP 财务解决方案 SAP ERP Financials；SAP ERP 人力资本解决方案 SAP ERP Human Capital Management；SAP ERP 运营解决方案 SAP ERP Operations；SAP ERP 企业服务解决方案 SAP ERP Corporate Services。

2. 用友 ERP

（1）公司简介。用友公司（UFIDA，User Fidelity）成立于 1988 年，致力于把基于先进信息技术（包括通信技术）的最佳管理与业务实践普及到客户的管理与业务创新活动中，全面提供具有自主知识产权的企业管理 ERP 软件解决方案。用友公司拥有中国和亚太实力最强的企业管理软件研发体系，规模最大的支持、实施、培训服务网络，以及完备的产业生态系统，是亚太地区领先的企业管理软件、企业互联网服务和企业金融服务提供商，是中国最大的 ERP、CRM、人力资源管理、商业分析、内审、小微企业管理软件和财政、洗车、烟草等行业应用解决方案提供商。截至 2014 年,中国及亚太地区超过 220 万家企业与公共组织通过使用用友企业应用软件、企业互联网服务、互联网金融服务,实现精细管理、敏捷经营、商业创新。

(2) ERP 软件简介。用友 ERP 是用友公司为企业快速部署先进的应用系统而向市场交付的应用架构,以及在此基础上向企业客户交付的应用和行业解决方案。用友 ERP 的应用架构对不同类型、不同规模企业的数据、业务流程以及功能进行抽象和标准化,在此基础上可以向企业交付各种应用解决方案。

用友 ERP U8 是一套企业级的解决方案,可满足不同的制造、商务模式下,不同运营模式下的企业经营管理,U8 全面集成了财务、生产制造及供应链的成熟应用,延伸客户管理至客户关系管理(CRM),并对于零售、分销领域实现了全面整合。同时,通过实现人力资源管理(HR)、办公自动化(OA),保证行政办公事务、人力管理和业务管理的有效结合。用友 ERP U8 是以集成的信息管理为基础,以规范企业运营,改善经营成果为目标,最终实现从企业日常运营、人力资源管理到办公事务处理等全方位的产品解决方案。

用友 ERP NC 以"全球化集团管控、行业化解决方案、全程化电子商务、平台化应用集成"的管理业务理念而设计,采用 J2EE 架构和先进开放的集团级开发平台 UAP,形成了集团管控 8 大领域 15 大行业 68 个细分行业的解决方案。

用友 ERP U9 作为全球第一款完全基于 SOA 架构的世界级企业管理软件,用友 U9 面向快速发展与成长的中大型制造企业复杂应用,以"实时企业、全球商务"为核心理念,完全适应多组织供应链协同、多工厂制造协同、产业链协同、产品事业部和业务中心的管理模式,更能支持多生产模式的混合生产与规划、多经营模式的混合管理、精益生产、全面成本、跨国财务等深度应用,具有高度灵活的产品架构,帮助企业快速响应变化,支持经营、业务与管理模式的创新,是国内大企业集团管理信息化应用系统的首选。

3. 金蝶 ERP

(1) 公司简介。金蝶国际软件集团总部位于中国深圳,始创于 1993 年,目前是香港联交所主板上市公司、中国软件产业领导厂商、亚太地区企业管理软件及中间件软件龙头企业、全球领先的在线管理及电子商务服务商。其在中国大陆设有深圳、上海、北京 3 个软件园,在深圳、上海、北京和新加坡 4 地设立了研发中心,拥有 100 家以营销与服务为主的分支机构和 2000 多家咨询、技术、实施服务、分销等合作伙伴,遍及 300 多个核心城市和地区,集团客户遍及亚太地区,包括中国大陆、中国香港地区、中国台湾地区、新加坡、马来西亚、印度尼西亚、泰国等国家和地区,总客户数量超过 100 万家,金蝶以引领管理模式进步、推动电子商务发展、帮助客户成功为使命,为全球范围内超过 100 万家企业和政府组织成功提供了管理咨询和信息化服务,连续 4 年被 IDC 评为中国中小企业 ERP 市场占有率第一名,连续两年被《福布斯亚洲》评为亚洲最佳中小企业,2007 年被 Gartner 评为在全世界范围内有能力提供下一代 SOA 服务的 19 家主要厂商之一。2007 年,IBM 与雷曼兄弟公司分别入股金蝶国际,成为集团战略性股东,金蝶与 IBM 公司组成了全球战略联盟,共同在 SOA、市场销售、咨询与应用服务、SaaS、云计算、电子商务多个方面进行合作。

(2) ERP 软件简介。金蝶 BOS 是金蝶 ERP 的集成与应用平台。金蝶 BOS 遵循面向服务的架构体系,是一个面向业务的可视化开发平台;是一个金蝶 ERP 和第三方应用集成的技术平台,能够为企业灵活而迅速地设计、构建、实施和执行一套随需应变的 ERP 系统,并能够与现有的 IT 基础设施无缝地协同运作,为不同行业不同企业的不同应用阶段,构建随需应变的 ERP 解决方案。它有效地解决了 ERP 应用的最主要矛盾:用户需求个性化和传统 ERP 软件标准化之间的矛盾。

金蝶 ERP 是企业管理信息化的全面解决方案,是基于金蝶 BOS 构建的。金蝶 ERP 满足企业全面业务的标准应用,金蝶 BOS 确保了企业 ERP 应用中的个性化需求完美实现。基于金蝶 BOS 的金蝶 ERP,可以为不同行业不同发展阶段的企业构建灵活的、可扩展的、全面集成的整体解决方案。

金蝶 BOS 能为客户解决以下问题:解决 ERP 日益增加的应用复杂度和快速开发/实施的矛盾;能够快速配置或快速制定业务流程并部署到金蝶 ERP 中;为客户提供与金蝶 ERP 集成的、可升级的、高效的、简单易用的开发工具。满足企业发展与变化的需要。

同时,金蝶 BOS 也会给企业带来以下价值:满足企业个性化需求;低成本;高效率。

11.5.4　ERP 在我国的应用与发展

有关 ERP 的引入是许多企业颇为关注的问题。自从 1981 年沈阳第一机床厂从德国工程师协会引进了第一套 MRP Ⅱ 软件以来,MRP Ⅱ/ERP 在中国的应用与推广已经历了从起步、探索到成熟的风雨历程。回顾我国的 MRP Ⅱ/ERP 的应用和发展过程,大致可划分为以下 3 个阶段。

1. 第一阶段:启动期(20 世纪 80 年代)

这一阶段的主要特点是立足于 MRP Ⅱ 的引进、实施以及部分应用阶段,其应用范围局限在传统的机械制造业内(多为机床制造、汽车制造等行业)。

在 20 世纪 80 年代,中国刚进入市场经济的转型阶段,企业参与市场竞争的意识尚不具备或不强烈。企业的生产管理问题重重:机械制造工业人均劳动生产率大约仅为先进工业国家的几十分之一;产品交货周期长;库存储备资金占用大、设备利用率低等。为了改善这种落后的状况,我国机械工业系统中一些企业如沈阳第一机床厂、北京第一机床厂、广州标致汽车公司等先后从国外引进了 MRP Ⅱ 软件。作为 MRP Ⅱ 在中国应用的先驱者,它们曾经走过了一段坎坷而曲折的道路。

首先,存在着管理软件本身的技术问题。当时引进的国外软件大都是运行在大、中型计算机上,多是相对封闭的专用系统,且没有完成本地化的工作,开放性、通用性极差,设备庞大,操作复杂,系统性能的提升困难,而且这些软件耗资巨大,同时又缺少相应配套的技术支持与服务。其次,存在着缺少 MRP Ⅱ 应用与实施的经验问题。再次,存在着思想认识上的障碍问题。当时的企业领导大都对这一项目的重视程度不够,只是将其视为一项单纯的计算机技术。尽管如此,仍有些企业获得了一些效益,如北京第一机床厂、沈阳机床厂和沈阳鼓风机厂等;也有的企业应用并不理想,例如,广州标致汽车公司在 20 世纪 80 年代后期共投资 2000 多万法郎从法国引进了 MRP Ⅱ 系统并安装在两台 BULL 公司的 DPS7000 主机上,目标是实现对全公司的订单、库存、生产、销售、人事、财务等业务进行统一管理,以提高公司的运营效益,但结果是其应用的部分尚达不到软件系统的十分之一功能。因此从整体来看,企业所得到的效益与巨大的投资及当初的宏图大略相去甚远。

2. 第二阶段：成长期(1990 年~1996 年)

这一阶段的主要特征是 MRP Ⅱ/ERP 在中国的应用与推广取得了较好的成绩。

该阶段唱主角的大多还是国外软件。随着改革开放的不断深化,我国的经济体制已从计划经济向市场经济转变,产品市场形势发生了显著的变化。这对传统的管理方式提出了严峻的挑战。该阶段的管理软件虽然主要还是定位在 MRP Ⅱ软件的推广与应用上,然而涉及的领域已突破了机械行业而扩展到航天航空、电子与家电、制药、化工等行业。典型的企业有成都飞机制造工业公司、广东科龙容声冰箱厂、上海机床厂、一汽大众汽车集团等。此外,如北京第一机床厂、沈阳机床厂、沈阳鼓风机厂等老牌的 MRP Ⅱ用户在启动了国家"863"的 CIMS(Computer Integrated Manufacturing System,计算机集成制造系统)重点工程后,都先后获得了可喜的收益。例如,北京第一机床厂的管理信息系统实现了以生产管理为核心,连接了物资供应、生产、计划、财务等各个职能部门,可以迅速根据市场变化调整计划,效率提高了 30 多倍,为此于 1995 年 11 月获得了美国制造工程师学会(SME)授予的"工业领先奖";广东科龙容声冰箱厂的 MRP Ⅱ项目,经美国 APICS(美国生产与库存管理协会 American Production and Inventory Control Society Inc,创建于 1957 年)的专家认定达到了 A 级应用水平等。总之,大多数的 MRP Ⅱ用户在应用系统之后都获得了或多或少的收益。

之所以取得了这样的成绩,主要原因有 4 点:一是计算机技术的发展。例如,客户机/服务器体系结构和计算机网络技术的推出和普及,软件系统在 UNIX 小型机/工作站上以及微机平台上的扩展,以及软件开发趋势的通用性和开放性都使得 MRP Ⅱ的应用向更深、更广的范围发展。二是由于中国企业已进入体制转变和创新阶段,积极地革新企业管理制度和方法,并采用新型的管理手段来增强企业的综合实力。三是一些国外的软件公司已完成了本地化的工作,其产品在开放性和通用性方面也做了许多改善,同时我国的财务制度和市场机制也逐渐向国际化靠拢。与此同时,一些国内的公司对国外软件经过二次开发和改装后形成了国内版本的软件并将其推向市场,使国内的企业有了更广的选择范围。四是人们在经过了一段学习和探索之后,在观念上开始转变,实践上也积累了一定的经验。

但不容忽视的是,虽然该阶段 MRP Ⅱ/ERP 系统在国内的应用取得了较好的成绩,但也存在着诸多不足之处,主要表现在:①企业在选择和应用 MRP Ⅱ时缺少整体的规划;②应用范围的广度不够,基本上是局限在制造业中;③管理的范围和功能只限于企业的内部,尚未将供应链上的所有环节都纳入到企业的管理范围之内;④部分企业在开展项目时未对软件的功能和供应商的售后技术支持进行详细的全面考察,造成了不必要的浪费。

3. 第三阶段：成熟期(1997 年~21 世纪)

随着中央提出"以信息化带动工业化"的战略,我国企业信息化与现代化发展步伐明显加快。特别是科技部提出了"制造业信息化工程"、经贸委提出了"企业信息化"行动,带动和掀起了我国企业应用 ERP 的高潮。这一时期,其主要特点是 ERP 的引入并成为主角;应用范围也从制造业扩展到第二、第三产业,并且由于不断的实践探索,应用效果也得到了显著提高,因而进入了 ERP 应用的"成熟阶段"。

第三产业的充分发展正是现代经济发展的显著标志。金融业早已成为现代经济的核心,信息产业日益成为现代经济的主导,这些都在客观上要求有一个具有多种解决方案的新型管理软件来与之相适应。因此 ERP 就成为该阶段的主角,并把它的触角伸向了各个行

业,特别是对第三产业中的金融业、通信业、高科技产业、零售业等情有独钟,从而使 ERP 的
应用范围大大扩展。例如,德国著名的 ERP 软件供应商 SAP 公司就推出了多种行业的解
决方案,其中除了传统的制造业外,还有金融业、高科技产业、邮电与通信业、能源(电力、石
油与天然气、煤炭业等)、公共事业、商业与零售业、外贸行业、新闻出版业、咨询服务业甚至
医疗保健业和宾馆酒店等行业的解决方案。

另外,随着市场经济的发展,中国企业原有的经营管理方式早已不适应市场竞争的要
求。企业面临的是一个越来越激烈的竞争环境,ERP 由于具有更多的功能而渐被企业所青
睐。它可为企业提供投资管理、风险分析、跨国家跨地区的集团型企业信息集成、获利分析、
销售分析、市场预测、决策信息分析、促销与分销、售后服务与维护、全面质量管理、运输管
理、人力资源管理、项目管理以及利用 Internet 实现电子商务等 MRP Ⅱ不具备的功能,企
业能利用这些功能来扩大经营管理范围,紧跟瞬息万变的市场动态,参与国际大市场的竞
争,获得丰厚的回报。

然而,在新的形势下又出现了新的问题,其主要表现在:①多数企业在实施 ERP 项目
时未能把业务流程的优化重组与实施 ERP 有效地结合起来,造成了只是用计算机代替原有
手工操作的情况,ERP 的功能难以全面发挥;②国内 ERP 市场尚不成熟,厂商行为难以规
范。例如,个别公司为了达到自己的销售目的,不管其产品是否适合卖方的实情,不负责任
地达成合同,导致后面的实施工作无法进行,效果不佳的结局。

11.6 未来 ERP 技术的发展方向和趋势

计算机新技术的不断出现将会为 ERP 提供越来越灵活与强功能的软硬件平台,多层分
布式结构、面向对象技术、中间件技术与 Internet 的发展,会使 ERP 的功能与性能迅速提
高。ERP 市场的巨大需求大大刺激了 ERP 软件业的快速发展,未来 ERP 技术的发展方向
和趋势主要表现在 6 个方面。

1. SOA 架构的引入,使 ERP 全面升级

SOA 概念是 Gartner 公司在 1996 年首次提出,并将 SOA 定义为"客户端/服务器的软
件设计方法,一项应用由软件服务和软件服务使用者组成,SOA 与大多数通用的客户端/服
务器模型的不同之处,在于它着重强调软件组件的松散耦合,并使用独立的标准接口"。在
基于 SOA 架构的系统中,具体应用程序的功能是由一些松散耦合且具有统一接口定义方
式的服务组合构建起来的,接口是采用中立的方式进行定义的,独立于实现服务的硬件平
台、操作系统和编程语言,所有服务通过预先定义好的接口相互联系起来,根据需求对松散
耦合的服务进行部署、组合和使用。

通过 SOA 思想的引入,使 ERP 软件可以做到以下 3 点。

(1) 支持异构集成。所谓异构环境,包括 4 个层次:硬件平台、操作系统、数据库、应用
软件。现实中不同的应用往往选择不同的平台和应用系统,以便充分发挥各个厂商的特长。
SOA 思想的引入,可以使 ERP 系统为集团企业的信息化提供伸缩空间,企业可以根据需要
选择最合适的解决方案。

(2) 降低企业的 IT 成本。以往多数企业在建设 ERP 系统之初没有考虑集成问题,事
后当企业的 IT 系统越来越多时,才会考虑系统的集成问题,但这时往往集成的难度很大。
而 SOA 要求企业在建设 IT 系统之初就考虑这些问题,也就是要考虑服务之间的接口问

题,使企业的 IT 成本大大降低。

(3) SOA 将改变以往的软件购买模式。目前,多数企业在购买软件时往往是成熟性软件,企业在购买时无法将企业不需要的功能剔除出去,这样使企业不得不为此多付出资金、培训成本等许多不必要的成本。而支持 SOA 的软件则可以帮助企业实现真正的按需购买,企业需要什么功能就购买相应的服务,帮助企业避免不必要的支出。

2. 平台化——ERP 的柔性大大增强

在 ERP 应用实施的过程中,用户的满意度一直不高,主要原因是产品更新周期加快、市场响应要求提高,对 ERP 的个性化要求越来越高,这也是导致 ERP 实施成功率不高的重要原因之一。现代的计算机技术和软件设计技术已经创造了基本条件,那就是走 ERP 平台化之路。

平台级企业信息解决方案提供了一个软件平台,内置多种管理软件组件和快捷的二次开发工具,其组件可以通过多种语言来开发,开发出一个个小模块,然后把每个小模块独立起来建成一个组件,最后把这些组件组装起来形成最终的成品。对这些组件进行调用、管理和删减、添加及修改,甚至重新构架都不会影响其他功能,这就是平台带来的灵活性、易操作性,使它在进行小的改动时可以直接通过系统上的某些功能来实现,而不需要通过改源代码的方式来处理,降低了企业信息化软件的开发难度,提高了开发效率和系统的柔性及可扩展性。一方面管理信息化厂商通过平台提供的组件能很方便地满足用户个性化的需求,以及用户在发展过程中各种变化的需求;另一方面将应用软件的业务逻辑和开发技术相对分开,使应用软件的开发者可以仅关注应用的业务任务,而不必关注其技术的实现,这就使管理人员与业务人员参与应用软件的开发成为可能。

3. 与其他信息系统的集成

(1) ERP 与客户关系管理的进一步整合。ERP 将更加面向市场和顾客,通过基于知识的市场预测、订单处理与生产调度、基于约束调度等功能,进一步提高企业在全球化市场环境下更强的优化能力;进一步与客户关系管理 CRM 结合,实现市场、销售、服务一体化,使 CRM 的前台客户服务与 ERP 后台处理过程集成,提供客户个性化服务,使企业具有更好的顾客满意度。

(2) ERP 与电子商务、供应链 SCM、协同商务的进一步整合。ERP 将面向协同商务 (Collaborative Commerce),支持企业与贸易共同体的业务伙伴、客户之间的协作,支持数字化的业务交互过程;ERP 供应链管理功能将进一步加强,并通过电子商务进行企业供需协作,如汽车行业要求 ERP 的销售和采购模块支持用电子商务或 EDI,实现客户或供应商之间的电子订货和销售开单过程;ERP 将支持企业面向全球化市场环境,建立供应商、制造商与分销商间基于价值链共享的新伙伴关系,并使企业在协同商务中做到过程优化、计划准确、管理协调。

(3) ERP 与产品数据管理的整合。产品数据管理 PDM(Product Data Management)将企业中的产品设计和制造全过程的各种信息、产品不同设计阶段的数据和文档组织在统一的环境中。近年来,ERP 软件商纷纷在 ERP 系统中纳入了产品数据管理 PDM 功能实现与 PDM 系统的集成,增加了对设计数据、过程、文档的应用和管理,减少了 ERP 庞大的数据管理和数据准备工作量,进一步加强了企业管理系统与 CAD、CAM 系统的集成,进一步提高了企业的系统集成度和整体效率。

（4）ERP与制造执行系统的整合。为了加强ERP对于生产过程的控制能力，改变ERP"重计划，轻控制"的弱点，进一步加强"事前计划、事中控制、事后审核"的功能，ERP将与制造执行系统MES（Manufacturing Executive System）、车间层操作控制系统SFC更紧密地结合，形成实时化的ERP/MES/SFC系统。该趋势在流程工业企业的管控一体化系统中体现得最为明显。

（5）ERP与工作流管理系统的进一步整合。全面的工作流规则保证与时间相关的业务信息能够自动地在正确时间传送到指定的地点。ERP的工作流管理功能将进一步增强，通过工作流实现企业人员、财务、制造与分销间的集成，并支持企业经营过程的重组，使ERP的功能可以扩展到办公自动化和业务流程控制方面。

（6）ERP与企业知识门户进一步整合。企业知识门户（Enterprise Knowledge Portal，EKP）所关注的是企业内部员工和信息内容，核心是知识管理（KM），通过与ERP系统集成，使企业内任何员工都可以实时地与工作团队中的其他成员取得联系、寻找到能够提供帮助的专家或者快速连接到相关的知识，它的建立和使用可以大大提高企业范围内的知识共享，并由此提高企业员工的工作效率。

4. 融合新思想，ERP功能不断完善

（1）不断融合先进的管理思想。ERP不断吸纳最新的先进管理思想或模式，如敏捷制造与敏捷虚拟企业组织管理模式、供应链环境下的精良生产管理模式、基于电子商务的企业协同管理模式、跨企业的协同项目管理模式等，并将其管理思想与ERP业务处理模型结合。此外，ERP也具有针对不同国情的管理模式适应性，例如，针对像中国这样的未完成工业化的发展中国家，应当采用针对性较强的改进型ERP管理模式，如基于主动动态成本控制的ERP模式、基于时间——成本双主线的新型ERP模式、基于资金流模型的ERP模式等。

（2）行业化发展。由于行业化ERP产品有明确的行业定位，相对通用版ERP系统而言，行业版ERP在体系架构设计、功能模块设置等方面能更多地考虑目标行业需求，有利于降低产品规模及复杂性，降低实施困难，缩短实施周期，提高实施成功率。

我国企业信息化发展到今天，行业细分需求特点日益明显。制造业企业用户已经不仅仅满足于财务管理、进销存管理，更要求对生产制造过程进行现代化管理，以提高核心竞争力。而这方面的需求具有鲜明的行业特点：同样是制造业，机械、电子、医药、冶金、化工、纺织、汽车等对ERP软件的要求是不同的，即使同为汽车行业，总装厂、零部件厂、毛坯厂对软件功能的要求也各有不同。以一个大而通用的软件系统满足多种行业的用户需求是不现实的。因此，ERP应该根据不同的行业形成自己的行业特点，行业化成为ERP发展的必然选择。只有树立行业化的概念，ERP才能更有针对性、实用性，从而降低实施风险，提高成功率。

（3）加强数据分析能力。随着ERP系统从管理执行层向管理决策层的渗透，ERP将通过吸收数据仓库、数据挖掘和联机分析处理OLAP、决策支持等系统的部分功能，加强其对企业知识的管理功能，把企业高层领导从规模庞大、"事无巨细"的数据中解脱出来，构成集综合查询、报表和OLAP为一体的智能决策信息系统，帮助企业家进行宏观决策和经营策略。

（4）集成实施辅助工具，大大缩短实施周期。ERP的实施周期对于ERP系统应用成功率影响甚大,所以 ERP 系统集成了一系列 ERP 实施辅助工具,其中包括企业诊断方法及工具、企业建模方法及建模工具、基于企业建模的 ERP 快速实施与数据分析辅助工具、ERP 系统快速配置及动态重构辅助工具、各类企业参考模型、ERP 报表自动生成器、ERP 系统界面、面向客户的个性化系统定制工具等,支持企业的 ERP 应用快速实施。

5. 新技术不断融入,推动 ERP 深化应用

(1) 协同技术。企业在信息化过程中需要处理大量报表、账单、影像、电子文档、图片、音频、视频等非结构化数据,而 ERP 中所处理的都是结构化数据,通过协同技术的应用,使系统可以处理企业的非结构化数据以及半结构化数据,使企业内结构化的信息和非结构化的信息世界连接起来,成为高性能的工作场所。

(2) RFID(Radio Frequency Identification,无线射频识别技术)。ERP 需要大量基础数据的采集和分析,传统的手工录入和传输操作工作量大而且极易出错,而自动识别技术的应用从根本上克服了这一难题。通过自动识别系统对各种标签数据进行采集和处理,不但极大地提高了操作速度,而且有效地避免了由于数据量大、层次结构复杂而出现的重复录入及操作失误所造成的数据错误,同时极大地提高了物流活动的效率,保障了信息采集的准确性,为 ERP 决策系统提供了准确的信息保障。射频识别技术与企业资源管理系统 ERP 实现无缝连接,已经成为评价一个物流企业物流水平的重要指标,而在不久的将来,这项技术将被更广泛地应用。

(3) 移动商务。随着移动通信网络、无线接入网、移动卫星网络、数字集群网的宽带化,移动终端的小型化、智能化,以及移动数据业务及应用的日趋多样化,企业通信、办公及商务的模式已经被深刻影响。移动的基因正在植入行业用户商务及办公流程,使移动商务成为企业信息化中发展最快,也是最具市场前景的领域之一。

市场的巨大潜力使越来越多的 ERP 厂商开始进入移动商务领域,开发基于无线网络和移动商务平台实现 ERP 的移动化产品(ERP Mobility),支持用户企业的员工、合作伙伴以及客户在任何地点、任何时间都能获取所需要的数据,并实现企业级移动业务管理。移动信息化的普及已经是必然趋势,但是还需要企业不断创新和摸索。

(4) 即时通信工具(EIM)。即时通信工具自 1998 年出现以来,以实时交互、资费低廉等优点,不仅受到了广大个人用户的喜爱,成为网络生活中不可或缺的一部分,而且越来越多的企业也开始认识到即时通信工具带来的极高的生产力,借助它的应用,可提高业务协同性及反馈的敏感度和快捷度。即时通信为诸多企业开拓了网络应用的新领域。

对企业来说,即时消息、语音、视频通信和即时文件传输的利用率非常高。EIM 作为未来的主流办公工具,集成了多种先进的信息沟通方式。它是一种比邮件更快捷、更具亲和力和交互性的沟通方式,相比手机,具有可记录性、费用低、数据形式的多样性特点,支持文本、语音、图画、视频。特别是它能与电子邮件、手机(电话)以及其他企业应用办公程序结合使用,成功打造了现代办公的新平台。正由于 EIM 拥有诸多的功能,因此很受企业用户的青睐。而将其与其他应用程序集成,如 ERP,已经成为 EIM 的发展趋势,也成为了企业现代办公的一大需求。

6. 管理业务应用组合,提升 ERP 应用效果

管理业务应用组合的成本仍然很高,企业为维护 ERP 等企业信息系统的正常运行,不得不付出高昂的费用,然而用户可以感知到的长期价值却仍然较低,这使 ERP 用户有机会可以使用新的方式收集和管理业务应用,如软件作为一种服务,第三方维护的选择,用户减缓升级、主机托管等。

思考题

1. 简述 ERP 的发展历程。
2. 简述 MRP 的基本原理。
3. 什么是闭环 MRP? 与时段式 MRP 有何不同?
4. 简述 ERP 的管理思想。
5. 简述 ERP 的主要功能模块。
6. 简述 ERP 的实施过程。
7. 什么是 CRM? CRM 的主要内容是什么?
8. 什么是 SCM? SCM 的管理思想是什么?

第 12 章　电子商务与电子政务系统

【学习目标】

- 熟悉电子商务的概念和分类。
- 掌握电子商务的基本流程。
- 了解电子商务的作用和应用。
- 熟悉电子政务系统概念、发展阶段。
- 掌握电子政务模式类型及应用。
- 了解我国电子政务体系结构。

12.1　电子商务系统

随着 Internet 技术的发展,电子商务已经深入到社会和人们生活的各个方面,企业电子商务也从早期零星、简单的应用向系统化、集成化方向发展,电子商务系统正是这种发展的必然结果,是保证以电子商务为基础的网上交易实现的体系。

12.1.1　电子商务概述

电子商务(Electronic Commerce)是商务活动的一种新模式。随着计算机和互联网技术的高速发展,其作用和重要性正逐渐引起社会的高度重视。电子商务最早产生于 20 世纪 60 年代,发展于 20 世纪 90 年代。其起源于 20 世纪 60 年代的电子数据交换(Electronic Data Interchange,EDI),是现代电子商务的雏形。早在 20 世纪 70 年代,EDI 和电子资金传送(Electronic Funds Transfer,EFT)已成为商业企业间信息传递的重要渠道和方式。与 EDI 系统有所不同,电子商务不是简单地运用网络技术进行商业活动,而是企业所有活动转移到数字化网络上进行商务活动。

有关电子商务的概念,国际上还没有统一的标准。从总体上来说,人们对于电子商务的认识和定义大致有广义和狭义之分。狭义的电子商务(e-Commerce)是指运用互联网开展的交易或与交易直接相关的活动,它仅将基于 Internet 进行的交易活动归属于电子商务,而这只是电子商务的一部分,或者说电子商务的交易模式。广义的电子商务(e-Business)是指利用整个 IT 技术对整个商务活动实现电子化,它将利用 Internet、Extranet 和 Intranet 等各种不同形式网络在内的一切计算机网络,以及其他信息技术进行的所有的企业活动都归属于电子商务范畴。e-Commerce 仅指简单的商务交易应用,而 e-Business 则是存在于企业与企业之间、企业与客户之间、企业内部的一种联系网络,贯穿于企业行为的全过程。

从电子商务的功能和应用范围来看,电子商务经历了一个由低级到高级的发展过程,这一过程可以分为以下4个阶段。

(1) 电子目录。1996年以前,电子商务处于初级阶段,即利用电子手段提供商品目录。商品目录是一种静态的、简易多媒体的文件,可以是离线的如光盘,也可以是在线的如网站,内容为介绍商品、企业、技术等,起到促销、订货查询和宣传的作用。

(2) 电子交易。1996—1998年,电子商务有了很大的发展。企业对顾客出现了利用网络进行互动交易。这时的电子商务的功能有电子零售、竞标、拍卖、电子账单支付及客户管理等。

(3) 电子商业。1998—2000年,电子商务的范围有了进一步的发展,企业对企业间开始用互联网进行商业活动。常见的类型有:虚拟集市、电子采购、延伸式价值链、客户关系管理等。此阶段的特征是高度重视企业的核心能力,以及企业核心过程的重组。

(4) e-企业。2000年以后,B to C和B to B的结合将电子商务推进到一个崭新的阶段,即c企业阶段。此阶段的特征是从物料供应、生产、批发、销售直到顾客形成高效顺畅的链条。

12.1.2　电子商务的分类

1. 按商务活动运作形式分类

按商务活动运作方式可将电子商务分为完全电子商务和不完全电子商务两类。完全电子商务主要指可以完全通过电子商务方式实现和完成整个交易过程的交易方式;不完全电子商务主要是指无法完全依靠电子商务方式实现和完成整个交易的过程,它需要依靠一些外部要素,如物流配送系统来完成交易。

2. 按照交易的主体不同分类

按交易的主体不同,可以把电子商务分为以下6种形式。

(1) 企业对企业(B to B)。B to B的电子商务形式也叫商业机构对商业机构的电子商务形式,是电子商务中最重要的形式,其交易量大,所需软硬件较为复杂。

(2) 企业对消费者(B to C)。这种电子商务模式以在线零售和服务为主。消费者可以通过浏览器在网上订货,完成指定的支付手段后可收到商家通过配送中心送来的商品。

(3) 企业对政府(B to G)。这种模式包括政府采购、税收以及政府与企业之间的各种文件的发布和报批手续等。这种电子商务形式体现了政府既是宏观管理者,又是电子商务使用者的特点。

(4) 消费者对消费者(C to C)。这是一种个人对个人的电子商务模式,目前比较典型的是拍卖,如eBay网就是最成功的消费品拍卖网站之一。

(5) 线上到线下(O to O)。线上到线下(Online to Offline)大多采用"电子市场＋到店消费"模式,消费者在网上下单并完成支付,然后到实体店消费。

(6) 工厂到家庭(F to F)。最初的F to F模式是面对面沟通营销,即Face to Face的简称。这种模式是通过沟通的方式帮助顾客实现其价值,争取潜在的顾客客户群,并通过个性化服务,提供给每位寻求帮助的客户与众不同的资源和服务。在这种模式上进行延伸后出现了Factory to Family模式,是一种厂家到家庭或者个体的一种营销模式,即工厂和家庭之间的直接交易。

3. 按交易范围分类

按交易范围分类可以把电子商务分为本地电子商务、远程国内电子商务和全球电子商务 3 类。

4. 按照商务活动的内容分类

按照电子商务活动的内容可以分为两类：有形商品的电子商务和无形商品的电子商务。

5. 按照终端设备分类

按照终端设备分类可分为移动电子商务和传统电子商务。

12.1.3 电子商务的作用及其应用

电子商务将传统的商务活动转移到网络环境下，极大提高了传统商务活动的效率和效益，与传统商务活动相比，具有以下优势。

1. 降低交易成本

首先，通过网络营销活动，企业可以提高销售效率和降低促销费用。在 Internet 上做广告可以提高销售数量，同时成本比传统广告低；其次，电子商务活动可以降低采购成本，借助于 Internet，企业可以在全球市场寻求最完美的供应商，通过与供应商信息共享，减少中间环节由于不准确信息带来的损失。通过 EDI 可以为企业减少 5％～10％的采购成本。

2. 减少库存

企业为应付变化莫测的市场需求，不得不保持一定的库存产品，而且由于企业对原材料市场把握不准，因此也常常会维持一定的原材料库存。产生库存的根本原因是信息不畅，以信息技术为基础的电子商务则可以改变企业决策中的信息准确性和时效性问题。通过 Internet 可以将市场需求传递给企业，同时企业的生产信息可以马上传递给供应商并及时补充供给，从而实现零库存管理。

3. 缩短生产周期

一个产品的生产是企业相互协作的成果，因此，产品的设计开发和生产销售可能涉及许多关联的企业，通过电子商务可以改变过去信息封闭的分阶段合作方式为信息共享的协同工作，从而最大限度地减少因信息封闭而出现的阶段延时。

4. 增加商机

传统的商务活动受到了交易时间和空间的限制，基于 Internet 的电子商务则是全天候全球运作，其商务活动市场范围可远远超过传统营销人员销售和广告促销所达到的市场范围。

5. 减轻物资依赖

传统企业的经营活动必须有一定的物资基础才可能开展业务活动，通过 Internet 可以创办虚拟企业，如网上商店可以减少很多的实物基础设施，企业可以将节省的费用转让给消费者，从而增强自身的竞争力。

6. 减少中间环节

电子商务重新定义了传统的流通模式，减少了中间环节，使生产者和消费者直接交易成为可能，在一定程度上改变了整个社会的经济运行方式。

7. 个性化管理

通过个性化管理,提高消费者的满意度,满足消费者的个性化需求。

随着网络技术的发展,企业经营观念的变化,电子商务系统作为信息流、现金流的实现手段,其应用越来越广泛,电子商务尤其适用于以下行业:

(1)国际旅游和各国旅行服务行业,如旅店、宾馆、饭店、机场、车站的订票、订房间、信息发布等一系列服务。

(2)传统的出版社和电子书刊、音像出版部门。

(3)网上商城批发、零售商品,汽车、房地产、拍卖等交易活动。

(4)Web工作站和工作网点。

(5)计算机、网络、数据通信软件和硬件生产商。

(6)进行金融服务的银行和金融机构,持有各种电子货币或电子现金者(如电子信用卡、磁卡、智能卡、电子钱包等持有者)。

(7)政府机关部门的电子政务,如电子税收、电子商检、电子海关、电子政府管理。

(8)信息公司、咨询服务公司、顾问公司。

(9)进行小规模现金交易的金融组织和证券公司。

(10)分布全世界的各种应用项目和服务项目等。

12.1.4 电子商务系统及体系结构

电子商务是利用计算机技术、网络技术和远程通信技术,实现整个商务过程中的电子化、信息化和网络化。从广义上来讲,电子商务系统是指支持商务活动的电子技术手段的集合。从狭义上来讲,电子商务系统是一个以电子数据处理、网络、数据交换和资金汇总技术为基础,集发货、运输、报送、保险、商检和银行结算为一体的综合商务信息处理系统。在电子商务系统中,供应商和生产商都有自己内部的Intranet网络,它们之间通过Extranet进行信息的交互和交易合作,最后,商品从生产商到消费者之间则是通过Internet进行的。其电子商务系统的结构模型如下。

(1)电子商务系统的逻辑模型。一个最基本的电子商务应用系统,可以被描述为一个"逻辑上"的三层计算模型,"逻辑"指的是分层是在逻辑上而非物理上的。该三层系统模型包括表现层、Web应用层、后台应用和数据三层。这三个逻辑层中的应用元素通过一组业界标准的协议、服务和软件连接器互相连接起来。从逻辑上讲,电子商务系统最常见的三层结构如图12-1所示。

图 12-1 电子商务系统的逻辑模型

① 表现层(Presentation)。该层决定了电子商务系统最终的表现形式,是与客户交互的界面和接口。

② Web 应用层(Web Application)。Web 应用层接收表现层送过来的请求,进行处理。如果商务逻辑流程还需要访问后台的数据库或应用系统,Web 应用层就会进一步访问后台应用和数据,最终将结果反馈给表现层。

③ 后台应用和数据(Back-End Application and Data)。该层可以只是一个后台数据库,也可以是企业已有的后台应用系统和数据库系统。它接收 Web 应用层的请求,进行进一步的商务处理和数据处理,并将结果反馈给 Web 应用层。

(2)电子商务系统的运行时模型。电子商务系统在实施过程中,需要有一个安全可靠的系统架构。在逻辑模型分析的基础上,进一步分析运行时模型。该模型将电子商务系统分为 3 部分:外部世界(Outside World)、中间层(DMZ)和内部网络(Internal Network),如图 12-2 所示。

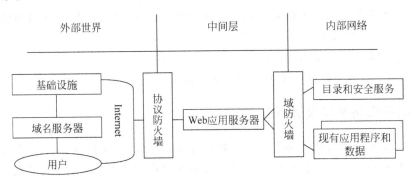

图 12-2 电子商务系统的运行时模型

① 外部世界。该部分通过 Internet 访问 Web 应用服务器。它们被隔离在协议防火墙(Protocol Firewall)的外面,只有被协议防火墙允许的访问协议(如 HTTP 协议、SSL 协议)才能通过协议防火墙访问中间层的 Web 应用服务器,这样就增加了 Web 应用服务器的安全性。

② 中间层(DMZ)。该中间层区域主要由协议防火墙(Protocol Firewall)、Web 应用服务器(Web Application Server)和域防火墙(Domain Firewall)三部分构成。协议防火墙主要是禁止外部未授权的协议来访问 Web 应用服务器。而 Web 应用服务器如要进一步访问企业内部网络,则必须经过域防火墙。域防火墙通过限制 IP 地址和访问端口号的方法,进一步限制了对企业内部网络的访问,使仅有允许的服务器发出的指定应用才能访问内部网络,这样就可以确保内部网络的安全性。

③ 内部网络(Internal Network)。内部网络指的是企业内部网络,包含应用和数据。为了进一步保证访问的安全性,防止权限不够高的用户访问和操作一些敏感数据,可以在内部网络增加目录和安全服务(Directory and Security Service)。该服务给用户建立了一个访问授权表,表中列出了不同用户的被授权级别和可以访问的数据及可实施的操作。来自 Web 应用服务器的请求首先会经过目录和安全服务确认访问级别后,才能访问存在的应用和数据。需要注意的是,该运行时模型并不是一个绝对的、一成不变的模型,根据实际需要会有所变化。例如,在安全需求低的电子商务应用中,可以不考虑域防火墙及目录与安全

服务。

（3）电子商务系统的框架结构。电子商务系统的框架结构是指从社会技术环境到电子商务应用所应具备的完整的操作结构。支持企业电子商务系统的外部技术环境，包括电子化银行支付系统和认证（CA）中心的证书发行及认证管理部分。企业电子商务系统的核心是电子商务应用系统，这一部分是满足企业的商务活动要求，同时电子商务应用系统的基础是不同的服务平台，它们构成应用系统的运行环境，如图 12-3 所示。

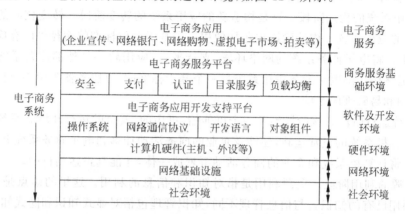

图 12-3 电子商务系统框架结构

① 社会环境：主要包括法律、税收、客户隐私、国家及行业政策，以及专业人才等方面。

② 网络环境：是电子商务系统的底层基础。在电子商务系统中，应用系统大多构造在公共数据通信网络基础上。

③ 硬件环境：计算机主机和外部设备构成电子商务系统的硬件环境，这是电子商务应用系统的运行平台。

④ 软件及开发环境：软件及开发环境包括操作系统、网络通信协议软件（如 TCP/IP、HTTP、WAP 等）、开发工具（组件技术）等，为电子商务系统的开发、维护提供平台支持。

⑤ 商务服务基础环境：该环境为特定商务应用软件（如网络零售业、制造业应用软件）的正常运行提供保证，为电子商务系统提供软件平台支持和技术标准。

⑥ 电子商务服务：是企业利用电子手段开展商务活动的核心，也是电子商务系统的核心组成部分，是通过应用程序实现的。企业商务服务的业务逻辑规划是否合理，直接影响到电子商务服务的功能。

商务服务环境与应用软件的区别在于：商务服务环境提供公共的商务服务功能，如资金转账、订单传输、系统安全管理等；而应用软件主要实现企业的某个具体功能。

12.1.5 电子商务系统建设

1. 电子商务系统生命周期

一个电子商务系统在使用过程中随着其生存环境的变化，需要不断维护、修改，当它不再适应的时候就要被淘汰，由新系统代替老系统，这种周期循环称为生命周期。其通常包含以下几个阶段：企业商务模型的转变阶段、应用系统的构造阶段、系统运行阶段及资源的利用阶段。要建设电子商务系统，无论何时均可以从任何一个阶段开始，它是一个重复的过程。

（1）企业商务模型的转变阶段。这一阶段是转变企业核心商务逻辑的阶段，就是将现有的商务模型扩展到网络世界以创造一个电子商务模型。应用 Internet 技术为商务创造最大限度的价值，电子商务改变着客户关系管理、供应链和电子商贸的传统准则。在转变商务过程时，每一个商务过程应该放在整体环境中加以考虑，否则充其量只是离散的商务过程，无法带来改善客户服务和提高电子商务价值的期望效果。

（2）应用系统的构造阶段。这是构造新的应用系统的转变阶段。转变核心的商务过程需要新一代的应用系统。构造阶段也包括使用一个基于开放标准的途径将已有应用系统迁移到 Web 上。将电子商务系统的网络环境、支持平台、应用软件与外部信息系统集成为一个整体，使最终构造的电子商务应用系统是一个基于标准的、以服务器为中心、可伸缩、可快速部署、易用和易管理的系统。

（3）系统运行阶段。该阶段涉及一个可伸缩、可用的、安全的运行环境。系统运行阶段不仅要求计算机系统的正常运转，还涉及企业的商务活动迁移到电子商务系统上来，系统运行阶段只有将计算机系统和企业的商务活动凝聚成一体，才能真正达到目的。

（4）资源的利用阶段。资源利用是指对知识和信息的利用。这里的焦点是知识管理，也就是说利用已有的知识。与信息管理不同，知识管理包括对显式知识和隐式知识的管理。传统的 IT 系统处理的是显式知识，即能写下来并能编程处理。而隐式知识是人们知道的但没有被写下来的东西，是基于直觉、经验和洞察力的知识。

2. 电子商务系统的开发建设过程

企业电子商务的实施实际上意味着企业商务活动的转型，而这种变革不是一蹴而就的，需要经历一个过程。要做到这一点，就要求在企业电子商务中扮演重要角色的电子商务系统与企业的电子商务计划同步、配套，在建造伊始，就明确系统的目标、范围、规模、实施方式等内容，形成一个轮廓性、框架性的方案。一个完整的电子商务系统的开发建设过程可划分为系统规划阶段、系统设计阶段、系统开发与集成阶段、系统实施阶段和系统的运行/维护阶段。

（1）电子商务系统规划阶段。系统规划对于企业开展电子商务具有决定性的作用，其主要内容是为企业未来的商务发展规划蓝图，为企业的电子商务系统奠定基础。电子商务系统的规划阶段较之传统的信息系统更为重要，需要对企业商务模式进行规划设计。电子商务系统规划，就是以完成企业核心业务为目标转向以电子商务为目标，制定未来企业的电子商务战略，设计支持未来这种转变的电子商务系统的体系结构，说明系统各个组成部分及其结构，选择构造这一系统的技术方案，给出系统建设实施步骤及时间安排，说明系统建设的人员组织，评估系统建设的开销和收益。

（2）系统分析与设计阶段。电子商务系统分析就是在系统规划确定的原则和目标指导下，结合电子商务系统的特点，对企业进行调查，全面了解企业的目标、组织结构、数据流程和业务处理过程，结合不同电子商务活动的基本需求，进而确定企业的详细需求，为系统设计奠定基础。电子商务系统分析与传统的信息系统分析相比，它们的目标是相同的，方法也类似，但是系统分析的对象不同，系统分析的任务也不同。

电子商务系统设计是指根据系统规划的内容，界定系统的外部边界，说明系统的组成及其功能和相互关系，描述系统的处理流程。系统设计的目标是在商务系统规划的基础上，确定整个商务系统体系结构中各个组成部分或不同层次的具体内容,其重点是确定电子商务业务系统的功能、平台的基本功能和系统平台的构成。

对于系统设计阶段的基本步骤,目前没有统一的定论。例如,IBM 公司将这一阶段的任务归纳为采集需求、选择可替代结构、确定体系结构和选择组件 4 个部分。总体来讲,系统设计阶段的最终目标是确定电子商务系统的逻辑结构和应用功能。

(3) 系统开发与集成阶段。这一阶段的任务主要包括:电子商务应用软件的开发、系统平台的选择和搭建、软硬件系统集成和系统评估及优化。

电子商务系统应用软件的开发与传统信息系统软件相比,在开发方式、手段和工具等方面存在一定的差异,主要表现如下。

① 电子商务系统是一种基于 B/S 结构的信息系统,软件开发工作主要集中在 Server 端,而客户端采用统一的浏览器方式。

② 电子商务系统主要实现联机交易,是开放系统,需要与认证机构和银行发生数据交换,因此交换的数据格式和内容都必须得到严格的保障。

③ 企业的转型是渐进的,在某些阶段企业的需求可能是不完整的。在开发初期,大多采用快速原型法构造电子商务系统的原型系统。

④ 应充分考虑电子商务系统的并发事务处理能力,从而保证未来应用能应付快速增长的负荷。

⑤ 采用组件技术等,以保证系统的可移植性和良好的扩展性,缩短开发周期。

⑥ 系统集成不仅包括网络系统的连通、应用之间的互操作,更重要的是完成企业商务过程和电子商务系统的整合。

(4) 系统实施阶段。系统实施阶段是将设计的系统付诸实施的阶段。这一阶段的任务包括程序的编写和调试、数据文件转换、计算机等设备的购置、安装和调试,系统调试与转换。这个阶段的特点是几个相互联系、相互制约的任务同时展开,必须精心安排,合理组织。系统实施的任务是进行系统投产前的必要准备(如软硬件安装调试、人员培训、系统调试、系统域名申请等),完成系统的投产运行和推广。

系统实施是按实施计划分阶段完成的,每个阶段应写出实施进度报告。系统测试之后写出系统测试分析报告。

系统实施的主要工作包括:实施组织结构的建立;制定实施计划;完成实施准备(包括电子商务系统域名申请与注册、系统运行环境准备、人员培训、数据准备);试运行和上线切换(系统试运行初始化、系统试运行、制定系统上线切换计划和应急措施、实施上线切换)。

(5) 系统运行维护阶段。运行是指企业商务活动在一种新模式下的运转。系统投入运行后,需要经常进行维护和评价,记录系统运行的情况,根据一定的规格对系统进行必要的修改,评价系统的工作质量和经济效益。对于不能修改和难以修改的问题应记录在案,定期整理成新的需求建议书,为下一周期的系统规划做准备。

运行阶段需要注意的问题:运行包括系统运行和商务运行两个部分,运行之前首先要完成新旧系统及新老业务的切换;运行与维护有赖于严格的管理制度和相关人员;应充分考虑新旧系统并行期间,企业的业务如何处理,实时系统在切换过程中要考虑好故障恢复等应急措施。

12.1.6 电子商务系统的安全

安全问题是电子商务实施中的瓶颈之一。电子商务的一个重要技术特征是利用IT技术来传输和处理商业信息。因此,电子商务安全从整体上可分为两大部分:计算机网络安全和商务交易安全。

计算机网络安全的内容包括:计算机网络设备安全、计算机网络系统安全、数据库安全等。其特征是针对计算机网络本身可能存在的安全问题,实施网络安全增强方案,以保证计算机网络自身的安全性为目标。

商务交易安全则紧紧围绕传统商务在互联网络上应用时产生的各种安全问题,在计算机网络安全的基础上,如何保障电子商务过程的顺利进行,即实现电子商务的保密性、完整性、可鉴别性、不可伪造性和不可抵赖性。

为了满足电子商务的安全要求,电子商务系统必须利用安全技术为电子商务活动参与者提供可靠的安全服务,具体可采用的技术如下。

(1) 数字签名技术。"数字签名"是通过密码技术实现电子交易安全的形象说法,是电子签名的主要实现形式,力图解决互联网交易面临的几个根本问题:数据保密、数据不被篡改、交易方能互相验证身份、交易发起方对自己的数据不能否认。"数字签名"是目前电子商务、电子政务中应用最普遍、技术最成熟、可操作性最强的一种电子签名方法。

数字签名技术采用了规范化的程序和科学化的方法,用于鉴定签名人的身份以及对一项电子数据内容的认可。它还能验证出文件的原文在传输过程中有无变动,确保传输的电子文件的完整性、真实性和不可抵赖性。

(2) 防火墙技术。防火墙是一种保护计算机网络安全的技术性措施,是用以阻止网络中的黑客访问某个机构网络的屏障,也可称之为控制进/出两个方向通信的门槛。在网络边界上通过建立起来的相应网络通信监控系统来隔离内部和外部网络,以阻挡外部网络的侵入。目前的防火墙主要有以下3种类型:包过滤防火墙、代理防火墙、双穴主机防火墙。

(3) 入侵检测系统。入侵检测系统能够监视和跟踪系统、事件、安全记录和系统日志,以及网络中的数据包,识别出任何不希望有的活动,在入侵者对系统发生危害前,检测到入侵攻击,并利用报警与防护系统进行报警、阻断等响应。

(4) 信息加密技术。信息加密的目的是保护网内的数据、文件、口令和控制信息,保护网上传输的数据。网络加密常用的方法有链路加密、端点加密和节点加密3种。链路加密的目的是保护网络节点之间的链路信息安全;端点加密的目的是对源端用户到目的端用户的数据提供保护;节点加密的目的是对源节点到目的节点之间的传输链路提供保护。用户可根据网络情况酌情选择上述加密方式。

(5) 安全认证技术。安全认证的主要作用是进行信息认证,信息认证的目的就是要确认信息发送者的身份,验证信息的完整性,即确认信息在传送或存储过程中未被篡改过。

(6) 防病毒系统。病毒在网络中存储、传播、感染的途径多、速度快、方式各异,对网站的危害较大。因此,应利用全方位防病毒产品,实施"层层设防、集中控制、以防为主、防杀结合"的防病毒策略,构建全面的防病毒体系。

12.1.7 大数据时代电子商务

随着"巨无霸型"电子商务的出现(如淘宝、天猫),并发访问量级大大增加,数据呈爆炸性增长,数据类型多样化、高并发和大数据量访问成为当前电商系统发展的瓶颈,传统的分布式计算、并行计算和数据库集群等技术由于技术上的局限性,长期存在扩展性低、成本高、硬件复杂等问题,电商的大数据处理客观上要求引入具备高容错性、高扩展性、低成本、易使用性的新的架构和大数据处理技术。

1. 大数据时代电子商务 IT 基础——云计算

云计算是新型分布式网络计算架构,特别适合向各种网络应用提供计算、存储、网络、软件等在线服务。云计算的特征主要有:按需自助服务(on-demand self-service)、泛在网络访问(broad network access)、虚拟池化的资源(resource pooling)、快速可伸缩性(rapid elasticity)、可度量的服务(measured service)。电子商务数据处理从传统的数据库集群演进到云计算大规模并行处理架构,实现任务的分解处理和结果合并,从而实现对可处理数据规模的无限扩展。

2. 大数据对电子商务的影响

在大数据时代,云计算、物联网等技术的应用,通过对平台的海量数据的处理,给电子商务带来了革命性的影响。

(1) 强大的信息检索能力。商品的丰富性直接影响电商的竞争力,而海量的商品数目、繁杂的分类体系以及复杂的非结构化的商品属性数据等,都需要信息技术具备足够的灵活性和强大的检索能力。云平台架构提供的超大规模计算能力和大数据处理能力能够提供强大的个性化信息检索功能,即根据用户的个体差异、个人兴趣和需求特征进行智能海量检索,并高效率返回高查全率和查准率检索结果。另外,还能实现热点信息推送、信息推荐等新型信息检索服务。云计算的技术优势使得信息检索和服务可以很好地解决长期存在的人类自然语言理解、知识推理等问题,充分发挥深度数据挖掘和知识发现的功能,可以迅速准确地分析处理用户信息行为、理解用户自然语言表达并进行相应智能检索,得出符合用户需求的信息和产品,提高用户服务的速度和精准度,最大限度地提升客户满意度。

(2) 快速的弹性处理能力。电商系统必须具备无与伦比的快速弹性处理能力,能够处理突发的访问量、海量订单和客户浏览请求,而且需要根据需求和业务量的上涨不断扩容服务器和增加数据存储设备。基于云计算技术的云存储平台拥有理论上无限的海量存储和超大规模计算等资源,就可以廉价、快速地部署应用系统并实现弹性伸缩,以提高资源的管控能力,促进优化利用。

(3) 精准的海量数据分析。实时性的海量数据分析越来越成为电商的核心竞争力,大数据的价值关键在于信息分析和利用。云计算可在极短时间内对海量数据和大数据进行收集、存储、分析和处理,极大地提高了企业的信息分析能力,使得电商需要的实时精准的海量数据挖掘和大数据深度分析等成为可能。

(4) 云化的信息安全服务。信息安全是电商企业业务可持续的最关键保障。在大数据时代,大数据成为国家和企业的核心资产,成为未来竞争的制高点。但是,大数据往往更复杂、更敏感,更易成为网络攻击的显著目标,加大了隐私泄露风险,大数据深度分析技术让黑客的攻击更精准。电商系统不可能防止外部数据商挖掘个人信息,各社交网站均不同程度地开放用户所产生的实时数据,外部数据提供商能够通过收集、监测、分析这些数据得出用户的信息体系,常规的安全方案与措施无法满足大数据时代数据非线性增长的需求,用户隐私安全问题将更为显著。例如,能够通过智能手机定位分析精确锁定个人位置。另一方面,大数据处理技术能够全面、及时、精确地监测并获取各类网络异常行为或网络攻击行为的结构化和非结构化数据,实时进行安全分析和预防性分析,以便度量企业安全级别和安全风险,更有针对性地设计、实施信息安全方案,应对安全风险,寻找攻击源,识别钓鱼攻击,防止诈骗和阻止黑客入侵。云计算技术能够把专业可靠的信息安全方案封装为云服务,为用户提供优质、廉价、全面的安全和备份服务。所有信息资源都托管在云端,由云计算强大的服务器集群和虚拟化技术提供冗余、灾备、数据备份和自动故障恢复等功能,专业的管理团队负责维护电商企业数据,提供专业化的信息安全与保密方案。

3. 大数据时代的电子商务服务模式的变革

大数据时代的到来为电子商务带来观念的转变以及对数据的新管理模式,使数据的实际应用更能与企业运营结合。因为大数据的重要趋势就是数据服务的变革,针对消费者的特性提供相应的个性化服务。庞大的消费数据量为电商企业提供了把握用户消费模式的基础,电商企业通过大数据应用,可以进行个性化、精确化和智能化的广告推送服务,创立更为有趣和有效的服务模式;同时,电商企业也可以通过对大数据的把握,寻找更多更好地增加用户粘性、开发新产品和新服务、降低运营成本的方法和途径。

(1) 数据化运营。电商企业更多地转变为数据驱动运营,在企业内部所有环节几乎都利用数据形式来进行呈现,无论是前期的采购、中期的营销还是后期的财务核算都利用数据视图进行管理,从而优化了各业务节点的效率。

(2) 行业应用垂直整合。大数据时代的数据整合能力不断加强,使电商企业更容易、更方便与供应链上下游进行信息与资源的共享,企业之间明显的过渡界限显得十分模糊,从而使得最终用户关注的焦点集中于企业如何关心并解决自己的问题。因此在产业价值链中,谁越接近最终用户,谁的生存空间就越大。

(3) 数据资产化。未来企业的竞争,将是拥有数据规模和活性的竞争,数据的经济效益和作用也日渐被企业所重视,从而催生出许多关于数据的业务,其中包括:数据分析业务,供应商开始提供数据分析服务,通过用户的非结构化数据提供标准的报告和数据服务;数据可视化服务,以可视化的形式(类似于信息图表)来展示数据的规模和数据点;众包模式,企业利用互联网将工作分配出去,以发现创意或解决技术问题,从而帮助分析和发现数据中的模型。

12.2　电子政务系统

电子政务系统是管理信息系统应用发展以来最庞大、复杂的信息系统,是面向全社会管理与服务的涉及覆盖各级政府组织职能与活动的管理信息系统,既具有一般管理信息系统属性的特点,符合一般信息建设的规律,又具有其特殊性。它是现代信息技术与行政管理等多个学科相融合的产物,不仅是计算机和网络技术的新的应用方式,而且是一场划时代的变革,具有深远的历史意义。

12.2.1 电子政务概述

1. 电子政务的概念

关于电子政务,国内外有很多的说法,如电子政府、政府信息化、数字政府、网络化政府等。目前,电子政务已经在许多国家得到了实践。电子政务是一个综合性的概念,其内容非常广泛,人们对它的理解和认识还有待进一步深入。综合国内外学者有代表性的观点,这里将电子政务概括为:政府机构运用现代信息技术实现政府数字化、网络化,实现政府组织结构和工作流程的优化重组,向社会提供全方位的优质高效、透明规范的管理和服务。

电子政务是政务的一种方式。"政务"泛指国家和地方政府的管理工作。在我国,广义的"政务"泛指各类行政管理事务,包括政党、政府、人大、政协、军队等系统所从事的行政管理活动;狭义的"政务"专指政府部门所展开的行政管理和社会服务活动。我国的电子政务建设是在广义的范围内进行的。所以广义的电子政务包括各级政府、党委、人大、政协这些系统的信息化建设,是我国电子政务建设的一大特色。

2. 电子政务发展的社会背景

信息技术的迅猛发展以及互联网技术的广泛应用,使信息的收集、整理、加工、分析和传播变得更为便利,政府、企业及公民个人之间的相对距离缩短了,管理主体和客体之间的信息沟通和信息反馈变得密切了,从而增强了信息主体和信息客体之间的相互联系和相互作用。同时,信息技术也增强了公民和社会在信息及知识方面的占有量,从而削弱了传统政府的优势地位,对于传统的政府官僚管理体制提出了挑战,使政府、企业、社会组织、公民个人共同管理、民主管理、参与管理成为一种需求和可能。

另外,政府内在改革也需要发展电子政务。世界各国的政府改革主要集中在政府职能和政府组织机构的优化,公众服务质量的提高和政府管理成本的降低方面。互联网络用户的广泛性、信息交换的实时性、互动性、低成本性正好符合政府的改革需要。特别是政府可以借助于互联网络实现政府在组织机构和职能上的柔性,使互联网络能够成为政府提升效率、完善服务和实现业务流程化的平台。同时政府将原有的政府信息数字化后,借助互联网络传输信息,以"无纸化"或"少纸化"的形式开展业务,大大降低了政府管理成本,提高了服务效率。

互联网络作为政府运作的一个平台,能够帮助政府实现其现代化改革目标,从而推进了世界各国当前建设电子政务的浪潮。

3. 电子政务产生的技术沿革

电子政务的产生源于现代信息技术的发展和广泛的应用,是一个不断发展的概念。电子政务的概念是在20世纪90年代提出来的。它的雏形源于20世纪70年代的办公自动化(Office Automation 简称 OA)。而今,办公自动化是电子政务系统的一个重要组成部分。

20世纪70年代中后期,由于政府系统处理的信息飞速增长,仅依靠办公自动化系统已无法从根本上解决海量信息的处理问题。在这种情况下,基于管理信息系统(MIS)技术的政务信息系统被应用于政府工作中,成为办公自动化进一步发展的产物。中国最早的政务信息系统是国家经济信息系统。

此后,新的信息技术不断被应用于政府办公,如地理信息系统(GIS),决策支持系统(DSS)等被应用于政府的城市规划、建设、监控、资源配置等特定部门的业务过程中,被应用于政府基于海量数据的快速、准确的决策过程中。到了20世纪90年代,当网络技术发展到成熟阶段,尤其是互联网普及之后,电子政务概念被提出来并真正在技术上成为现实。

4. 电子政务的发展阶段

从目前电子政务建设的实践来看,电子政务可划分为3个不同的发展和应用阶段。

(1) 基于广域网的信息与服务发布阶段。该阶段电子政务应用的特点是以单纯的信息和服务发布为主,信息流向比较简单。

(2) 不同行业的政府信息在独立运行的情况下,实现它们有限的数据和信息交换阶段。这一阶段的特点是政府机构之间以及整个部门与企业和社会公众之间,在一定的安全框架下,实现数据共享、各类信息的自动交换。

(3) 以重塑政府职能、实现政府再造为主要特征的政府电子化阶段。该阶段的特点是实现政府政务以信息化为主要特征的管理模式的创新,实现各部门信息和系统应用的高度集成。这一阶段的电子应用将业务流程重组和电子政务建设结合起来,实现政府管理和服务职能的网络化扩展。

5. 电子政务与传统政务的区别

(1) 存在形态不同。传统政务是在传统经济中运行,而电子政务是在以知识为基础的经济中运行。传统意义上的政府是一个真实存在的政府,而电子政务出现后,将形成一个虚拟的政府,使真实存在的政府和虚拟的政府融为一体。电子政务最大的价值在于它的虚拟性,虚拟性将改变传统政府存在的形态。

(2) 手段不同。信息资源的数字化和信息交换的网络化是电子政务与传统政务的一个重要区别。传统政务的办公模式依赖于纸质文件作为信息传递的介质,效率低;人们到政府部门办事,要到各个管辖部门所在地,如果涉及不同的部门,则更是费时费力。电子政务运用现代信息技术进行办公,政府部门之间及政府与社会之间通过电子化渠道进行相互沟通,人们可以随时传递、交换和共享各种信息资源,加快了信息交换的速度。

(3) 行政业务流程不同。实现行政业务流程的集约化、标准化和高效化是电子政务的核心,是与传统政务的重要区别。传统政务采用垂直化分层结构,机构设置使管理层次多,决策与执行层之间信息沟通速度较慢,从而影响了政府行政职能的有效发挥,同时也造成了机构臃肿膨胀、行政流程复杂、办事效率低等不良后果。电子政务采用扁平化结构,适度减少管理层次,拓宽了管理幅度,不但保证了信息传递的高效、快捷,也降低了行政成本,大大提高了信息传递的准确率和利用率。电子政务还可以使行政流程尽量优化、标准化,使大量常规化、例行性的事务程序化、电子化,这样既可以减轻政府部门人员的劳动强度,又可以使政府内部的领导层与执行层之间、各职能部门之间直接对话,从而极大地提高了政府的行政效率。

(4) 服务方式不同。电子政务提供"一站式"(One stop)服务,公民或企业只要去一个政府综合办公地点即可解决需要办理的所有相关事项,若公民申办事情涉及多个机关,则政府机关也可在一处办理,全程服务;公民无须进入政府机关,即可经过计算机网络申办。"一站式"服务整合行政流程,减少审批环节,简化办事程序,只要在一个部门登录有关信息,其他部门都可以共享这些信息,并直接记录备案。政府通过网络可以让社会公众迅速了解政府结构的组成、职能、办事章程和各项政策法规,提高了办事效率和执法透明度,促进了勤政、廉政建设；同时，普通公众也可以在网络上与政府领导人直接进行信息交流，反映大众呼声，促进政府职能转变，更便于发扬民主。

（5）传统政务以政府机构和职能为中心，电子政务以社会的需求为中心。与传统政务的以政府机构和职能为中心的处理方式相比，电子政务的处理方式是以社会的需求为中心。政府以"向社会提供高效、优质的政府管理与服务"作为出发点，帮助企业、社会组织和公众办理各种经济与社会事务，协调各种关系，共同推进经济与社会的发展和进步。

12.2.2　电子政务模式类型与应用

电子政务所包含的内容极为广泛，几乎可以包括传统政务活动的各个方面。根据近年来国际电子政务的发展、中国电子政务的实践和电子政务概念的演绎，目前电子政务模式类型分为政府对政府的电子政务（Government to Government，G to G）、政府对企业的电子政务（Government to Business，G to B）、政府对公民的电子政务（Government to Citizen，G to C）3 种模式。

政府（Government）与政府公务员（即政府雇员）（Employee）之间的活动（曾被称为 G to E），是政府机构通过网络技术实现内部电子化管理的重要形式，是 G to G、G to B 和 G to C 电子政务模式的基础，目前不被看作一种独立的电子政务模式。

3 种电子政务 G to G、G to B 和 G to C 的功能应用分析阐述如下。

1. G to G 电子政务

G to G 电子政务即政府与政府之间的电子政务，又称 G2G，是指政府内部、政府上下级之间、不同地区和不同职能部门之间实现电子政务活动。G to G 模式是电子政务的基本模式，目前按其不同的职能部门及应用需求可分为以下几大类应用。

（1）政府内部网络办公系统。政府内部网络办公系统是指政府部门内部利用办公自动化系统和 Internet/Intranet 技术完成机关工作人员的许多事物性的工作，实现政府内部部门间办公的自动化和网络化，实现内部资源共享的集成化的管理信息系统。政府内部网络办公系统可分为领导决策服务子系统、内部网站子系统、内部财务管理子系统等。通过不同子系统的应用，使传统的政府内部管理实现向网络化管理转型。政府内部网络办公系统可极大提高政府的作业效率和业务水平，是电子政务的基础。

（2）电子法规、政策系统。颁布和实施各项政策法规是各级政府部门的一项重要工作。电子法规、政策系统是指通过电子化方式传递不同政府部门的各项法律、法规、规章、行政命令和政策规范的管理信息系统。电子法规、政策系统具有十分明显的信息传递速度和管理成本优势，既可做到政务分开，又可实现政府公务人员和老百姓之间"信息对称"。目前，众多政府机构的网站都开设了不同形式的政策、法规的宣传窗口，起到了较好的作用。

（3）电子公文系统。公文处理是政府部门的基本职能。电子公文系统是借助网络技术，使传统的政府间的报告、请示、批复、公告、通知、通报等，通过数字化方式实现瞬间传递的系统。传递公文处理方式是依靠纸张作为载体，借助盖章、签字等形式。这种方式成本高、周期长、效率低，常常会影响政府决策的效率。电子公文系统可以很好地解决这些问题。

（4）电子司法档案系统。电子司法档案系统是通过电子化手段，在司法机关之间共享，如公安机关的刑事犯罪记录、审判机关的审判案例、检察机关的检查案例等司法信息的管理信息系统。

(5) 电子财政管理系统。传统的财务管理系统因为财务信息的封闭和独立给政府的财务管理带来了一定的难度,也为滋生腐败现象提供了条件。电子财政管理系统是指建立在网络基础上的财务管理系统,可实现向政府主管部门、审计部门和相关机构提供分级、分部门、分时段的政府财政预算及其执行情况报告,包括从明细到汇总的财政收入、开支、拨付款数据以及相关的文字说明和图标,便于有关领导和部门及时掌握和控制财务状况,将管理水平提上一个新台阶。

(6) 垂直网络化管理系统。垂直网络化管理系统主要针对一些垂直管理的政府机构,如国家税务系统、海关、铁道等部门通过组建相应系统的内部网络,构建起垂直型的网络化管理系统,以实现统一决策,信息实时共享,有效提高系统的决策水平和反应速度。

(7) 横向网络协调管理系统。横向网络协调管理系统是通过网络在政府不同部门及不同地区政府部门之间进行横向协调来实现政府的有效管理。它的目的主要是通过网络的应用,使原本分散在不同部门、不同地区的决策信息做到有机集成,为不同决策者所共享,减少部门间、地区间的相互“扯皮”现象,提高决策准确性和作业效率。例如,我国已经实施的“中国电子口岸执法系统”,是由海关总署牵头,运用 Internet 网络技术,将涉及进/出口管理和服务的海关、商检、外贸、外汇、工商、税务、银行等单位集结起来,把这些部门分别管理的进/出口业务信息流、资金流、货物流等数据的电子底账,集中在统一、安全、高效的公共数据中心物理平台上,建立电子底账,实行联网核查,实现数据共享和数据交换。这不仅使企业可在网络上进行进/出口贸易,而且还加强了政府对口岸的监管,提升了打击走私和打击骗税、骗汇活动的力度。

(8) 城市网络管理系统。G to G 电子政务还包括城市网络管理系统。主要的应用有以下几个方面:①对城市供水、供电、供气、供暖等城市要害部门实行网络化控制与监管的管理信息系统;②对城市交通、公安、消防、环保等部门实行网络统一化调度与监管的管理信息系统,可以有效提高管理的效率与水平;③对各种突发事件和灾难实施网络一体化管理与跟踪管理信息系统,可提高城市的应变能力。

从上面概括的应用方面来看,传统的政府与政府间的大部门政务活动,都可以通过网络技术的应用高速度、高效率、低成本来实现。

2. G to B 电子政务

G to B 电子政务指政府对企业之间的电子政务,又称 G2B。企业是国民经济发展的基本经济细胞,促进企业发展,提高企业的市场适应能力和国际竞争力是各级政府机构共同的责任。对政府来说,G to B 电子政务的形式及功能主要包括下面几种。

(1) 政府电子采购。对政府而言,政府采购是 G to B 的电子政务,因为政府机构的采购不具有商业目的;对企业而言,政府采购是 B to G 的电子商务,是企业电子商务的重要内容。

政府电子化采购主要是通过网络面向全球范围发布政府采购商品和服务的各种信息。电子招投标系统在一些政府大型工程的建设方面已有了很多的应用,使原来由政府代表的直接接触转化为政府代表与网络的互动过程,人人界面转变成了人机界面,并且所有的过程都有电子记录在案,大大增强了采购过程的透明度,降低了腐败现象发生的机会;同时减少了政府和企业的招/投标成本,缩短了招/投标的时间,提高了行政效率。

(2) 电子税务系统。电子税务系统可使企业直接通过网络在自己的企业内就能完成税务登记、税务申报、税款划拨等业务,并可查询税收公报、税收政策法规等事宜。我国已经实行的"金税工程"对打击偷/逃税行为起到了重要的作用,并逐步建立起了全国范围内的增值税发票稽查系统和电子纳税系统,既方便了企业也减少了政府开支,并且提高了国家税收征管的效率和水平。

(3) 电子工商行政管理系统。工商行政管理部门的主要职能是对市场和企业行为的管理。电子证照系统可使企业营业执照的申请、受理、审核、发放、年检、登记项目变更、核销以及其他相关证件,如土地和房产证、建筑许可证、环境评估报告等的申请和变更通过网络实现。电子工商行政管理的实施使传统的工商行政管理工作产生质的飞跃。

(4) 电子外经贸管理。进出口业务在一个国家的国民经济发展中占有重要的比重。中国在加入 WTO 后,进出口业务的发展将进入高速成长期。中国的外经贸管理必须要符合国际惯例,要为广大国内外企业创造一个公平、高效、宽松的进出口环境。电子化外经贸管理已成为一种新的趋势,如进/出口配额许可证的网上发放、海关报关手续的网上办理以及网上结汇等,已在中国外经贸管理中开始应用。

(5) 综合信息服务系统。"改变政府职能,增强服务意识,提高政府服务水平"是政府改革的重要方向。政府各部门可利用网络手段为企业提供各种快捷、高效、低成本的信息服务。例如,商标注册管理机构可以提供已注册商标的数据库,供企业查询;质量监督检查部门可以把假冒伪劣的商品和企业名录在网上公布,以保护有关厂家的利益等。

G to B 电子政务活动远不止这些,实际上只要与企业发生直接或间接联系的政府管理部门,都可在一定程度上通过电子政务方式代替传统形式的政务活动,以提高效率,降低成本,为企业提供更大的方便。

3. G to C 电子政务

G to C 电子政务是指政府与公民之间的电子政务,是政府通过电子网络为公民提供各种服务。G to C 电子政务所包含的内容十分广泛,目前主要的应用包括以下方面。

(1) 电子身份认证系统。电子身份认证系统可以记录个人的基本信息,包括姓名、性别、出生时间、出生地、血型、身高、体重及指纹等属于自然状况的信息;也可记录个人的信用、工作经历、收入及纳税状况、养老保险等信息。它使公民的信息能得到随时随地的认证,既有利于人员的流动,又可以方便公安部门的管理。公民电子身份认证还允许公民通过电子报税系统申报个人所得税、财产税的个人税务。此外,电子身份认证系统还可使公民通过网络办理结婚证、离婚证、出生证、学历和财产公证等手续。

(2) 社会保障服务系统。电子社会保障服务主要通过网络建立覆盖本地区乃至全国的社会保障网络,使公民能通过网络及时、全面地了解自己的养老、失业、工伤、医疗等社会保险账户的明细情况,政府也能通过网络把各种社会福利,如困难家庭补助、烈军属抚恤和社会捐助等,运用电子资料交换、磁卡、智能卡等技术,直接支付给受益人。电子社会保障体系,既可以增加社保工作的透明度,还可以加快社会保障体系普及的进度。

(3) 电子公共事业服务系统。该系统在网上提供电力、电信、自来水、煤气等自动化服务,提供查询、申报、交费等服务。

(4) 公民信息服务与电子民主管理系统。该系统使公民以低廉的费用方便地接入政府法律法规规章数据库;公民通过网络发表对政府有关部门和相关工作的看法,参与相关政策、法规的制定;通过网络提供的被选举人的背景资料,促进公民对被选举人的了解,公民可以直接在网上投票,既可大大提高选举工作的效率,又可有效保障选举工作的公正和公平。

(5)电子医疗服务系统。政府医疗主管部门可以通过网络向当地居民提供医疗资源的分布情况、医疗保险政策信息、医药信息、执业医生信息。公民可通过网络查询自己的医疗保险个人账户余额和当地公共医疗账户的情况;查询国家新审批的药品成分、功效和使用方法等详细数据。

(6)电子就业服务系统。该系统开设网上人才市场或劳动力市场,提供工作职位缺口数据库和求职数据库信息等。应聘者可以通过网络发送个人资料,接收用人单位的相关信息,并可直接通过网络办妥相关手续。该系统在就业管理部门所在地或其他公共场所建立网站入口,为没有计算机的公民提供接入互联网寻找工作职位的机会;为求职者提供网上就业培训,分析就业形势,指导就业方向。

(7)教育培训服务。建立全国性的教育平台,并资助所有的学校和图书馆接入互联网和政府教育平台;政府出资购买教育资源然后对学校和学生开放;重点加强对信息技术能力的教育和培训,以适应信息时代的挑战;资助边远、贫困地区信息技术的应用,逐步消除落后地区与发达地区之间存在的"数字鸿沟"。

12.2.3 电子政务体系的结构

电子政务是一项覆盖各级政府部门的大型、复杂的系统工程。它的实现以信息技术作为基础,从政府信息发布、政府网上服务到政府部门间及政府部门内的信息共享和网络办公,需要不断发展的信息技术作为保障。其目的在于建设一个国家电子政务体系,将现有的和即将建设的各个政府网络和应用系统连接起来,统一相关的技术标准和规范,做到互联互通,成为一个统一的国家政务平台。

1. 电子政务系统的体系结构

电子政务系统是为电子政务活动提供实现手段和保障支持的计算机网络软硬件平台,包括电子政务网络平台、电子政务应用服务平台及提供上下衔接的电子政务中间平台等。

电子政务网络平台是保障中央以及地方各级政府业务系统互联互通的计算机网络平台。对政府内部,政府网络平台为实现同层次和上下级政府间资源共享、信息应用、信息交换,提供统一的安全、保密网络平台;对政府外部,该平台实现将沟通政府和公众之间的联系,是政府向社会发布信息、提供信息服务的统一平台。

电子政务应用服务平台是指在电子政务平台的基础上建立的政务综合应用服务平台。该平台实现资源共享、信息应用、信息交换、应用服务等功能,为各级政府、公务员、公民和企业提供个性化服务。

在电子政务网络平台和电子政务应用服务平台之间,需要使用适于电子政务的中间件在不同的平台之间共享资源。通过中间件平台标准的程序接口和协议,电子政务应用系统可以实现不同硬件和操作系统平台上的数据共享和互操作应用。电子政务系统体系结构如图12-4所示。

网络系统层即电子政务网络平台,提供电子政务系统网络通信和系统服务。服务器、存

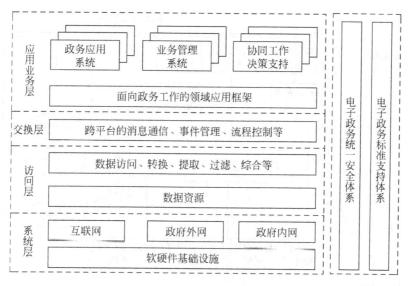

图 12-4 电子政务系统基本结构

储设备等基础硬件由网络传输介质和网络设备连接起来,形成了整个网络骨架,即网络层。硬件设施配以相应的软件和操作系统等构成了网络系统层。此层向信息资源管理层提供数据存储和管理所必需的基础设施。

信息资源管理层(数据访问层)负责管理存放在政府信息资源中心以及网络系统中的各类数据资源,向应用服务支撑层提供数据整合:数据访问、转换、提取、过滤和综合服务,通常包括数据库及其数据库管理系统。

应用服务支撑层(信息交换层)包括工作流引擎和电子政务中间件平台。中间件支持跨平台的分布式异构数据访问,从而向应用业务层提供统一的数据服务。系统通过工作流引擎驱动数据在应用业务层的各应用之间流转,以便根据分工,合理、高效、完整地分配信息。通过上层的面向政务领域的应用框架可以快速生成各类具体的政务应用,并可以根据需要进行动态扩充。

应用业务层即电子政务应用平台,包含 G to G、G to B 和 G to C 等模式下的政务应用系统以及协同工作与决策支持系统。

电子政务标准和规范体系标准分为总体标准、网络基础设施标准、应用支持标准、信息安全标准和管理标准 5 类,为电子政务实施提供了标准依据。

电子政务的安全体系包括安全法规和标准下的安全策略、安全管理、安全技术产品、安全基础设施、安全服务等信息安全保证措施,以保障整个电子政务系统安全、可靠、不间断地运行。

2. 电子政务系统的网络结构

电子政务整个网络系统主要包括统一的安全电子政务平台、互联网、内联网与外网 4 个部分。其中统一的安全电子政务平台是电子政务网的枢纽,通过公众接入平台与互联网相连,通过专网将各内联网连接起来构成交换平台,如图 12-5 所示。

(1)电子政务内网。国家行政机关内部的行政办公网,其上运行的是各类相对独立的政府政务管理应用系统,其服务对象是各级政府各部门领导和党务、政务工作人员;主要的

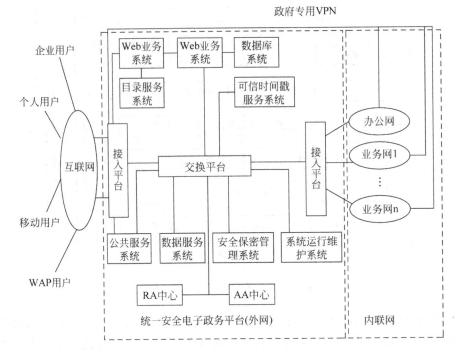

图 12-5　电子政务系统的典型网络结构

内网业务系统有决策指挥系统、宏观调控系统、行政执行系统、监督检查系统、信息咨询系统等所有的机关内部行政管理业务系统;内网以政府各部门的局域网为基础。

(2)电子政务外网。外网的服务对象主要是企业和社会公众。其运行的是公共管理和服务应用系统,包括基于 Web 的应用服务门户,以及 C/S 结构的各类客户应用模块。目前主要的应用系统有:政府信息查询与发布系统,社会信息查询与发布系统,经济信息查询与发布系统,网上税务管理系统,网上信访系统,网上社保系统,网上工商管理系统,网上金融服务系统等。

政务内网与政府外网要物理隔离,政府外网与互联网通过逻辑隔离而连通。

(3)统一、安全的电子政务平台。统一、安全的电子政务平台是指在网络基础设施、智能化信任与授权基础上,承载最终电子政务应用的软硬件综合平台。它是电子政务的枢纽:一方面作为电子政务系统的统一的对外门户,提供公众服务;另一方面作为电子政务的统一对内门户,提供对内的数据共享、协作办公、决策支持、数据挖掘等服务。这些功能是通过安全电子政务平台的交换平台、互联网络接入平台和服务专网接入平台来实现的。

统一、安全的电子政务平台和内部的办公业务网,都需要信任和授权服务来支撑其具体的业务系统运行。

12.2.4　我国电子政务建设

1. 我国电子政务的发展历程

20 世纪 80 年代,信息技术的发展已经成为提高综合国力和促进社会经济发展的关键因素。这个时期,我国组建了国家经济信息系统的规划小组和国家信息中心,国务院各部委以及地方政府相继成立了信息中心,负责推进政府信息化的工作。该阶段我国政府信息化工作的重点主要集中在办公自动化领域。

20世纪90年代中期,信息革命和信息高速公路的浪潮开始席卷全球。为了加速推进我国信息化的进程,1993年年底,国务院召开了国民经济信息化联席会议,正式部署了"金桥"、"金卡"、"金关"等"金"字头系列重大信息系统工程,并将其列为国家中长期发展规划。之后在税务系统实行了"金税"工程,在公安系统实行了"金盾"工程。1996年以后,中央和地方都确立了信息化在国民经济和社会发展中的重要地位,信息化在各领域各地区形成了强劲的发展潮流。

1998年4月,青岛市在互联网上建立了我国第一个严格意义上的政府网站"青岛政府信息公众网"。1999年1月,40多个部委的信息主管部门共同倡议发起了"政府上网工程",其目标是在1999年实现60%以上的部委和各级政府部门上网,在2000年实现80%以上的部委和各级政府部门上网。

2000年10月,我国的"十五"规划把推进国民经济信息化放在优先位置,并将信息化确立为我国产业优化升级和实现工业化、现代化的关键环节,确立了"以信息化带动工业化"战略方针,电子政务进入以拓展网络应用为基础的快速发展阶段。

2. 建设重点和目标

在"十五"建设成就的基础上,"十一五"期间加大了电子政务重点工程的建设力度,重点为"两网一站四库十二金"。"两网"指政务内网和政务外网,"一站"指政府的门户网站,"四库"指为满足社会对政务信息资源的迫切需求而重点建设的人口基础信息库、法人单位基础信息库、自然资源和空间地理基础信息库、宏观经济数据库。"十二金"指金关工程、金税工程、金融监管工程、金宏工程、金财工程、金审工程、金农工程等国家重点"金"字头电子政务工程。除此之外,国家还积极推进公共服务电子化、建立政务网络与信息安全保障体系、标准化体系,加大公务员队伍的信息化培训与考评和电子政务法制建设等几方面的工作。

在《2006—2020年国家信息化发展战略》中明确指出:信息化是世界发展的大趋势,是推动经济社会变革的重要力量。大力推进信息化,是覆盖我国现代化建设全局的战略举措,是贯彻落实科学发展观、全面建设小康社会、构建社会主义和谐社会和建设创新型国家的迫切需要和必然选择。

推进国民经济信息化、推行电子政务是我国今后一个时期信息化发展的战略重点。推行电子政务的目标有以下几点。

(1) 改善公共服务。逐步建立以公民和企业为对象,以互联网为基础,中央和地方相配合,多种技术手段相结合的电子政务公共服务体系;重视推动电子政务公共服务延伸到街道、社区和乡村;逐步增加服务内容,扩大服务范围,提高服务质量,推动服务性政府建设。

(2) 加强社会管理。整合资源,形成全面覆盖、高效灵敏的社会信息管理网络,增强社会综合治理能力;协同共建,完善社会预警和应对突发事件的网络运行机制,增强对各种突发事件的监控、决策和应急处置能力,保障国家安全、公共安全,维护社会稳定。

(3) 强化综合管理。为满足转变政府职能、提高行政效率、规范监管行为的需求,深化相应的业务系统建设;围绕财政、金融、税收、工商、海关、国资监管、质检、食品安全等关键业务,统筹规划,分类指导,有序推进相关业务系统之间、中央与地方之间的信息共享,促进部门之间的业务协同,提高监管能力;建设企业、个人诚信系统,规范和维护市场秩序。

（4）完善宏观调控。完善财政、金融等经济运行信息系统,提升国民经济预测、预警和监测水平,增强宏观调控决策的有效性和科学性。

12.2.5 大数据时代的电子政务

1. 大数据时代传统政务系统面临的挑战

随着云计算、移动互联网、物联网的成熟与应用,人们已进入"大数据时代",这给传统的政务系统带来了巨大的挑战,具体表现在以下几方面。

（1）缺乏应对"大数据"的技术储备。海量半结构化数据的爆发式增长给现有的结构化数据存储方案提出了巨大的挑战,数据类型的多样化使得分布式存储性能产生了瓶颈,主要表现在查询、分析效率下降、不能快速适应数据结构变化,以及数据迁移时间成本增加等方面。

（2）缺乏面向"大数据"处理分析的工具。在大数据时代,海量数据与系统的数据处理能力之间产生了鸿沟,PB级别的数据量与面向传统数据分析能力设计的数据仓库和各种BI(商业智能)工具,随着数据量的持续爆炸性增长这种差距将会逐步拉大。

（3）缺乏重组"大数据"提取有用信息的方法。某些数据内容有可能需要通过与另一个截然不同的数据集结合起来才能体现出潜在的价值。

（4）缺乏及时感知社会热点问题与民众需求的媒介。传统的政务系统依靠普通民众在网站上提交问题与作答的方式进行互动交流,这种方式在"大数据"盛行的今天已经远远无法满足"智慧型政府"的需求。

（5）缺乏向民众推送政务管理与服务方针政策的手段。传统的政务系统通常采用新闻、通告的形式在网站上向普通民众推送信息,而随着移动互联网与移动智能设备的发展普及,普通民众更倾向于利用"碎片化时间"通过社交网站与微博这种媒体,获取关于国家、社会、政府方面的信息。

（6）缺乏对大数据时代信息爆炸"病毒式传播"的控制力。社交网站与微博等媒体通过推出强调用户体验的应用、借助用户分享、推送邮件和微博、邀请用户加入、植入推广内容、签名式传播、社交化传播、话题性传播等方式,使得信息能够迅速在互联网上铺开,这种"病毒式传播"效应是传统政务系统难以企及的,信息的传播陷入了无秩序、失控的阶段。

2. 大数据时代构建大政务

大数据时代,政府要为公众创造价值,要做到两点:一是要精准感知实时的情况,与公众走得更近;二是在精准感知用户的需求和体验之后,要快速有效地反馈。借助大数据构建"大政务"优势突出,表现在以下几方面。

（1）资源更开放。大数据能推进政府信息资源进一步开放,政府信息开发利用效率倍增将提升电子政务和政府社会治理的效率。大数据的包容性将打破政府各部门间、政府与市民间的边界,信息孤岛现象大幅削减,数据共享成为可能,政府各机构协同办公效率和为民办事效率提高,同时大数据将极大地提升政府的社会治理能力和公共服务能力。大数据最核心的理念就是要建设开放的政府,这是大数据对于政府最核心的价值。

（2）内部更协同。大数据能真正跨越政府内部协同的鸿沟,大大提高工作效率,降低政府运行成本。其一,政府内部协同除思想理念上的障碍外,技术上也存在一定障碍,随着大数据技术的发展,跨越系统、跨越平台、跨越数据结构的政府将在技术上使政府内部纵向、横向部门得以顺畅协同；其二，由于利用大数据技术，数据获取、处理及分析响应时间大幅减少，工作效率明显提高，同时降低了政府开支。

（3）互动更透明。大数据能促进政府和公众互动，让政务更透明，帮助政府进行社会管理和解决社会难题。大政务是整合开放的平台，它建立了公众与政府间的沟通渠道，越来越多的国家和组织利用其开展民意调查，通过在线交互让民众成为政务流程的节点，让公众参与到政策制定与执行、效果评估和监督之中，使民众参政议政成为可能。博客、微博、Twitter、Facebook 等社交网络以其开放性、互动性赢得了众多用户的青睐，多国政府和组织纷纷将其应用到电子政务中。除在这些社交网络上政府能倾听到民意、化解社会矛盾外，社交网络上产生的数据还能帮助政府解决一些长期困扰的难题。联合国全球脉动（Global Pulse）项目就是对社交网络中的数据进行分析，预测某地区的失业、疾病爆发等情况。政府可利用大数据对社会人群进行细分，对不同人群进行针对性服务和政策施行。

（4）决策更精准。大数据能提高政府决策的科学性和精准性，提高政府预测预警能力以及应急响应能力。越来越多的政府摒弃经验和直觉，依赖电子政务的数据分析进行决策。现在大数据又超越了传统的数据分析方法，不仅能对纯数据进行分析挖掘，对言论、图表等都可以进行深度挖掘和人工智能处理。人们能够依据在 Google 的搜索、Facebook 的文章及 Twitter 的消息，对民众的行为、情绪、主张等进行精细的衡量和趋势分析。研究发现，Google 上监测到的流感爆发比医院的报告早 2～3 周，这种"Google 流感趋势"为应急部门提供了一种强大的早期预警系统，既能动态监测，又能及时预防流感的爆发。大数据的深入及广泛应用会给政府带来科学和精准的决策支持。

大数据是电子政务发展的新助推器，大数据的技术、工具、方法还将不断发展，电子政务也会随之不断演进。在这场刚刚开始的大数据信息革命中，政府部门在转型期的电子政务新阶段，要充分认识大数据的作用，深入研究大数据的应用工具，为政府决策提供更加有力、更加精准的支持。

思考题

1. 什么是电子商务？企业中电子商务的解决方案可能有哪些？
2. 电子商务可能对企业带来哪些影响？
3. 电子商务系统体系结构有哪些？
4. 何为电子政务？
5. 简述电子政务和传统政务的区别以及电子政务的基本模式。
6. 试分析电子政务系统的结构。
7. 电子商务和电子政务安全问题和防护的技术及管理措施有哪些？
8. 简述我国电子政务及电子商务发展的历程。

参 考 文 献

[1] 张金城.管理信息系统[M].北京：清华大学出版社,2012.

[2] Kenneth C. Laudon,Jane P. Laudon.管理信息系统：管理数字化公司(第 8 版)[M].周宣光译.北京：清华大学出版社,2005.

[3] 薛华成.管理信息系统(第二版)[M].北京：清华大学出版社,2003.

[4] 黄梯云.管理信息系统(修订版)[M].北京：高等教育出版社,2004.

[5] 霍国庆.企业战略信息管理[M].北京：科学出版社,2001.

[6] 李培,赵妍妹.企业信息系统战略研究[J].情报杂志,2003 年第 3 期.

[7] 刘腾红,向卓元.管理信息系统[M].北京：清华大学出版社,2010.

[8] 梅姝娥,陈伟达.管理信息系统(第二版)[M].北京：北京师范大学出版社,2008.

[9] 倪庆萍.管理信息系统[M].北京：清华大学出版社,北京交通大学出版社,2006.

[10] 郝晓玲,孙强.信息化绩效评价框架、实施与案例分析[M].北京：清华大学出版社,2005.

[11] 陈国青,李一军.管理信息系统[M].北京：高等教育出版社,2006.

[12] 斯蒂芬·哈格,梅芙·卡明斯.哈格管理信息系统[M].严建援,刘云福,王克聪译.北京：中国人民大学出版社,2009.

[13] Kenneth C. Landon,Jane P. Laudon.管理信息系统[M].周宣光译.北京：清华大学出版社,2007.

[14] 戴宗坤,罗万伯.信息系统安全[M].北京：电子工业出版社,2002.

[15] 陆安生.ERP 原理与应用[M].北京：清华大学出版社,2010.

[16] 周玉清,刘伯莹,周强.ERP 与企业管理[M].北京：清华大学出版社,2005.

[17] 陈启申.ERP——从内部集成起步[M].北京：电子工业出版社,2004.

[18] 郭捷.管理信息系统[M].北京：机械工业出版社,2009.

[19] 吴忠,夏志杰.管理信息系统理论与应用[M].北京：北京大学出版社,2009.

[20] 王虎,张俊.管理信息系统[M].武汉：武汉理工大学出版社,2007.

[21] 慕静.管理信息系统开发方法、工具与应用[M].北京：清华大学出版社,2010.

[22] 甘仞初.管理信息系统(第二版)[M].北京：机械工业出版社,2011.

[23] 张志清.管理信息系统实用教程(第二版)[M].北京：电子工业出版社,2011.

[24] 周山芙,赵苹,李骐.管理信息系统(第三版)[M].北京：中国人民大学出版社,2009.

[25] 李兴国.管理信息系统案例[M].北京：清华大学出版社,2010.

[26] 倪庆萍.管理信息系统(第二版)[M].北京：清华大学出版社,北京交通大学出版社,2010.

[27] 刘腾红,刘婧珏.信息系统分析与设计[M].北京：清华大学出版社,2010.

[28] 马秀麟,王燕.管理信息系统原理及开发(第二版)[M].北京：人民邮电出版社,2009.

[29] 姜旭平,姚爱群.管理信息系统开发方法(第二版)[M].北京：清华大学出版社,2004.

[30] 杨月江,修桂华.管理信息系统实用教程[M].北京：北京大学出版社,2007.

[31] 胡圣明,褚华.软件设计师教程(第三版)[M].北京：清华大学出版社,2009.

[32] 邝孔武,王晓敏.信息系统分析与设计(第三版)[M].北京：清华大学出版社,2006.

[33] 黄孝章,刘鹏,苏利祥.信息系统分析与设计[M].北京：清华大学出版社,2010.

[34] 孙福权,王晓煜,吴迪等.ERP 实用教程[M].北京：人民邮电出版社,2009.

[35] 窦万峰.软件工程方法与实践[M].北京：机械工业出版社,2009.

[36] 韩万江.软件工程案例教程[M].北京：机械工业出版社,2009.

[37] 张帆.软件开发技术[M].北京：电子工业出版社,2009.

[38] 朱水林.电子商务概论[M].北京:清华大学出版社,2007.

[39] Kenneth C. Laudon,Jane P. Laudon. Management Information System. 9rd ed[M].劳国龄译.北京:中国人民大学出版社,2009.

[40] 姚国章.电子政务原理[M].北京:北京大学出版社,2005.

[41] 刘瑞新.电子商务教程[M].北京:机械工业出版社,2003.

[42] 赵国俊.电子政务[M].北京:电子工业出版社,2005.

[43] 刘鲁.信息系统:原理、方法与应用[M].北京:高等教育出版社,2006.

[44] 王景光,冯海旗.信息资源管理(第二版)[M].北京:高等教育出版社,2008.

[45] 刘仲英.管理信息系统[M].北京:高等教育出版社,2006.

[46] 左美云.信息系统项目管理[M].北京:清华大学出版社,2008.

[47] 张全.信息系统原理与应用[M].北京:清华大学出版社,2011.

[48] 仲秋雁.管理信息系统[M].北京:清华大学出版社,2010.

[49] 陈广宇.管理信息系统[M].北京:清华大学出版社,2010.

[50] 周黎,李长青,李弘.面向信息系统的管理[M].北京:经济科学出版社,2008.

[51] 张新.管理信息系统[M].北京:机械工业出版社,2011.

[52] 马慧,杨一平.管理信息系统[M].北京:清华大学出版社,2010.

[53] 赵天唯.管理信息系统教程[M].北京:北京大学出版社,2011.

[54] 高波.企业管理信息系统[M].北京:科学出版社,2011.

[55] 黄卫东.管理信息系统教程[M].北京:人民邮电出版社,2011.

[56] 张稼.管理信息系统[M].北京:电子工业出版社,2011.

[57] 张献英,冯志波,王俊.管理信息系统[M].北京:经济科学出版社,2010.

[58] 常晋义,邹永林,周蓓.管理信息系统(第三版)[M].北京:中国电力出版社,2008.

[59] 张跃胜.管理信息系统[M].成都:西南财经大学出版社,2009.

[60] 陈云海,黄兰秋.大数据处理对电子商务的影响研究[J].电信科学,2013(3):17-21.

[61] 于施洋,杨道玲,王璟璇,等.基于大数据的智慧政府门户:从理念到实践[J].电子政务,2013(5):65-74.

[62] 赵志超.电子政务大数据系统应用云计算架构[J].计算机与网络,2014(14):62-65.

[63] 冯芷艳,郭迅华,曾大军,等.大数据背景下商务管理研究若干前沿课题[J].管理科学学报,2013(1):1-9.

[64] ERP技术与应用发展趋势浅析.http:/articles. e-works. net. cn/erp/article38954. htm,2006.

[65] 卡莱公司ERP项目成功实施案例.http://articles. e-works. net. cn/erp/article116801. htm,2014.

[66] 贯彻实施ERP系统提升卡莱核心竞争力.http://articles. e-works. net. cn/erp/article120759. htm,2015.

[67] 客户关系管理(CRM)系统功能分析.http://articles. e-works. net. cn/CRM/Article76091_1. htm,2010.

教 学 资 源 支 持

敬爱的教师：

感谢您一直以来对清华版计算机教材的支持和爱护。为了配合本课程的教学需要，本教材配有配套的电子教案（素材），有需求的教师请到清华大学出版社主页(http://www.tup.com.cn)上查询和下载，也可以拨打电话或发送电子邮件咨询。

如果您在使用本教材的过程中遇到了什么问题，或者有相关教材出版计划，也请您发邮件告诉我们，以便我们更好地为您服务。

我们的联系方式：

地　　　址：北京海淀区双清路学研大厦 A 座 707

邮　　　编：100084

电　　　话：010-62770175-4604

课件下载：http://www.tup.com.cn

电子邮件：weijj@tup.tsinghua.edu.cn

教师交流 QQ 群：136490705

教师服务微信：itbook8

教师服务 QQ：883604

（申请加入时，请写明您的学校名称和姓名）

用微信扫一扫右边的二维码，即可关注计算机教材公众号。

扫一扫
课件下载、样书申请
教材推荐、技术交流